법정B컷,
뉴스가 놓친 법정의 하이라이트

법정B컷,
뉴스가 놓친 법정의 하이라이트

김중호 · 정다운 · 김재완 지음

한이

"수사보다는 재판을, 법률가들의 자극적인 한 마디보다 법정 안의 공기를 읽고 싶어 하는 분들에게 드립니다. '법정B컷'은 매일 쏟아지는 'A컷' 기사에 다 담지 못한 법정의 장면을 생생히 전달하는 공간입니다. 아무도 주목하지 않지만 중요한 재판, 모두가 주목하지만 누구도 포착하지 못한 재판의 하이라이트들을 충실히 보도하겠습니다."

– CBS노컷뉴스 '법정B컷' 기획의도 중에서

사실 이만큼 각 잡고 시작한 기획은 아니었습니다. 부끄럽지만 주말용 기사를 쉽게 메꿔보기 위한 '꼼수'에서 시작된 일입니다. 가뜩이나 열악한 인력 상황에 밤낮없이 일하는 후배들에게 무신경하게 추가 업무 지시를 할 만큼 낯이 두꺼운 팀장도 못됐습니다. "매주 주요 재판 일정 정리하는 그런 기사나 하나씩 걸면 어때?" 이런 지시를 했더랬습니다.

그런데 품이 덜 든다고 좋아할 줄 알았던 법원팀 기자들의 반응이 영 떨떠름했습니다. 정다운 기자의 차가운 대답이 돌아왔습니다.

"선배, 그런 기획은 우리가 아니어도 다른 언론에서 다 쓰고 사람들이 잘 보지도 않아요."

쉽게 가자는 선배의 안이함을 후배들이 칼같이 킬(Kill: 발제한 아이템이 기삿감이 되지 않는다고 판단하는 것)시키면서 '법정B컷'의 대장정이 시작됐습니다.

검찰이 어떤 수사를 시작했다, 누군가가 구속됐다는 기사는 자극적이고 잘 팔립니다. 그러나 실제로 진실과 정의를 찾는 일은 그다음, 법정에서부터 시작됩니다. 법원 담당 기자들은 길게는 하루 12시간 이상 법정에서 재판을 보기도 하는데 정작 나오는 기사는 "◎◎법원 형사○부는 ●●혐의로 기소된 △△씨에게 ■■를 선고했다"로 시작되는 전형적인 틀에 갇혀있는 경우가 많습니다. 사족을 절제하는 것이 여러모로 법원 기사의 미덕처럼 여겨지기도 하고, 무엇보다 사람들이 검찰 기사만큼 법원 기사를 보지 않기 때문에 다양한 기사 생산에 대한 압박이 크지 않은 이유도 있습니다.

'법정B컷'은 그런 의미에서 후배들이 한껏 욕심낸, 도전적인 글입니다. 하루 종일 방청석에 앉아 피고인(변호인)-판사-검사의 공방전을 보며 들었던 생각이나 감상, 수년간 끝나지 않는 재판을 따라다니며 새롭게 알게 된 진실의 단면들을 풀어냈습니다. 어떤 글은 비판받을 각오로, 그럼에도 이 장면은 독자와 함께 나누고 싶다는 열망으로 기록했습니다. 유죄가 확정된 피고인에게서 뜻밖의 연민을 느끼실 수도, 무죄 피고인에게서 피가 거꾸로 솟는 듯한 분노를 경험하실 수도 있을 겁니다. 딱딱한 법정 안에서 오히려 더 크게 드러나는 인간의 희노애락을 단막극을 쓰듯 차곡차곡 모았다고 보셔도 좋겠습니다.

그런데도 끝까지 정다운-김재완 기자를 말려보려 한 건 '지속가능성' 때문이었습니다. 사건의 홍수 속에서 기자들이 한 재판만 지켜볼 수도, 그를 쓰기 위해 늘 주말을 반납할 수도 없는 노릇이니까요. 또 그냥 써내기만 해서도 안 되죠. 연재는 독자들과의 약속입니다. 꾸준하게 일정 수준 이상의 질을 담보하는 기사를 계속해서 생산할 수 있어야 합니다.

연재를 시작한 2020년 5월은 추미애 법무부 장관과 윤석열 당시 검찰총장을 중심으로 검찰을 둘러싼 이슈가 치열해 가뜩이나 법조 기사가 쏟아지던 시기였습니다. 이런 팀장의 우려를 비웃기라도 하듯 '법정B컷'은 2년이 훌쩍 지난 2022년 9월까지 80회 넘는 연재를 이어가고 있습니다. "우리는 좀 다른 걸 해보겠다"는 CBS 기자들의 자부심을 독자 여러분도 계속 믿어보셔도 좋겠습니다.

마지막으로 이 책을 빌려 전국 법원에서 묵묵하게 자기 소임을 다하고 있는 판사들에게 경의를 표합니다. 법정을 지켜본 기자의 입장에서 법원과 일부 판사들에 대한 비판적 시각을 드러낼 수밖에 없었습니다. 하지만 지금 이 순간에도 수만 페이지에 달하는 기록과 씨름하고, 법정에서 피고인을 마주하며 진실과 정의를 가려내기 위해 고심하는 수많은 판사들이 있다는 사실을 잊지 않고 있습니다.

-김중호 기자

연일 쏟아지는 사건 및 재판에 관한 기사를 한 번씩 클릭하고, 또 굳이 이 책에까지 손을 뻗어 첫 장을 넘기신 독자 분들께 존경을 보냅니다. 기자 일을 하지 않았더라면 제가 이런 기사를 거들떠나 봤을지 모르겠습니다. 일상에서 지친 마음을 더 무겁게 하는 내용이 대부분이니까요.

그만큼 이 책을 보는 여러분들의 각오는 굉장히 남다를 것이라고 감히 추측합니다. '안다는 것은 상처받는 일'이라고 하는데, 기꺼이 알고 상처받고 극복하기를 삶의 자세로 택하셨다는 생각이 듭니다.

'법정B컷'과 '작량감경 기획'은 모두 그런 욕심으로 기획하고 취재했습니다. 법정에서 판사가, 검사가, 피고인과 변호인이 굳이 꺼내 보이고 싶어 하지 않는 장면들을 포착하려 했습니다. 보여주는 대로만 보고 쓴다면 편하겠지요. 표면적으로는 논리가 착착 들어맞아 명쾌하니 깊게 고민할 수고가 덜어질 수도 있을 테고요.

그러나 우리가 함께 아파하고 분노하며 짚고 넘어가야 하는 많은 문제들은 단번에 눈에 보이지도, 명쾌한 결론을 품고 있지도 않습니다. 그 복잡함을 나누고 싶었습니다.

일도양단의 결론을 내자며 세상 모든 이슈가 법원으로 향하는 요즘, 사실 복잡하고 막막한 데는 다 그만한 이유가 있다고, 법정 안에서 쓰인 이 글들을 읽고 오히려 법정 밖으로 눈을 돌려야만 '정답'이 아닌 '좋은 답'을 찾을 수 있다는 것을 확인하신다면 저로서는 더할 나위가 없겠습니다.

조금 더 욕심낸다면 그러한 앎을 통해 우리의 세계가 확장되었으면 합니다. 권위주의 정부 시절 국가폭력 피해자들의 회복 소송이, 지적장애인 등 사회적 약자-소수자의 재판이, 오래된 성폭력 피해를 뒤늦게 고소한 피해자의 법정싸움이 나와 동떨어진 일이 아님을 감각하는 것이죠. 부족한 글입니다만, 기꺼이 읽어주시고자 한 여러분의 의지가 그 놀라운 일을 가능하게 할 것이라고 믿습니다.

우리는 물 한 방울을 보면서도 바다를 상상할 수 있는, 사람이니까요.

— 정다운 기자

"재완 씨는 계속 법원 출입이네. 검찰 출입이 훨씬 재밌지 않아 요?"

일반적으로 법조기자에게 갖는 검찰 중심적 이미지는 사실 기자 내부에서도 별반 다르지 않습니다. 법원 전담기자로 발령을 받은 뒤 위와 같은 말을 숱하게 들어왔는데, 사실 저 또한 재판을 깊게 취재하기 전까지는 비슷한 생각을 했었습니다. '어차피 공개된 재판인데 거창하게 취재라고 할 게 있나?', '쏟아지는 말을 요약만 잘 하면 되는 게 법원 기사 아니야?' 이런 생각들 말입니다.

수사기관 혹은 사건 관계자의 몇 마디 말부터 시작해 파편화된 단서들을 모아 진실을 찾아가는 '수사 취재'에만 익숙했던 저에게, 법정 경험은 그야말로 충격이었습니다. 수사 단계에서는 한마디 듣기 어려웠던 그 말들이 '변론'이라는 이름으로 쏟아지는 곳, 바로 법정이었습니다. 정보 속 사실을 추려내고, 사실 중 진실을 추출하는 '법원 취재'에 빠지게 된 것도 이러한 연유에서입니다.

'법정B컷'도 '법원에서 벌어지는 일들을 어떻게 더 잘 보여줄 수 있을까' 하는 고민에서 시작되었습니다. 쏟아지는 말과 정보를 잘 축약해 전달하는 게 법원 기사라지만 사실 몇 줄 스트레이트 기사에 법정의 분위기, 당사자들의 표정을 모두 녹여내기란 어려운 일입니다. 기사의 짧은 문장 사이사이에 피고인은 어떤 표정을 짓고 있었는지, 유명 정치인-기업인이 사진 세례를 받으며 법정을 오갈 때 그 옆의 법정에서는 어떤 '평범한' 재판들이 진행되었는지 등을 전달하고 싶었습니다.

그래서 일반 기사와 달리 '법정B컷'에는 아래 요소들을 담았습니다. 이 책을 읽을 독자들도 재판을 취재한 기자만큼 법정에 푹 빠지는 시간이 되기를 기대합니다.

① 생생한 현장을 담았습니다. 재판을 직접 보는 느낌이 들도록 가급적 판사, 검사, 변호인 그리고 피고인의 말을 그대로 옮겼습니다. 정말 그때 그 순간의 분위기가 어땠는지 독자가 직접 느낄 수 있게 말이죠.

② 지금까지 잘 알려지지 않은 재판을 담았습니다. 모든 언론사가 취재하는 유명 재판만이 아니라 CBS 법원 출입 기자가 법원을 바쁘게 오가며 발굴한, 그리 유명하지 않은 재판을 다뤘습니다. 또, 모두가 취재하더라도 아무도 다루지 않은 숨은 장면들을 조명했습니다. 그간 다른 기사에서는 볼 수 없었던, 오직 '법정B컷'에서만 볼 수 있는 사건들이 무궁무진합니다.

③ 마지막으로 사람을 담았습니다. 법원은 사람이 모이는 곳입니다. 법원까지 오게 된 데는 누구에게나 좋든 나쁘든 각기 다른 사연이 있습니다. 이들을 지켜보는 검사, 변호인 그리고 판사에게도 말이죠. 법원에 오고 간 사람들의 웃음과 울음소리가 '법정B컷'에는 담겨있습니다.

- 김재완 기자

재판은 오늘날 온갖 이해관계가 충돌하는 자리이며, 사회-정치적 갈등이 조율되고 해결되기도 하는 무대이다. 매 순간이 생생한 우리 삶의 현장이고 역사의 한 장면이다. 이 중요한 현장이 외면당하고, 유죄냐 무죄냐 또는 합법이냐 불법이냐는 결론에만 관심이 집중될 때, 재판의 과정을 기록해 보겠다고 나선 기자들이 있다. 이 책은 그 소중한 결과물이다. 때로는 흥미진진하고 때로는 가슴이 먹먹해진다. 그렇게 이 책은 재판을 통해 우리 사회의 현주소를 드러내고 있다.

_홍성수 (숙명여자대학교 법학부 교수)

이 책은 CBS 노컷뉴스 기자들이 김중호 법조팀장을 잘못 만나 고생한 결과물이다. 직권남용(?)의 결과물이라고 정의해 본다. 정다운, 김재완 등 법조팀 기자들이 다만 직권남용의 피해자가 아닌 이유는 그들도 어느 순간 법정B컷을 그려내는 일에 푹 빠지는 바람에,

자의적으로 피해자의 지위에서 벗어났기 때문이다. 김중호 팀장의 말대로 검찰의 수사는 다이나믹하고 흥미진진한 반면, 법정의 풍경은 대체로 지루하다. 그러나 경찰 수사, 검찰 수사도 결국은 법정이라는 공론의 장에서 승리하기 위한 준비 과정이다. 수사와 재판을 인위적으로 분리할 수 없는 이유이자, 수사 결과보다 재판 결과가 우리 사회에 미치는 영향이 지대한 이유다.

드라마에서 보여주는 법정은 매우 흥미진진하다. 판사, 검사, 변호인, 피고인, 증인 등 다양한 인물이 기승전결이 있는 법정을 만들어낸다. 그러나 드라마만 보고 흥미로운 장면을 상상하며 공개 법정에 들어가 보면 실망스럽기 짝이 없다. 알아듣기 어려운 건조한 말이 오가는 사이에 무표정한 모습으로 앉아 있는 사람들은 무거운 법정의 무게를 견디며 재판이 빨리 끝나기만을 바란다.

법원의 시간은 느리게 흘러간다. 바쁜 도시인들은 주말이 되면 숲을 찾아 자연 속에서 호흡하며 지난 시간을 반추해 보며 삶이 좀 더 느리게 흘러가기를 원한다. 불타오르던 마음도 식히고, 호들갑스러운 감정도 가라앉힌다. 시시비비를 가리는 법원의 늘 서늘하고 조용한 공기도 그와 비슷하다. 법원의 시간을 기록하는 것은 그런 면에서 가치가 있다.

자신을 객관화하지 못하고 정의로운 척하는 사람들이 법을 무시하는 발언을 수시로 하는 세상이다. 그러나 정치와 사회가 아무리 정의를 외친다고 해도 결국 차분하게 법과 정의가 무엇인지 결론을 내리는 곳은 법원이다. 이러한 법원이 존중받는 사회가 되어야 할 것이다. 그러기 위해서는 그곳에서 어떤 일들이 일어나고 있는지 차분하게 기록하여 국민에게 알리는 일이 중요하다.

정치의 사법화, 사법의 정치화로 어지러운 세상에서 우리는 다시 법과 원칙을 되뇌며 법치주의란 무엇인지, 민주주의란 무엇인지 생각해야 한다. 이 책은 그런 의미에서 읽을 가치가 있다. 현장 기자들이 조선시대 사관처럼 써 내려간 이 책에는 법정B컷이라는 제목에 걸맞은 깨알 같은 재미도 있다.

법원이 정치가 해결해야 할 일을 해결하는 곳은 되지 않았으면 좋겠다. 검사로 생활하며 고민했던 것이 정치의 영역이나 시민사회에서 먼저 해결할 수 있는 문제들이 서초동으로 너무 많이 온다는 것이었다. 국민 세금으로 운영되는 검찰과 법원이 정치의 장이 되지 않아야 한다. 그래서 판사와 검사들이 백만 원짜리 사기 사건을 어떤 정치적 사건보다 정성들여 처리할 수 있는 사회가 오기를 바라는 것이다. 이 책이 널리 읽혀 정의가 강물처럼 흐르는 이상적인 사회는 아니더라도, 정의가 왜곡되지 않는 사회가 조금이라도 앞당겨 오기를 바란다.

_김후곤 (전 서울고등검찰청 검사장)

사회면에 단 몇 줄로 정리되는 판결 기사. 그 건조한 기사 뒤에 얼마나 많은 사연이 숨어있을까 늘 궁금했다. 법조기자들의 눈에 비친 법정 뒷이야기를 읽고 있노라니 역시나 내가 알고 있다고 생각했던 그 사건도 달리 보인다. 지난 몇 년간, 그리고 현재도 이어지고

있는 우리 사회의 크고 작은 사건과 사람들을 이해하는 데 탄탄한
실마리를 주는 책. 절로 얻는 법률 상식은 덤이다.

_김현정 (CBS '김현정의 뉴스쇼' 앵커 겸 PD)

3장 국가폭력은 진행 중

4장 순간포착, 법정에 이런 일이?

5장 법정에 끌려온 '라떼의 추억'

2 / 법원은 왜 '솜방망이 처벌' 비난에 시달리는가?

일러두기

보도 당시의 문제의식을 살리기 위해 본문 내용 속 시점 등을 수정하지 않았습니다.

1

숨 쉬는 법정을 기록하다

1장

더 이상 '야동'일 수 없습니다

손정우 인도 거절한 판사의 애국심,
"대한민국 주도로"

2020년 7월 12일

📄 **손정우 '범죄인인도심문' 결정 법정서 판사 낭독 (2020. 7. 6.)**

"한·미범죄인인도조약 외에 범죄인 인도법 제10조에서 정한 별도의 보증이 있어야만 인도가 허용된다는 범죄인의 주장은 받아들이기 어렵습니다. … 기록과 심문에 의해 인정되는 사정을 종합해 보면 범죄인이 이 사건 인도범죄를 범했다고 믿을 만한 상당한 개연성이 있습니다. … 그밖에 범죄인인도법 제7조가 규정하는 다른 절대적 인도 거절 사유에 해당한다고 볼 만한 사정도 없습니다."

2020년 7월 6일, 세계 최대 아동 성착취물 사이트를 운영한 손정우의 미국 송환 여부가 결정되던 서울고등법원(이하 고법) 법정. 재

판장이 결정문을 절반 이상 읽어 내려갈 때까지만 해도 취재진과 방청석의 분위기는 차분했습니다.

예상했던 대로 손씨를 미국으로 송환하는 것을 가로막을 만한 구체적인 근거가 없다는 점을 재판부가 확인하고 있었기 때문입니다. 재판부는 손씨 측 주장을 하나하나 반박하며 "받아들여지기 어렵다"고 기각했습니다.

📑 손정우 '범죄인인도심문' 결정 법정서 판사 낭독 (2020. 7. 6.)

"범죄인의 주장과 같이 범죄 전부 또는 일부가 대한민국에서 일어났다고 하더라도, 대한민국에서 이 사건 인도범죄를 기소하지 않았기 때문에 대한민국은 범죄인 인도를 거절할 수 없습니다. 또 범죄인을 청구국에 인도하는 것이 비인도적이거나 부당한 대우를 받을 우려가 있다고 단정하기는 어렵습니다. 따라서 임의적 인도 거절 사유가 있다는 범죄인의 주장 역시 받아들여지기 어렵다고 할 수 있습니다. (중략) 범죄인이 웰컴투비디오 사이트를 통해 설계하고 운영한 거래 구조는… 아동·청소년음란물(성착취물)의 소비와 재생산을 조장하는 악순환적 연결고리를 확산시킬 수 있다는 점이 우리 사회를 위협할 수 있는 크나큰 문제입니다. … 관련 범죄를 근절하기 위해서는 웰컴투비디오 사이트 회원들에 대한 철저하고 발본색원적인 수사가 필요합니다. … 범죄인을 미국으로 인도하지 않고 대한민국이 범죄인의 신병을 확보함으로써 주도적으로 대한민국의 아동·청소년이용음란물 관련 수사를 보다 적극적으로 철저히 진행할 수 있을 것입니다."

　재판부가 웰컴투비디오 사이트의 사회적 해악에 대해 고지할 때까지만 해도 잠잠하던 분위기는 '대한민국이 주도적으로'라는 내용 이후부터 술렁이기 시작했습니다. 검사도 아닌 재판장의 입에서 "범죄인이 미국으로 인도된다면 대한민국에서는 웰컴투비디오 국내 회원들에 대한 수사가 미완의 상태로 마무리되거나 그 진행에 지장이 생길 가능성도 배제하기 어렵다"며 국내에서의 수사 성패를 걱정하는 말이 나온 겁니다.

　재판부는 "미국이 범죄인을 인도받아 자국 내 아동-청소년이용 음란물(성착취물) 관련 수사의 효율성을 높이는 것에 이익이 있다면 이는 대한민국의 경우가 더 시급하고 중대하다"라며 일종의 애국심 (?)까지 동원했습니다.

　취재진을 비롯해 방청을 온 시민들은 당혹감을 감추지 못했습니다. 이대로 풀려나는 거냐, 그냥 저렇게 나가는 거냐, 이제 방법이 없는 건가 등의 수군거림만이 법정을 채웠습니다. 기자들은 전례도 3차례 밖에 없는 '범죄인 인도 거절' 결정에 관한 법 규정을 서둘러 찾았지만 '법원의 인도 거절 결정이 있는 경우 검사는 지체 없이 구속 중인 범죄인을 석방한다'라는 말만 적혀있었습니다. 재판부가 직접 말한 대로 '중대한' 범죄를 저지른 손정우가, 아무런 법적 제약을 받지 않는 신분으로 '대한민국'에 다시 석방되는 순간이었습니다.

이번 재판부의 결정을 두고 법조계 등 일각에서는 "아쉬운 부분이 있지만 '사법주권'은 쉽게 무시할 수 있는 원칙이 아니다"라고 두둔하기도 합니다. 또 "대법관 후보이기도 한 강영수 부장판사(재판장)가 최근 여론을 몰랐을 리 없는 상황에서도 어려운 판단을 내렸다"며 "그만큼 많이 고심했을 것"이라고 신뢰를 보내는 사람도 많습니다.

그러나 손씨가 타국 피해자를 직접 상해나 사망에 이르게 하는 등의 '전통적인' 범죄로 이번 인도 심문대에 섰다면 재판부의 판단이 다르지 않았을까 생각해봅니다. 재판부가 아동-청소년 성착취물 범죄의 중대성에 대해 언급하긴 했지만, 실제로는 이와 같은 새로운 유형의 범죄가 어떤 피해를 발생시키고 있는지 제대로 이해하지 못한 것처럼 보였습니다.

어느 법학전문대학원의 교수는 "최근까지만 해도 '음란물'은 그저 사회 질서를 어지럽히는 범죄일 뿐, 피해자가 실존하는 범죄로 다뤄지지 않았다"라고 지적했습니다. 성착취물에 엄연히 '사람'이 나오는데도 그저 건수가 많은지, 적극적으로 유통해서 수익을 얻었는지 등 피해자를 빼고 외연만 봤다는 겁니다.

손씨의 1-2심 판결문을 보면, 수사 과정에서 압수된 하드디스크에서 나온 성착취물은 17만 개에 달합니다. 이 중 아동-청소년이용 성착취물만 선별해 중복-불량파일을 제외하고 검찰이 기소한 수량이 3055개입니다. 폴더 안에 좀 저질스러운 '야동'이 3천 개쯤 있는 게 아니라, 그 촬영의 대상이 된 세계 각국의 아동-청소년 피해자가 최소 수천 명이라는 얘깁니다.

그런데도 해당 1-2심 재판부 모두 성착취물 중 상당수는 손씨가 '직접 올린 것'이 아니라는 점을 감형 사유로 인정했습니다. 만약 아동-청소년 3055명에 대한 강간죄였다면 어땠을까요?

위의 교수는 "손정우가 아니라 조주빈(강간미수-강제추행 혐의도 포함)이 인도심문대에 섰다면 재판부는 인도 결정을 내렸을 것 같다"고 조심스럽게 말했습니다. 이러한 방식으로 손씨의 범죄가 그나마 가볍다고 생각하는 것은 디지털 성범죄의 중대성을 안다고 '착각'하는 것일 뿐이라는 비판입니다. 신체접촉 없이도, 어쩌면 강간보다 더 잔혹하게 피해자를 사회적-신체적 죽음으로 몰아넣는 것이 디지털 성범죄입니다.

실제 손씨의 인도 거절 결정이 난 후 법정 밖에서 소회를 밝힌 손씨 아버지도 비슷한 문제점을 드러냈습니다.

📑 **손정우 아버지 발언 – '(미국)인도 거절' 결정 후 법정 밖 복도 (2020. 7. 6.)**

취재진 "손씨를 다시 만나게 됐는데 어떤 말을 해주고 싶으신지요?"

손씨 아버지 "디지털범죄가 이뤄진 것은 얘가 컴퓨터만 가지고서 자라왔다 보니까… 앞으로는 컴퓨터 하지 못하게… 이렇게 할 생각을 가지고 있습니다."

손씨의 범죄로 인한 구체적인 피해자들의 존재를 떠올리기는커녕 디지털 성범죄를 여전히 '컴퓨터를 나쁘게 사용한 일' 정도로 취급하는 모습입니다. 물론 법원의 이해 수준은 이보다 한 걸음 나아가 있지만, 여전히 이 범죄를 얼마나 무겁게 봐야 하는지는 중요한 순간마다 망설이고 있습니다.

특히 이처럼 판단이 헷갈리는 순간 들고나온 변명이 '국가적 이익'이라는 추상적 가치였다는 점은 재판부의 판단을 더욱 실망스럽게 만들고 있습니다. '법치'가 국가를 위한 것인지 모든 인간의 당연한 권리를 지키기 위한 것인지, '법치의 수호자'라 불리는 법관은 무엇을 좇아야 하는지, 이번 '손정우 불송환 사태'가 묻고 있습니다.

궁금한 법 이야기: 범죄인인도

이 사건을 취재하면서 범죄인인도 결정문이 전산화된 2004년부터 이번 불송환 결정이 나온 2020년 7월까지 16년간 나온 결정문 57건을 분석해봤습니다. 재항고 4건, 미등록 결정문 12건을 제외한 41건 중 '인도 거절' 결정은 손정우를 포함해 6건에 불과했습니다. 이 중 공범 관계였던 3건을 1건으로 치면, 사실상 16년간 이루어진 인도 거절은 4건뿐이었던 것입니다. 결과를 알 수 없는 미등록 사건 12건을 제외한 45건 중 4건이 거절된 것으로 계산하면 8.8%의 확률을 손정우가 뚫은 것이죠.

범죄인 인도법에서는 △정치적 성격의 사건이거나 △절대적 사유 또는 △임의적 사유가 존재하는 등 크게 3가지 사유를 인도 거절 근거로 둡니다. 해당 범죄의 공소시효가 끝났거나 범죄 혐의 개연성을 인정하기 어려운 경우, 한국에서 재판이 진행 중인 경우 등이 절대적 거절 사유죠.

확인 결과 손정우 사건을 제외한 3건은 모두 법원이 범죄인 인도를 거부할 '절대적 사유'가 존재하는 경우였습니다. 즉, 재판부의 재량으로 결정되는 '임의적 인도 거절 사유'가 적용된 사건은 현재 공개된 사건 중에서는 손정우 사건이 유일합니다.

범죄인인도법 제9조에 명시된 임의적 인도 거절 사유는 5가지로, '제3국에서 같은 범죄로 이미 재판받은 점' 등 구체적 요건이 필요한 조항도 있는데요. 재판부가 손씨 인도를 거절한 근거는 △범죄인이 대한민국 국민인 경우 △인도범죄의 전부 또는 일부가 대한민국 영역에서 범한 것인 경우라는 가장 포괄적인 '자국민 보호', '사법주권' 원칙이었습니다.

범죄인 인도는 의무는 아니지만, 철저히 '상호주의'에 따라 이뤄집니다. 우리나라가 그간 정치범이 아닌 이상 웬만한 범죄인 인도 요청에 대부분 응해온 것은 우리 역시 국내 송환이 필요한 범죄인을 인도받기 위해 타국의 협조가 필요했기 때문이죠. 이번 초국가적 성범죄자의 인도 거절은 다음에 우리에게 불이익으로 돌아올 수 있습니다.

이 사건 지금은?

손정우는 재판부의 결정대로 한국에 남아 추가 혐의에 대한 수사를 받게 되었습니다. 검찰은 앞서 아동-청소년성보호법(음란물제작-배포) 위반으로 징역 1년 6개월 실형을 살고 나온 손씨를 범죄수익은닉 등 혐의로 추가기소했습니다.

손씨는 불구속 상태에서 재판받았고 검찰은 2022년 6월 결심공판에서 손씨에게 징역 4년과 벌금 500만 원을 선고해달라고 요청했습니다.

그런데 재판부가 손정우 미국 인도를 거절한 핵심 이유는 손정우에 대한 추가 처벌이 아니라 '웰컴투비디오' 회원에 대한 추가 수사 때문이었는데요. 이 수사는 한참 전에 경찰에서 마무리되었고, 추가 수사는 진행되지 않은 것으로 파악됩니다. 손정우를 미국으로 보냈다면 국내뿐 아니라 해외에서 다크웹을 이용해 아동-성착취물을 거래한 이용자들을 잡을 수 있었을지도 모르겠습니다.

2022년 7월 법원은 손씨에게 징역 2년과 벌금 500만 원을 선고하며 법정 구속했습니다. 손씨와 검찰 모두 항소해 2심이 진행될 예정입니다.

불법촬영물 보기만 했다?:
공범으로 인정, "징역7년"

2020년 12월 13일

📑 **서울중앙지법 박사방 조주빈 등 1심 선고 (2020. 11. 26.)**

"피고인 장○○은 형사처벌 전력이 없고 성착취물 제작에 직접 관여하지 않은 것은 (피고인에게) 유리한 정황입니다. … 그러나 조주빈에게 가상화폐를 지급하고 조주빈의 범행을 추종함으로써 이 사건 범행이 반복·확대되도록 원인을 제공해 죄질이 상당히 좋지 않습니다."

→ 징역 7년 선고

"피고인 임○○도 형사처벌 전력이 없고 성착취물 제작에 직접 관여하지 않은 것은 유리한 정황입니다. 그러나 임○○도 장○○과 마찬가지로 조주빈에게 가상화폐를 지급하고 고액방 등에 참여해 성착취물을 받고, 조주빈 지시에 따라 유포하면서 제작에 가담하고 아동·청소년

음란물을 다수 소지했습니다. 그런 범죄 행위는 그 자체의 위법성뿐 아니라 이 사건 범행이 반복되는 원인을 제공해 죄질이 무겁고 엄벌에 처해야 할 필요성이 있습니다." → 징역 8년 선고

2020년 11월 26일 텔레그램 '박사방'의 주범 조주빈에게 법원이 징역 40년을 선고했습니다. 조주빈에 비하면 약하지만, 그의 공범들에게도 실형이 선고되었는데요. 특히 징역 7~8년이 선고된 장 모 씨와 임 모 씨에 대한 부분을 좀 더 자세히 보려 합니다. "'야동' 좀 본 게 죄냐?"고 생각하시는 분들은 특히 더 집중해서 보셔야 할 것 같습니다.

결론부터 말하자면 상대방의 동의 없는 불법 촬영물이나 아동-청소년이 대상인 성착취물(동의 여부 무관)을 보려 돈을 내는 행위는 그 제작에 가담한 것과 마찬가지인 '중범죄'에 해당합니다. 법원은 이번 박사방 판결에서 성착취물 적극적 수요자를 조주빈이 주도한 범죄에 가담한 집단의 일원으로 처벌했습니다.

장씨와 임씨는 조주빈(박사)이나 강훈(부따)처럼 직접 피해자를 유인해 성착취물을 만들거나 온-오프라인상에서 피해자들에게 협박-강요를 한 적은 없습니다. 조주빈이 박사방 운영으로 번 수익을 나눠가진 적도 없고요. 이들은 50만 원 상당의 가상화폐를 송금하고 박사방 유료방에 입장해 아동-청소년성착취물 수백~수천 건을 다운로드 받거나 시청한 수요자(소비자)입니다. 또한 이들은 유료

방에 계속 남아있기 위해 조주빈이 지시하는 미션을 수행했습니다. 다른 텔레그램 방에 아동-청소년성착취물이 담긴 광고 자료나 링크를 공유한 다음 인증하고 피해자가 했으면 하는 행위들을 조주빈에게 요청했습니다.

여기서 의아한 점이 생깁니다. 아무리 그래도 어떻게 장씨와 임씨에게 징역 7~8년이나 선고되었냐는 것이죠. 앞서 우리 법원이 비슷한 범죄에 어떤 시각을 보였었는지 기억하시나요? 불과 1년여 전 같은 서울중앙지법에서는 세계 최대 아동성착취물 사이트 '웰컴투비디오'를 운영한 손정우에게 징역 1년 6개월을 선고했습니다. (장씨와 임씨가 소지한 아동-청소년성착취물은 각각 270개, 1237개지만 손정우의 하드디스크에선 17만 개가 나왔고, 그는 이를 이용해 돈을 벌었습니다.)

이번 판결에서 법원의 가장 큰 변화는 장씨나 임씨 같은 수요자들이 곧 박사방의 시스템이 유지-번성하도록 만드는 공범이라는 점을 인정한 대목입니다.

📖 **서울중앙지법 박사방 조주빈 등 1심 판결문** (2020. 11. 26.)

"조주빈이 범행을 통해 그 목적인 돈을 취득하기 위해서는 피해자를 유인하고 성착취물을 제작해야 하며, 조주빈이 성착취물을 가지고 있다는 점이 알려져 이에 관심을 가진 사람이 많아져야 합니다. 그리고 그중 일부가 실제 조주빈에게 가상화폐 등으로 대가를 제공하고 안전하게 돈으로 환전할 수 있어야 합니다.

…(중략)…

구성원들(장씨, 임씨 등)이 지급한 가상화폐가 직접 성착취 범행자금으로 투여되지 않았다고 하더라도 조주빈에게 가상화폐가 제공된 것은 일련의 성착취 범행이 이어지고 반복된 데 가장 직접적이고 주요한 동기가 됐습니다. (중략) 조주빈에게 제공된 가상화폐가 성착취 범행에 직접 사용되지 않았다거나 조주빈이 이러한 범행을 혼자서도 할 수 있었을 것이어서 '범죄집단'에 이르지 못했다는 취지의 주장은 받아들일 수 없습니다."

이번 판결에서 재판부는 장씨와 임씨가 없었더라면 조주빈의 범행이 완성되지 못했으리라 판단했습니다. 즉, 디지털 성범죄에서 불법 촬영물 수요자는 단순 소비자가 아니라 범행 완성의 한 축이라는 점을 명확히 한 것이죠.

장씨와 임씨가 조주빈과 금전적 수익을 공유하진 않았지만, 재판부는 이들이 휴대전화에 내려받은 성착취물들이 금전에 따르는 대가라고 봤습니다. 이들은 "'범죄집단'이라고 인식하지 못했다"라거나 "영상물에 아동-청소년이 아닌 피해자가 있는 것 같다"고 주장하기도 했는데 모두 받아들여지지 않았습니다.

다만 이 같은 법원의 엄정한 판단이 '범죄집단'으로 기소되지 않는 사건에서도 유지될 수 있을지는 계속 지켜봐야 할 것입니다. 지난 11일 서울동부지법은 아동-청소년성착취물 253개가 담긴 압

축파일을 구매한 20대 남성 A씨에게 징역 6개월에 집행유예 2년을 선고했습니다.

물론 아동-청소년성착취물 소지 혐의로 수사기관에 적발되어도 초범은 아예 기소조차 되지 않거나 기소되더라도 벌금형에 그쳤던 과거에 비하면 한 발 나아간 처벌입니다. 그렇지만 단순히 253개의 불건전 영상물을 소지한 범죄가 아니라 253명의 아동 피해자가 있으며 더 많은 피해자를 양산할 유인을 제공하는 범죄라고 판단했다면 법원의 처벌 수위가 더 높아지지 않았을까 생각해봅니다.

장씨와 임씨처럼 A씨도 재판에서 이렇게 항변했다고 합니다. "일반 희귀 영상을 구매하는 중에 로리물(아동성착취물)을 제외하고는 팔지 않는다고 해서 어쩔 수 없이 같이 구매한 것이다. 전부 시청한 것도 아니다"라고요.

" '야동' 좀 본 게 죄냐?"고 함부로 말해선 안 되는 이유의 답이 되었을까요? 스스로 불법 촬영과 아동-청소년성착취물 제작 산업의 자금줄이 되고 나서 "몰랐다"라고 항변해봐야 소용없습니다.

궁금한 법 이야기: 성착취물·불법 촬영물 처벌

성폭력범죄의 처벌 등에 관한 특례법(성폭력처벌법) 제14조 1항은 '카메라나 그 밖에 이와 유사한 기능을 갖춘 기계장치를 이용하여 성적 욕망 또는 수치심을 유발할 수 있는 사람의 신체를 촬영대상자의 의사에 반하여 촬영한 자는 7년 이하의 징역 또는 5천만 이하의 벌금에 처한다'고 규정하고 있습니다.

직접 불법 촬영을 하지 않았더라도 이를 반포-판매-임대-제공-전시-상영하는 행위도 똑같이 처벌됩니다. 촬영 당시에는 서로 합의했더라도 상대방이 동의하지 않았는데 영상을 유포하는 행위 역시 마찬가집니다. 심지어 이런 불법 촬영-배포가 금전적 이득을 목적으로 이뤄진 것이라면 3년 이상의 유기징역형에 처합니다.

2020년 법을 개정하며 불법 촬영물을 우연히 시청했거나 구입-저장-소지하게 된 경우에도 처벌하는 조항이 신설되었습니다.(성폭력처벌법 제14조 제4항) 물론 배우들이 계약서를 쓰고 합의하고 촬영한 포르노 영상은 불법 촬영물로 보기 어렵겠죠. 하지만 온갖 영상물이 범람하는 인터넷 공간에서 불법 촬영물은 제대로 걸러지지 않는 경우가 많습니다.

법의 경계를 넘나들며 다크웹에서 '야동'을 찾아 나섰다가는 정말 크게 처벌받을 수 있습니다. 특히 우리 법은 아동-청소년이 불법 촬영의 대상인 경우에는 더 엄중하게 처벌합니다. 이 경우에는 피해자가 촬영에 동의했다고 하더라도 허용될 수 없다는 의미를 담아 '성착취물'이라는 표현을 써서 문제의 심각성을 드러내기도 합니다.

2020년 아동-청소년의 성보호에 관한 법률(청소년성보호법) 개정으로 기존에 1년 이하의 징역 또는 2천만 원 이하 벌금형이었던 아동-청소년성착취물 구입-소지-시청 범죄의 형량이 '1년 이상의 징역형'으로 개정되었습니다. 처벌의 상한이 없어진 것이죠.

대법원 양형기준도 새로 정했습니다. 아동-청소년 성착취물 소지 범죄의 기본 권고형량은 징역 10개월~2년인데, 다수의 성착취물을 보유하거나 장기간에 걸쳐 반복적으로 구입-소지-시청한 경우엔 가중처벌 됩니다.

기존에도 아동-청소년성착취물 구입-소지-저장-시청 범죄 처벌은 존재했지만 막상 적발되더라도 검찰에서 기소유예되는 경우가 대부분이었습니다. 그러나 불법 촬영물 문제와 N번방, 박사방 등 텔레그램 성착취물 사건이 크게 불거지면서 2020년 4월 검찰은 '성착취 영상물 사범 사건처리기준'을 새로 만들었습니다. 성착취물 구입-소지-시청 범죄를 저질렀을 때 소지 건수가 적거나 초범이더라도 기소유예하지 않겠다, 무조건 재판에 부치겠다는 게 골자입니다.

피해자가 깨면 미수에 그치는 준강간:
준강간죄의 불능미수

2021년 4월 18일

📋 **[A사건] '준강간죄의 불능미수' 대법원 전원합의체 선고 (2019. 3. 28)**

김명수 대법원장 "형법 제299조에서 정한 준강간죄에서 행위의 대상은 심신상실 또는 항거불능의 상태에 있는 사람이고, 구성요건에 해당하는 행위는 그러한 상태를 이용하여 간음하는 것입니다. 따라서 피고인이 준강간의 고의로 피해자를 간음하였으나 피해자가 실제로 심신상실 또는 항거불능 상태에 있지 않으면 실행의 수단 또는 대상의 착오로 인해 준강간죄의 구성요건이 충족될 가능성이 처음부터 없는 경우입니다. 그리고 피고인이 행위 당시에 인식한 사정을 놓고 일반인의 위치에서 객관적으로 판단할 때 준강간의 결과가 발생할 위험성이 있었다면 불능미수가 성립합니다."

'준강간'도 이해하기 어려운데 여기에 또 '불능미수'라니, 마치 외계어로 쓰인 것처럼 눈에 잘 들어오지 않는데요. 한국 사회의 지독한 음주 문화 속에서 가장 빈번히 발생하는 성범죄를 살펴본다고 하면 조금 관심이 생기실 수도 있겠습니다.

준강간은 상대방이 술이나 약, 잠에 취하는 등 심신상실-항거불능 상태인 점을 이용해 간음하는 범죄입니다. 가해자가 피해자를 상대로 폭행이나 협박, 위계를 이용해 적극적으로 심신상실-항거불능 상태를 만든 것이라는 점에서 강간죄와 양태에 차이가 있지만, 법정형은 '3년 이상의 유기징역'으로 같습니다.

그런데 준강간 상황에서 피해자가 범행 직전이나 도중에 정신을 차리면 어떻게 될까요? 술에 취해 몸을 가누기 힘들었던 것은 맞지만 어느 정도 의식이 있었다면 어떨까요? 심신상실-항거불능이라는 준강간죄 성립 요건이 흔들립니다.

피해자가 당혹감과 두려움, 수치심 등으로 즉시 저항하지 못하고 계속 의식이 없는 척했을 때 가해자를 처벌할 수 있는지, 도대체 어떤 죄목으로 처벌할 것인지를 두고 대법관 전원이 한 차례 머리를 맞댔습니다.

문제의 사건(A사건)에서 가해자는 자기 집에서 배우자, 피해자와 함께 새벽까지 술을 마시다가 배우자가 먼저 잠들자 피해자가 술에 취해 항거불능 상태라고 보고 강간했습니다.

강간죄가 적용되려면 폭행과 협박으로 피해자의 의사를 제압해야 하므로 일단 탈락. 준강간죄의 경우 피해자가 심신상실 또는 항거불능의 상태에 있어야 하는데 피해자는 의식이 있는 상태였으니 이 역시 애매합니다.

이때 판사들이 생각해 낸 묘수가 바로 '준강간죄의 불능미수' 개념입니다. 형법 제27조는 '실행의 수단 또는 대상의 착오로 인하여 결과의 발생이 불가능하더라도 위험성이 있는 때에는 처벌한다. 단, 형을 감경 또는 면제할 수 있다'라고 불능미수에 관한 규정을 두고 있습니다.

예를 들어 설탕을 독약인 줄 알고 다른 사람을 살해하려는 목적으로 먹이거나, 이미 죽은 사람을 산 사람으로 착각하고 죽이려 하는 경우죠. 이처럼 범행 목적은 애초부터 달성할 수 없는 상태였지만 사정이 조금만 달랐다면 정말 사람이 죽었을 위험이 있다고 판단되는 경우, 살인죄를 적용하긴 하되 미수에 그쳤다고 보고 법정형의 하한을 절반으로 감형한 상태에서 처벌하는 겁니다.

마찬가지로 상대방이 취했거나 잠이 들었다고 생각해서 그 상태를 이용해 (동의를 구하지 않고) 성폭행했는데 알고 봤더니 피해자가 의식이 있었던 경우, 가해자를 불능미수범으로 처벌할 수 있다는 게 대법원의 논리입니다.

많은 준강간 사건에서 사건 당시 심신상실-항거불능 상태였어야 할 피해자가 범행 장면 일부를 구체적으로 기억하거나 중간에 정신이 들었다는 점을 근거로 가해자가 '합의된 성관계'라며 무죄를 주장하고는 합니다. 심신상실-항거불능 상태가 아니었다면, 왜 저항하지 않고 가만히 있었냐는 거죠. (반면 피해자가 기억이 없을 때는 진술이 불분명하다고 무죄 주장을 해 여러모로 준강간은 입증이 까다로운 범죄입니다.)

대법원은 이 같은 가해자들의 주장에 선을 그으며 피해자의 상태를 함부로 무죄 방어 수단으로 삼지 않도록 한 겁니다. 일반인의 관점에서 객관적으로 판단해 봤을 때 당시 피고인이 정신적-신체적 사정으로 성적 자기방어를 할 수 없는 사람을 준강간할 위험성이 있었다면 유죄가 성립한다는 거죠.

그런데 여전히 찝찝함은 남습니다. 준강간 범행이 이미 이뤄졌는데 어떻게 '미수'라는 딱지를 붙여 감형할 수 있는지 말입니다. 위에서 본 설탕 독살범이나 시체살해범은 결국 피해를 발생시키지 못해 미수에 그쳤지만, 준강간죄의 불능미수범은 어찌 되었든 피해자에게 성폭행 피해를 입혔습니다.

이 부분에서 대법원보다 한발 더 나아간 판결이 있어 소개합니다. 심지어 전원합의체 선고보다 1년 일찍 나온 판결입니다.

📖 [B사건] 서울고법 형사9부 준강간 사건 판결 (2017. 12. 7.)

재판부 "피해자는 옆에 다른 남자 동료가 잠들어 있는데도 상사이자 평소에 믿고 있었던 피고인이 자신의 하의를 벗기고 추행하는 사실을 발견해 정신적 혼란을 겪는 와중에 성행위임을 알면서도 피고인을 거부하지 못했습니다. … 성행위가 이루어지리라고 예상하기 어려운 장소였다는 점에서 그 자체로 피해자가 경악할 만한 상황이었고 … 피해자는 마음 한편으로 '피고인이 실수한 것이고 곧 정신을 차리고 더 이상 하지 않을 것'이라고 기대할 정도로 평소 피고인에 대한 믿음도 강했습니다. … 그런데 피고인은 이러한 믿음을 깨뜨리면서 피해자가 피고인에 대해 더 이상 아무것도 장담할 수 없는 정신적 혼란 상태를 초래했습니다. 피해자가 (자신이) 깨어 있는 것을 안다면 피고인이 어떤 위해를 가할지 예상할 수 없어 극심한 두려움에 계속 잠든 척하였던 것으로 보입니다. … 옆에서 자고 있던 동료 역시 술에 만취한 상태여서 쉽게 도움을 요청할 수 없었을 것으로 보이고, 오히려 이러한 사정이 피해자로서는 소리를 크게 내는 등 섣불리 행동할 수 없도록 작용하였던 것으로 보입니다."

B사건에서 술에 취해 자던 피해자는 가해자의 준강간 도중 정신이 들었지만 저항하지 못하고 계속 의식이 없는 척했습니다. 당시에도 재판부와 연구관들은 불능미수 처리를 유력하게 검토했습니다. 그러나 피고인의 준강간 범행이 이뤄졌는데 미수범으로 처벌하는 것이 과연 일반인의 법감정이나 정의감정에 맞는지를 두고 논쟁이 벌어졌다고 합니다.

그러나 단순히 법-정의감정에 맞춰 법관이 처벌을 달리하면 마녀재판이 되기에 십상입니다. 그렇게 고민을 거듭하던 중, 준강간 피해자들의 심리에 대해 설문-연구한 자료가 재판부의 결론을 바꾸는 결정적 한 방이 되었습니다.

2017년 한국성폭력상담소가 주최한 '성폭력 판례뒤집기' 토론회에서 나온 내용이었는데요. '준강간 상황에서 중간에 깨어난 피해자들이 즉각 저항하지 못하는 게 오히려 자연스러운 반응'이라는 연구 결과였습니다. 그 이유에 대해 피해자들은 △당황해 아무런 생각이 나지 않아서 △당시에는 성폭력인지 몰라서 △가해자가 이후로도 나에게 불이익을 줄까 봐 등 다양하고 복합적인 심리 상태를 밝혔습니다.

재판부는 피해자에 대한 증인신문을 추가로 시행해 당시 상황과 심리 상태를 심층 검토했습니다. 결국 '피해자가 피고인을 두려워해 계속 자는 척을 했을 때는 피해자가 여전히 심신상실의 상태에 있는 것과 같다'라는 결론을 내렸습니다. 그렇게 해당 가해자에게는 기수가 인정돼 징역 2년 6개월의 실형이 확정되었습니다.

해당 재판부는 1953년 제정된 형법 제299조 준강간 조문 속 심신상실-항거불능의 의미를 2017년 현실 속 준강간 피해자들의 상황에 맞게 확대하는 법해석을 한 셈입니다.

'폭행 또는 협박으로 사람(2012년 개정 전 '부녀')을 강간한 자는 3년 이상의 유기징역에 처한다'(형법 제297조 강간죄)라는 한 줄 조문이 법전에 적힌 지 무려 70년째 그대로입니다. 그러나 조문 속 '폭행 또는 협박'의 의미는 시대의 법감정을 따라 크게 변화하고 있습니다.

1970년대까지 '피해자의 항거를 불가능하게 할 정도'의 명백한 폭행과 협박이 있을 때만 강간이 인정되었다면, 1979년 대법원은 이 정의를 '피해자의 반항을 현저히 곤란하게 할 정도'로 수정했습니다. 다시 1992년 대법원은 폭행-협박을 판단할 때 단순히 사건 당시 폭행-협박의 내용과 정도만을 고려하지 말고 '유형력[1]'을 행사 하게 된 경위와 피해자와의 관계, 성교 당시의 정황 등 제반 사정을 종합해야 한다'고 밝혔습니다. 피해자의 상태가 더 반영될 수 있게 된 겁니다. 이후로도 2000년대에 들어 대법원은 폭행-협박 판단의 외연을 확장하고 있습니다.

한편으로는 이러한 법관의 적극적인 법해석-법형성이 위험 하다는 지적도 상당합니다. 엄연히 피해자가 기존 심신상실-항거 불능이라는 표현이 의미하는 상태에 해당하지 않는데 법관이 마음 대로 그 뜻을 확장하는 것은 죄형법정주의에 반하고, 법적안정성을 해칠 수 있다는 것이죠. 입법자가 따로 있는데 법관이 사실상 법을 선포하는 수준의 법해석을 하면 정당성이 떨어진다는 비판도 있습 니다.

B사건을 심리했던 정재오 부장판사는 '법관의 법형성과 법선 언'이라는 논문에서 이와 같은 지적에 대해 이렇게 답했습니다.

📖 **정재오 서울고법(현 대전고법) 부장판사 '법관의 법형성과 법선언'**
– 2018 법관연수 연구논문집

"법률문언(법조문)은 주변영역으로 갈수록 그 외연이 더 불명확하고

---

1 구타행위, 밀치는 행위 외에도 폭언 수차 반복 행위, 고함을 질러 놀라게 하는 행위 등 포함

특정한 사안이 여기에 포섭되는지가 더 모호하다. 그런 외연마저 사회 의식이 변화하고 국민의 법감정과 정의감이 변화함에 따라 요동하면서 더욱 모호하고 불명확하게 된다. 새로운 법적 분쟁이 계속해서 발생할 수밖에 없고, 법원이 무엇이 법인지를 판단해주기를 모두가 기다린다. 이런 법적 분쟁은 사실상 사법권이 아니면, 다른 국가권력은 사실상 해결하지 못한다. 이에 법관은 법률문언 범위의 경계선을 끊임없이 확인하여 더 명확히 설정하고 때로는 그 경계선을 새로 그어야 한다."

기존에 그어둔 법해석의 경계가 적절한지, 법관이 현실 세계에 발을 디디고 끊임없이 성찰하는 것 역시 법적안정성의 수호 못지않은 법관의 중요한 임무라는 것입니다. 그 과정에서 법관의 주관이 개입할 수밖에 없는 위험이 있지만, 이는 심리를 공개해 법정 변론 과정에서 논증하는 절차를 거치고 그 논증의 내용과 결과를 판결문에 충실히 기재하여 방지할 수 있다고 제안했습니다.

'안희정 위력 성폭력', '텔레그램 성착취' 등 사회적으로 논란이 되었던 사건들을 거치며 법원은 피해자에 대한 고정관념을 파기하거나 새로운 범죄유형에 대해 전에 없던 강도 높은 처벌을 하기도 했습니다. 이에 대해 '성인지 감수성만 강조한 무리한 판결이다', '기존 양형 체계에 안 맞는 과한 형벌이다' 등의 비판과 우려가 늘 따라붙습니다.

성폭력 피해자를 변호해 온 한 변호사는 "사회는 완만하게 변화하지 않고 계단식으로 발전한다. 기존 시각으로는 다소 파격적인 시도이더라도 수차례의 검증 과정에서 논거의 정당성이 확인된다면 결국은 인정받게 될 것"이라고 말했습니다.

결국 '위력은 있으나 행사하지 않았다'라는 안희정 1심 판결이 배척되고, 디지털 성폭력에 대한 몰이해가 점점 옅어지고 있는 것처럼 말이죠.

궁금한 법 이야기: 성인지 감수성

2018년 4월 대법원이 성폭행이나 성희롱 사건을 심리할 때 '성인지 감수성'을 잃지 않도록 유의해야 한다고 강조한 판결 이후 많은 변화와 논란이 이어졌습니다. 대표적인 오해가 '재판을 이성이 아닌 감성으로 하겠다는 것인가?', '피해자 주장만 우선해 편파적이다', '법률에도 없는 기준 아니냐' 등입니다. 대개 증거가 많지 않은 성폭력 사건에서 피고인을 편리하게 단죄할 수 있는 도구로 쓰일 수 있다는 우려입니다.

그러나 대법원 판시의 취지는 지금껏 성범죄 재판에서 무시되어 온 양성평등 이해적 관점을 바로잡아야 한다는 것입니다. 굳어진 경험칙과 통념에서 벗어나라는 것이죠. 해당 개념 자체가 피고인의 무죄추정의 원칙을 침해한다거나 증거재판주의 원칙을 해치며 피해자 주장만 신뢰하도록 한다는 것은 오해입니다.

수행비서를 수차례 성폭행해 대법원에서 징역 3년 6개월이 확정된 안희정 사건을 예로 들어보겠습니다. 해당 사건의 1심 재판부는 피해자인 수행비서가 안희정에게 성폭행당한 다음 날에도 평소와 같이 업무를 수행한 것을 두고 '진정한 피해자'가 맞는지 의심했습니다. '성폭력 피해자라면 멀쩡히 일상생활을 할 수 없지 않냐'는 편견에 사로잡힌 판단이었죠. 이는 지금까지의 사회통념에 기초한 생각이었을 뿐 별다른 근거는 제시되지 않았습니다.

그러나 자신과 가족의 생계를 책임지는 많은 여성이 직장 내 성범죄 피해를 당한 후 분노와 수치심, 당혹감 등 복잡한 마음을 누른 채 출근길에 오릅니다. 생계는 물론이고 해당 사건으로 인해 자신의 커리어에 문제가 생기지는 않을지, 가해자 처벌은커녕 나만 이상한 사람이 되는 것은 아닌지 등 두려움과 무력감에 사로잡히기도 하고요. '눈 딱 감고' 아무 일 없었던 척, 평범한 일상으로 돌아가는 것을 가장 바라기 때문이기도 합니다.

이처럼 성인지적 관점에서 기존의 통념을 깨면 성폭력 피해 다음날 피해자가 출근한 사실은 전혀 다른 증거로 쓰일 수 있습니다. 피해자가 얼마나 자신의 직무를 열심히 하였는지, 직장을 잃는 것에 대한 두려움이 상당했는지, 가해자가 이 같은 사정을 알고 지속적인 위력을 행사한 것은 아닌지 등을 짚어볼 근거가 되는 것이죠.

이 외에 다른 통념으로는 '피해자가 즉시 신고했어야 한다', '피해자가 가해자에게 곧바로 사과를 요구하거나 인연을 끊었어야 한다', '피해자는 범죄 직후부터 신체적-정신적 피해로 괴로워한다'

등이 있습니다. 대부분의 성범죄 가해자가 생면부지의 남이 아니라 '알던 사람'이라는 점을 고려하면 위의 조건들 역시 대부분 성립하기 어렵습니다.

특히 강간이나 준강간 직후 강하게 항의하거나 신고한 피해자에게 과거 우리 수사기관과 법원이 '당시에도 격렬히 저항할 수 있었는데 왜 안 했냐'고 도리어 묻는 경우도 많았습니다. 아무 저항도 못 하고 공포에 질렸어도, 강하게 저항했어도 '진정한 피해자'가 맞는지 늘 의심의 대상이 되는 것이죠.

성인지 감수성은 이 같은 의심을 피해자에서 가해자에게로, 성범죄 전후 맥락을 설명할 객관적 증거들로 돌립니다. 사기나 뇌물죄 등 다른 형사사건을 다룰 때 원칙적으로 피고인은 물론 피해자에 대한 편견을 배제한 상태에서 증거재판을 하는 것처럼, 성범죄 재판의 균형도 다시 맞추자는 것이죠.

많은 성폭력 사건에서 가해자는 피해자와 연인 사이였다거나 합의된 성관계였다고 주장합니다. 이는 두 사람의 배경이 배제된 자연인 상태의 대등한 관계에서 성관계 동의가 이뤄진 것을 의미합니다. 대개 가해자는 그 증거로 두 사람이 주고받은 메시지나 과거 주변인이 목격한 친밀한 모습 등을 제시하고 법원은 이를 큰 문제의식 없이 받아들여 왔습니다.

그러나 성인지 감수성이 있는 재판부라면 해당 증거보다 강한 '고정된 증거'에 더 주목합니다. 피해자와 가해자가 갑-을의 관계였는지, 권력 차이가 얼마나 컸는지, 각자의 노동조건-환경이 어떠

했는지 등이 해당합니다. 이는 성폭력 사건에서만 적용되는 특례가 아니라 사기나 횡령, 배임 등 확실한 물증 없이 진행되는 경우가 많은 사건에서도 당연히 적용되는 원칙입니다.

안희정 측도 재판 과정에서 '합의된 성관계'였다는 점을 주장하며 피해자와의 메신저 대화 내용과 피해자가 보인 호의적인 태도 등을 근거로 들었습니다. 그러나 2심 재판부는 "성관계에 관한 명시적인 합의가 있었다고 볼 만한 자료가 없다"며 "간음행위 전 피해자가 피고인에 대해 이성적 관심을 가졌다거나 연모해왔다고 볼만한 자료도 없다"고 안 전 지사가 제시한 증거를 모두 배척했습니다.

이처럼 앞으로 피해자와 가해자 사이 '고정값'의 차이가 분명할수록 법관은 양자 간 '호감'을 제한적으로 인식하게 될 것입니다. 만약 가해자가 진짜 애정 관계였다는 주장을 관철하려면 그만큼 확실한, 더 높은 증명력을 가진 증거를 제시해야겠죠.

물론 여전히 성인지 감수성의 개념은 모호합니다. 복잡미묘한 성범죄 사건에서 피고인에게 유죄를 선고할 때 재판부가 구체적인 논증을 회피하며 성인지 감수성을 마치 도깨비방망이처럼 써버린다면 오해는 더 커질 수 있습니다. 성인지 감수성이라는 단어 그 자체가 어떤 기준이 되기보다는 우리가 기존에 가지고 있던 성역할 고정관념, 성범죄 피해자상, 가부장적 통념 등에서 벗어난 판단을 요구한다는 데 초점을 맞춰야 할 것입니다.

어느 친족성폭력 피해자가 재판에서 겪은 일

2021년 7월 18일

"제가 멘탈이 좀 강해요."

친족 성폭력 가해자의 재판을 직접 보러 온 피해자 A씨를 보고, 주변에서 "힘드시지 않냐" 묻자 그가 피식 웃으며 한 말입니다. A씨는 법정 앞 복도에서 무던한 대화를 몇 마디 나누다 곧 법정으로 향했습니다. 꽤 초연하고 당당해 보였습니다.

이미 방청석 뒷좌석에는 불구속 상태로 재판받는 가해자와 변호인들이 앉아 있었습니다. A씨는 그들을 한 차례 지긋이 노려보기도 했습니다. 마스크를 써 얼굴의 절반을 가린 상태였는데, 겁을 먹었거나 수치심 따위는 느껴지지 않는 눈빛이었습니다.

그러나 20분이 채 넘지 않은 짧은 재판이 끝나고, A씨는 법정을 나서지 못한 채 끅끅 소리를 내며 울었습니다. A씨의 어머니와 친언니, 연대방청을 온 여성들이 가만히 곁을 지키고 한참이 지나서야 진정되었죠.

강제추행치상으로 기소된 가해자에게 1심에서 면소-무죄 판결이 선고된 후 2021년 7월 9일 서울고법에서 열린 항소심 첫 재판 날의 장면입니다.

다음은 12년 동안 사촌오빠에게 지속적인 성추행을 당한 A씨가 성인이 되어 그를 고소한 후 재판에서 겪은 일입니다. 우선 A씨의 어린 시절 어떤 일이 있었는지 A씨에게서 직접 들었습니다.

Q. 성폭력과 관련한 가장 처음의 기억은 무엇인가요?

"1996년, 제가 6살 때였습니다. 사촌오빠가 자기 성기를 꺼내 보여줬던 게 기억납니다. 저보다 1살 많아요. 그땐 가해자도 어렸지만, 그걸 시작으로 2007년 제가 고등학교 1학년 때까지 거의 매해 명절 등 친가 가족 모임이 있을 때마다 저를 추행했습니다."

Q. 성추행은 주로 어떤 식이었나요?

"늦은 밤이나 새벽 시간대, 주변에 자는 사람이 있는지, 제가 잠을 자고 있는지 확인을 한 후에 기습적으로 이뤄졌습니다. 제 가슴을 만지거나 자기 성기나 자위하는 모습을 억지로 제가 보게 하는 식이었어요."

Q. 그 시기를 어떻게 지나왔나요?

"어린 시절 저는 제가 잠이 들었기 때문에 그런 일을 당했다고 생각했습니다. 스스로를 가장 많이 자책했어요. 졸려도 어떻게든 안 자고 버텼지만, 저를 수시로 확인하러 오는 사촌오빠는 공포 그 자체였고 커가면서 그가 하는 짓이 뭔지 알게 됐습니다. 그렇게 심각한 불면증이 생겼어요. 결국 고등학교 입학 두 달 후 수면장애와 우울증으로 학교를 자퇴할 수밖에 없었습니다. 현재도 외상 후 스트레스장애(PTSD)와 공황장애, 우울장애를 앓고 있습니다."

A씨는 1996년부터 성추행이 있었다고 주장했지만, 공소시효가 남은 2005~2007년 사이의 사건만 기소되었습니다. 그것만 해도 10차례입니다. 성인이 된 후 해외로 떠났던 A씨는 2017년 세계적으로 미투(Me Too) 운동이 본격화되면서 소송을 결심했고, 스스로 경제적인 여력을 갖추게 된 2020년이 되어서야 비로소 가해자를 고소했습니다.

Q. 고소 전후 상황은 어땠나요?

"처음에 여성단체에 상담부터 하려고 통화를 시도했는데 왜인지 이리저리 전화만 돌며 연결이 잘 안 되었어요. 한여름날 카페에 앉아 '제가 사촌오빠에게 성추행을 당했는데….'라는 말만 최소 15번은 했던 기억이 나요. 제대로 상담받기까지 4시간이 걸렸죠. 경찰에 소장을 접수할 때도 관할 등의 문제로 여기저기 떠돌아야 했고요. 결국 서울남부지검에 직고소를 해서 간신히 수사가 진행되었고 가해자를 법정에 세울 수 있었습니다."

Q. 수사 과정에서는 문제가 없었나요?

"제 경우에는 다행히 수사 자체에서는 큰 문제는 없었습니다. 그런데 나중에 알게 된 사실이지만 수사 중 제가 제출했던 미국 집과 직장 주소, 여권과 출입국 기록, 병원 기록, 대학교 재적증명서 등 민감한 개인정보 일부가 비실명처리 되지 않은 채 가해자 측에 전달됐더라고요. 검찰 열람·복사실에 이 문제를 따지고 드니 '친척이니까 (서로) 다 아는 거 아니냐'고 했습니다. 저는 중범죄를 당한 피해자인데, 상식적으로 그 가해자와 친밀하게 주소와 연락처를 알고 지냈겠습니까? 국민신문고에 문제를 접수하고 약 5달이 지나서야 인권감독관에게 사과 전화를 받았습니다. 사과받으면 뭐 하나요. 저는 가해자나 그 가족이 언제든 저를 찾아낼 수 있다는 불안감에 시달리게 됐습니다."

더 황당한 것은 A씨가 자신의 개인정보가 유출된 걸 알게 된 곳이 바로 법정이었다는 겁니다. A씨에 대한 증인신문 과정에서 가해자의 변호인이 A씨의 신상을 집요하게 캐는 질문을 한 것이죠.

📄 **피해자 증인신문 당시 A씨가 기억하는 피고인 변호인의 질문**
  (2020. 11. 9.)

"무슨 대학 무슨 과를 몇 년도에 다녔습니까?"

"미국인과 결혼했는데 성씨는 왜 안 바뀐 건가요?

"증인, 미국에서 영주권 취득했습니까?"

"과거 독일에서 유학했다고 하는데, 출입국명부에는 중국에 머물렀던 거로 나오는데 어떻게 된 건가요?

"현재 ○○회사에 근무 중인데, 관련 자격증 있습니까?"

A씨의 신상과 관련한 자료가 법정 내 스크린에 띄워졌고 A씨는 아연실색하며 변호인의 질문을 들었습니다. 신상과 관련한 질문 상당수는 강제추행 피해와 직접 연관이 없는 내용이었습니다.

성범죄 사건에서 피해자에게 '무고할 동기'가 있는지는 재판부 판단의 중요 근거 중 하나입니다. 이 사건의 경우 해외에서 잘 살고 있던 피해자가 생계를 접고 한국에 들어와 가족 내에서의 부담까지 지면서 사촌오빠의 죄를 주장하는 이유를 쉽게 상상하기 어렵습니다. 이에 가해자 측이 '피해자 흠집 내기'를 통해 무고할 가능성이나 동기를 찾아내려 애쓴 것으로 보입니다. 이런 질문은 A씨의 어머니와 친언니에게도 이어졌습니다.

📑 참고인 증인신문 당시 A씨 가족이 기억하는 피고인 변호인의 질문 (2020. 12. 8.)

A씨 어머니 "'평상시 남편이 스킨십을 잘 하냐' 물어보더라고요. '신혼 때 단칸방에 산 적이 있냐'고도요. 불쾌한 질문들이었지만 성실히 답변했는데, 지나고 보니 'A의 아빠가 단칸방 시절 자기 딸을 성추행한 것을 A가 사촌오빠가 했다고 착각한 것 아니냐'는 의미로 물어본 거더라고요. '과거 세탁소 하셨죠? 김밥집 하셨죠?'라고 묻기도 했어요. 가해자 측보다 가난한 저희가 열등감에 고소한 것은 아니냐는 식이죠. 우리가 피해자가 아니라 마치 가해자가 된 것 같았어요."

A씨 친언니 "어머니에게 '사위 이름 아냐?' 물어보고 저에게도 '제부 이름 아냐, 동생과 같이 입국한 거 맞냐?' 이런 질문을 하더라고요. 어린 시절 일어난 친족 성폭력 사건에는 통상 녹취나 CCTV 같은 증거가 없으니 피해자가 진술로만 입증해야 해요. 그 신빙성을 깨기 위해 한 사람의 인생을 거짓 덩어리로 만들려 하는 거죠. … 이번 재판을 겪으면서 (공소시효 만료로 기소는 안 됐지만) 저 역시 같은 가해자에게 성추행당한 적이 있다는 게 오히려 감사하게 여겨졌어요. 저라도 증거가 될 수 있으니까요."

피해자 증인신문 중 A씨는 "이게 관련이 있는 질문인가요?"라고 가해자 측에 반문하기도 했습니다. 이때 재판장은 "증인, 웬만한 건 다 관련이 있어서 질문하는 거니까. 만약 정 관련이 없으면 재판부에서 제지하겠습니다"라며 오히려 A씨의 입을 막았습니다.

이후로도 무례한 질문들이 계속되었지만, 재판장은 한 차례 "그런 질문은 공소사실과 관련이 있습니까?"라고 변호인을 제지하는 데 그쳤습니다. 검사와 피해자의 국선 변호인도 곧바로 제동을 걸지 않았습니다.

과거와 비교하면 성폭력 수사와 재판 과정에서 피해자 보호에 대한 문제의식이 커졌다고는 하지만, A씨는 4시간이 훌쩍 넘게 이어진 증인신문 과정에서 명백히 2차 가해를 당했다고 호소했습니다.

추후 대응을 위해 곧바로 증인신문 녹취와 속기록 열람-복사를 신청했지만, 이마저도 1심 선고를 며칠 앞두고서야 겨우 제공되었습니다. 형사재판에서 피해자는 재판의 직접 당사자가 아니므로 제때 재판자료를 받아보는 것조차 어려운 상황인 것입니다.

📑 **서울남부지법 강제추행치상 1심 선고 (2021. 4. 15.)**

"피해자는 수사기관에서부터 이 법정에 이르기까지 피해 내용을 그 주요 부분에서 일관되고 구체적으로 진술하고 있습니다. 범행의 경위와 수법, 전후 사정 등에 관한 진술 내용이 매우 구체적이고 명확하며, 당시의 상황적 특징을 자세히 묘사하고 있습니다. 또한, 피해자가 미국에서 생활하던 중 이 사건 고소를 위해 가족과 함께 귀국한 점이나 피해자가 피고인을 무고할 만한 뚜렷한 동기나 이유가 드러나지 않는 점, (피해자가) 법원에 증인으로 출석해 보여준 진술 태도 등을 종합해 보면 … 공소사실 중 일부 추행 행위가 인정됩니다."

1심 재판부는 가해자의 강제추행을 인정했습니다. 그러나 강제추행으로 인해 A씨가 정신적 상해를 입었다는 점까지는 인정하기 어렵다며 강제추행치상에는 무죄를 선고했습니다. 강제추행치상은 공소시효가 10년, 강제추행은 7년이어서 죄가 인정된 강제추행도 공소시효 만료로 면소(소송절차 종결)가 선고되었습니다. 피해자의 신고가 너무 늦어 처벌할 수 없다는 겁니다.

검찰은 항소심에서 A씨가 고등학교 입학 후부터 지금까지 받아온 정신과 치료 관련 사실 등을 보강해 강제추행으로 인한 상해를 다시 입증할 계획입니다. 이미 A씨는 미국과 국내 대학병원 등에서 받은 진단서를 제출했지만, 1심은 "(피해 이후) 약 10년간 피해자의 행적이나 생활 방식, 정서 상태 등에 관한 정황 자료가 없고, 강제추행이 아닌 다른 원인이 개입되었을 가능성도 배제할 수 없다"고 판단했습니다.

인터뷰 끝에 A씨는 "이런 말은 정말 하기 싫지만, 성범죄 재판에 대해 이만큼 적나라하게 알았다면 고소를 안 했을 것 같다"라고 말했습니다. 사실상 피해자가 재판받는 것처럼 느껴지는데도 공식적으로 피해자는 형사 절차에서 아무것도 아니라는 사실에 더욱 좌절하게 되었다는 것이죠.

항소심 재판부가 피해자의 상처를 조금이나마 치유해줄 수 있을까요? 피해자의 말을 재판부에 대신 보냅니다.

"정말 두 번 다시는, 다음 생에도 가해자를 보고 싶지 않아요. 그래도 재판이 제대로 돌아가는지 보려면 같은 방청석에서 가해자와 마주쳐야 해요. 증인신문을 받을 때가 아니면 차폐막도 요청할 수가 없습니다. 이제 그런 배려는 기대도 하지 않아요. 끝내 처벌할 수 없다 해도 저는 최선을 다할 테니 판사님들도 그래 주기만을 바랄 뿐입니다."

궁금한 법 이야기: 공소시효

수사와 재판을 소재로 한 영화와 드라마에서 빠지지 않는 극적 장치 중 하나가 공소시효입니다. 공소시효 만료를 1시간쯤 앞두고 가까스로 범죄자를 잡는 경찰, 검사의 이야기를 많이 보셨을 겁니다.

공소시효는 범죄 발생 후 일정 기간이 지나면 국가가 형벌권을 행사할 수 없게 되는 제도입니다. ①사형에 해당하는 범죄는 25년 ②무기징역 또는 무기금고에 해당하는 범죄는 15년 ③장기 10년 이상의 징역 또는 금고에 해당하는 범죄는 10년 ④장기 10년 미만의 징역 또는 금고에 해당하는 범죄에는 7년 등 범죄의 무게에 따라 공소시효의 길이가 달라집니다. (더 자세한 분류는 형사소송법 제249조를 참고)

공소시효의 존재 이유는 여러 차원으로 설명됩니다. 국가가 제때 제대로 형벌권을 행사하지 않은 책임을 계속 범죄자에게만 물을 수 없다는 점 등에서 법적안정성을 확보하려는 것이 우선이고요. 실질적인 측면으로는 시간이 갈수록 증거보전이 어려워 정확한 사실관계 판단이 불가능해지는 점, 한정된 수사력을 효율적으로 운영해야 하는 점 등이 있습니다.

그러나 아동이 범죄 피해를 당했을 때, 시간이 지나도 가벌성이 약해지지 않는 살인-강간 등의 중범죄 사건일 때, 과학기술의 발전으로 새로운 증거를 발견했을 때 등 공소시효는 끊임없이 논란이 되어 왔습니다. 이에 2012년 성폭력범죄의 처벌 등에 관한 특례법 개정으로 성폭력 범죄를 당한 미성년자에 대해서는 성년에 달한 날부터 공소시효를 계산하도록 예외를 두었습니다.

그런데도 여전히 아동을 대상으로 한 학대, 성범죄 등에 있어서는 이 공소시효가 짧다는 지적이 끊이지 않습니다. 피해자가 성인이 되자마자 공소시효 시곗바늘은 돌아가기 시작하는데 과거에 당한 일이 '범죄'라는 것을 인식하게 되는 계기와 방식, 시기 등이 사람마다 매우 다르기 때문입니다. 아버지나 오빠, 삼촌 등 친족 성폭력의 경우는 가해자가 사망하거나 관계가 완전히 단절되고 나서야 뒤늦게 소송을 결심하는 때도 많습니다.

당시 사건으로 인한 정신적-신체적 피해는 무의식 속에 잠재되어 있다가 예상치 못한 트리거(Trigger)에 의해 나타나기도 하는데 그 시기도 종잡을 수 없습니다. 가해자와 우연히 마주치거나 비슷한 사건의 뉴스 등을 봤을 때, 혹은 결혼과 임신-출산-육아 등의 큰 변화를 겪는 과정에서 과거의 피해가 되살아나면서 전에 없던 자살 충동과 우울감, 각종 신체화 증상이 나타나는 것입니다.

그런데 피해자들이 서른 살 즈음이 되면 이미 공소시효가 끝나버리는 것이죠. 다행히 이 사건처럼 시효가 아직 남아있는 경우(강제추행치상 혐의)에도 현재의 정신적-신체적 손해와 수십 년 전 사건 사이의 인과관계를 인정받기 힘든 경우가 대부분입니다.

이러한 문제 때문에 2019년부터 형사소송법 개정으로 13세 미만 미성년자와 또는 정신 장애인에 대해 강간-강제추행 등 성폭력을 저지른 경우는 공소시효를 적용하지 않기로 했습니다. 2020년 초 '텔레그램 성착취' 사건이 터진 후에는 13세 미만 미성년자에 대한 의제강간과 추행 범죄도 공소시효 배제 범위에 포함되었습니다.

다른 범죄의 공소시효와도 균형을 맞추기 위해서 특정 강력범죄에 대해서는 공소시효를 폐지할 때가 되었다는 지적도 나옵니다. 아동 성폭행의 공소시효가 없어졌는데, 살인죄의 공소시효는 아직 25년으로 유효하기 때문이죠.

또 공소시효를 없앤다면 훗날 과학기술과 수사역량의 발전으로 범인을 검거할 가능성을 염두에 두고 증거수집과 보전에 더 노력을 기울일 것이라는 주장도 있습니다.

'박원순 성추행'은 다른 재판에서 왜 언급되었나?

2021년 1월 17일

📑 전 서울시청 공무원 정 모 씨 1심 선고 (2021. 1. 14.)

재판장 "이 사건 피해자가 입은 외상 후 스트레스 장애(PTSD)에 피고인의 행위와 인과관계가 없다는 주장에 대해 살펴보겠습니다. 피고인 주장은 결국 이 사건 범행 이전에 발생한 피해자의 전 직장 상사인 고(故) 박원순 시장으로부터의 성추행으로 인해 PTSD가 발생한 것이지 피고인의 준강간으로 발생한 것은 아니라는 취지의 주장입니다."

14일 서울중앙지법에서는 전직 서울시청 비서실 공무원 정 모 씨에 대한 1심 선고가 진행되었습니다. 하지만 이날 관심은 피고인 정씨보다 고(故) 박원순 전 시장의 성추행 사건에 집중되었습니다.

박 전 시장은 성추행 의혹을 인지한 후 극단적인 선택을 했고 수사는 '공소권 없음'으로 종결되었습니다. 왜 다른 피고인의 사건에서 재판부가 박 전 시장의 성추행을 언급하고 판단했는지 의문이 드는 분도 많을 겁니다.

앞서 말했지만 이 재판의 피고인은 정씨입니다. 정씨는 지난해 4월 14일 회식 후 만취한 여성 동료(피해자)를 성폭행하여 외상 후 스트레스 장애(PTSD)라는 상해를 입게 한 혐의로 기소되었습니다. 죄명으로는 '준강간치상'인데 성폭행이 '준강간'에, PTSD를 입게 한 것이 '치상'에 해당합니다.

알려졌다시피 이 사건의 피해자가 박 전 시장 사건의 피해자와 동일인입니다. 하지만 두 사건은 별개라서 검찰의 공소사실까지만 보면 박 전 시장이 이 재판에서 언급될 이유는 없었습니다. 그런데 재판 과정에서 피고인 정씨 측은 피해자가 정신적 상해를 입은 원인이 정씨의 행위가 아닌 박 전 시장의 성추행이라고 주장했습니다. 박 전 시장이 이 사건에서 언급된 이유입니다.

이 주장은 겉으로는 단순한 책임회피처럼 들리지만, 법적으로는 '노림수'에 가깝습니다. 준강간죄는 상대방의 심신상실 또는 항거불능의 상태를 이용하여 간음하는 것을 의미하는데 형법에 따르면 이 죄 자체의 형량은 3년 이상의 유기징역입니다. 그런데 '치상'이 인정되면 수위가 대폭 늘어 5년 이상 최대 무기징역까지 선고할 수 있습니다. 양형기준의 권고형량 범위도 준강간은 2년 6월~5년이지만 준강간치상이 되면 4~7년으로 늘어납니다.

정씨로서는 성폭행이 유죄로 인정되더라도 상해에 대한 책임만

피한다면 훨씬 가벼운 처벌을 받을 수 있는 셈이죠. 실제로 성범죄 사건에서는 치상이 잘 인정되지 않는 편이기에 정씨로서는 나름 책임을 피해 갈 논리를 마련한 것으로 보입니다.

그렇기에 재판부로서도 이를 배척할지 받아들일지 판단하는 것은 매우 중요한 일이었습니다. 정씨 측의 항변대로 피해자가 겪은 PTSD의 원인이 박 전 시장의 성추행에 있다면 정씨의 행위로 피해자가 정신적 상해를 입었다는 부분은 인정되지 않을 수도 있으니까요.

📖 전 서울시청 공무원 정 모 씨 1심 선고 (2021. 1. 14.)

재판장 "피해자가 5월 병원에 내원해 치료받고 5월 15일경부터 박 전 시장의 성추행 사실을 진술하기 시작한 점을 인정할 수 있습니다. 주요 내용 중 하나는 박원순 전 시장 밑에서 근무한 지 1년째부터 '냄새 맡고 싶다', '사진을 보내달라'는 식의 문자를 받았습니다. 2019년 1월경에는 (박 전 시장이) '남자에 대해 너는 모른다', '남자를 알아야 시집을 간다'라거나 남성과 여성의 성관계 과정을 얘기해줬다는 식의 진술을 했습니다. 피해자가 고 박원순 서울시장의 성추행으로 인해 상당한 정신적 고통을 받은 것은 사실로 보입니다."

결과적으로 피해자의 PTSD에 대한 직접적인 원인은 박 전 시장의 성추행이 아닌 정씨의 성폭행이라고 재판부는 판단했습니다. 그런데 논란이 커진 지점이 있습니다. 재판부가 "진술에 비춰보면 피해자가 박원순 전 서울시장의 성추행으로 상당한 정신적 고통을 받은 것은 사실로 보인다"고 말했기 때문인데요. 상당히 단정적인 어조였던 만큼 법원이 박 전 시장의 성추행을 사실로 인정했다는 해석이 뒤따랐습니다.

재판부가 피해자의 정신적 피해를 "사실로 보인다"고 판시한 지점에 의미를 부여한다면 박 전 시장의 성추행이 있었을 가능성을 크게 본 것은 분명해 보입니다. 재판부는 당시 병원으로부터 제출된 진단서와 피해자의 상담 중 진술 내용 일부를 제시했는데, 여기에는 피해자가 박 전 시장에게 받았다는 각종 성적인 의미가 담긴 문자('몸매가 멋있다', '냄새가 맡고 싶다' 등)를 받았다는 내용 등이 담기기도 했습니다. 신빙성이 떨어진다면 군이 이런 구체적인 정황을 언급할 필요도 없었겠죠.

다만 박 전 시장의 성추행이 엄밀한 의미에서 법적 사실로 인정되었다고 단정하기는 어렵다는 의견도 나옵니다. 아까도 말했듯 재판부가 유·무죄를 판단한 대상은 정씨의 성폭행 여부와 그 행위가 피해자의 PTSD와 인과관계가 있는지에 한정될 뿐 박 전 시장의 성추행 의혹 자체는 아니기 때문입니다. 재판부가 정씨의 주장을 판단하다 보니 박 전 시장의 의혹에 대해서도 언급했지만, 이는 당사자의 입장을 청취하는 과정 등을 통해 명확히 입증한 수준은 아니라는 것입니다. 한 판사는 "정씨의 행위로 이 PTSD가 생긴 것은 맞는다는 맥락에서 박 전 시장의 '성추행이 있던 것으로 보인다'고 써놨지만 이 사건의 직접 쟁점은 아니다"라며 "형사사건에서의 사실인정 범위는 판단 대상인 공소사실에 관한 것이고, 공소사실이 실제로 발생해 유죄를 인정할지 말지에 대한 것이 아닌 제3자의 범행은 이 범위에 속한다고 보기 어렵다"고 말했습니다.

결론적으로 엄밀한 의미의 사실인정인지 아닌지를 놓고 해석 차이는 있겠습니다만 최소한 피해를 인정하며 의혹이 있었을 가능성에 무게를 실은 판단으로 보입니다.

📖 전 서울시청 공무원 정 모 씨 1심 선고 (2021. 1. 14.)

재판장 "피고인 변호인은 지난 기일 법정에서 이 사건에 있어서는 객관적 증거가 없기 때문에 피고인이 피해자를 성폭행한 것은 증거가 없다는 취지로 주장하고 있습니다. 하지만 성범죄 사건에 있어서는 객관적 증거라는 것이 이를 본인이 스스로 촬영하거나 녹음하지 않는 이상 있을 수 없는 것이고 피고인과 피해자의 진술 내용 중 어느 것을 좀 더 신빙할 수 있느냐를 판단하는 것 외에는 다른 방법 없다는 점 말씀드립니다."

사실 박 전 시장이 의혹을 인지한 후 극단적인 선택을 하면서 피해자의 호소는 사법적으로는 판단 받을 기회조차 잃은 상황이었습

니다. 이런 상황에서 박 전 시장 지지자나 일부 민주당 열성 지지자 등을 위주로 "피해의 증거가 없지 않냐"는 식의 피해자에 대한 2차 가해가 끊임없이 이어지기도 했습니다.

그래서 이날 재판의 가장 큰 의의는 피해자 진술의 신빙성이 인정되었다는 그 자체에 있습니다. 재판장의 말대로 성범죄 사건이라는 것은 대부분 객관적인 물적 증거 자체가 없을 수밖에 없습니다. 그렇기에 가장 중요한 판단 기준은 어느 쪽의 진술이 더 믿을만한지인데, 재판부는 이를 살핀 결과 피해자의 손을 들어줬습니다.

이에 대해 피해자를 변호한 김재련 변호사도 선고 직후 "피해자가 결국은 박원순 시장 사건을 법적으로 호소할 기회를 잃게 되었는데, 피해자가 입은 피해에 대해 일정 부분 판단을 해줬다는 점이 피해자에게 조금이나마 위안이 될 것 같다"라고 환영의 뜻을 밝혔습니다.

궁금한 법 이야기: '공소권 없음'

종종 기사에서 피의자가 사망했을 때 "'공소권 없음'으로 처분했다"는 표현을 보셨을 텐데요. '공소권 없음' 처분이란 법원에 재판을 청구하지 않는다는 뜻의 '불기소' 처분 중 하나입니다. 사망이 아니더라도 사면을 받았거나, 공소시효가 만료되었거나, 법이 바뀌어 형이 없어진 경우 등에 이러한 처분을 합니다.

그런데 이런 생각을 하는 분들도 있을 겁니다. '아니, 그럼 잘못

해도 죽으면 다 끝나는 거야? 아무리 나쁜 사람이라도?' 이에 대한 대답은 최소법적으로는 "네. 처벌할 수 없습니다"가 됩니다. 처벌의 대상 자체가 없어진 이상 형벌의 필요성이 사라지고 그렇기에 처벌을 위한 과정인 공소 제기, 즉 재판 청구도 의미가 없어지는 것입니다.

그런데 간혹 수사를 진행할 때도 있기는 합니다. 공소제기는 못하더라도 사건 자체의 진상규명이나 추가 책임자 색출 등의 차원에서 수사를 진행할 수는 있습니다. 가령 박원순 전 시장도 성추행 의혹에 대한 수사가 본격화되기 전에 사망했지만, 경찰과 검찰의 수사는 이후로도 한동안 진행되었습니다. 처벌할 수 없는 대상에 대한 수사가 정당한지는 여전히 법조계에서 논쟁거리가 되고 있습니다.

2장

뉴스 속 A컷이 놓친 법정의 B컷

정경심 공판을 뜨겁게 달군 '조국의 페이스북'

2020년 8월 30일

📋 정경심 동양대 교수 공판 中 (2020. 8. 27.)

검 사 "지난 기일에 저희가 같은 패턴의 행태에 대해 부당하다고 지적했고 재판장도 자제해달라고 했음에도 김○○의 법정진술에 대해 같은 행태가 있었기 때문에 비슷한 내용의 의견서를 제출할 수밖에 없었다는 점 말씀드립니다. 2019년 9월에 김○○ 씨가 피고인에게 전달한 게 태블릿이냐 노트북이냐 논란이 있었습니다. 조국 전 장관의 SNS 주장이 허위라는 것은 의견서로 갈음하겠습니다. … 다만 이런 생생한 법정증언이 계속 유출이 될 수 있는지, 일련의 과정이 법정 외에서 여론을 호도하기 위해서 의도적으로 계획적으로 진행되는 건 아닌지 의구심을 떨칠 수 없습니다. 공판에서 진행되는 법정증언과 내용을 임의로 발췌하고 인용하는 행태가 즉시 중단돼야 합니다."

코로나19 재확산에 따른 휴정 권고로 대부분의 재판이 멈춰선 27일 서울중앙지법. 주요 증인들에 대한 신문일정이 남은 정경심 교수의 재판만은 기일 변경 없이 예정대로 진행되었습니다.

이날 법정은 개정과 동시에 증인신문 전부터 검찰과 변호인 양측의 열띤 신경전으로 후끈 달아올랐는데요. 바로 조국 전 장관의 페이스북 때문입니다.

본래 페이스북 활동을 즐겨 했지만 후보자 지명 후 검찰 수사 단계까지 한동안 활동이 잠잠했던 조 전 장관은 기소 후 자신과 관련된 사안에 대해 적극적으로 의견을 개진했습니다. 부인 정 교수 사건에 대해서도 마찬가지로 증인의 법정진술 내용을 올리는 방식 등으로 자신의 입장을 밝히고 있죠. 검찰이 이날 문제 삼은 부분도 바로 이 부분입니다.

조 전 장관은 정 교수의 자산관리인 김○○ 씨의 지난 20일 법정진술 내용을 페이스북에 올리며 "노트북 건은 공소사실에 들어가지 않았다. 인신구속용에 썼던 것이다"라며 검찰을 지적했습니다.

김씨는 수사 과정에서와 진술을 바꿔 자신이 운반한 가방에 든 것이 "(정 교수의) 노트북인지 태블릿인지 모르겠다"라고 법정에서 증언했는데요. 김씨의 바뀐 증언대로라면 은닉 여부도 명확하지 않은 '사라진 노트북'을 근거로 검찰은 구속영장을 청구했고 이는 과도한 권한 남용이라는 것이 조 전 장관의 입장인 셈입니다.

사실상 공개 저격을 당한 검찰도 재판 시작부터 목소리를 높였습니다. 검찰은 조 전 장관 주장이 허위라고 못 박으면서 김씨의 증언 자체가 신빙성이 떨어지고 그가 옮긴 것은 정황상 태블릿이 아닌 노트북이 명확하다며 의혹 제기에 선을 그었습니다. 김씨는 물론 정 교수조차 검찰 수사에서 김씨가 옮긴 가방에 든 것이 '노트북'이라 말했지 '태블릿'이라고 한 적은 없다는 의견서까지 제출했습니다.

작심한 듯 항변을 이어가던 검찰은 조 전 장관의 게시글 내용을 반박하는 데서 한발 더 나아가 글의 출처에 대한 의구심도 표했습니다. 어떻게 정 교수 공판에서의 진술 내용이 재판이 마치기 무섭게 법정에 오지도 않은 조 전 장관의 페이스북에 그대로 올라갈 수 있냐는 겁니다.

📑 정경심 동양대 교수 공판 中 (2020. 8. 27.)

검 사 "저희가 지금 말씀드리려 하는 건, 조 전 장관 SNS는 다소 의문점이 있기 때문입니다. 공판에서 이뤄진 증인신문 내용이 SNS에 그대로 올라가는데, 그대로도 아니고 약간 편집해서… 언론과의 유착을 그렇게 타도해야 할 대상으로 여기는 분이 (증인신문 내용을) 언론사로부터 받았다고 생각하지는 않습니다. 그게 어디서 흘러간 걸까요? 쟁점과 무관한 지엽적인 질문이 왜 변호인 측에서 나오는 것일까요? 마치 구름 한 점 없는 청명한 하늘을 손바닥으로 가리고 손바닥을 보고 하는데 그 손바닥에는 SNS 글이 적힌 것과 같습니다. 향후 변호인이 이런 오해를 받지 않도록 신문해주시길 바랍니다."

검찰의 저격이 조 전 장관의 페이스북을 넘어 정 교수 측을 향하자 이번에는 변호인이 들고일어났습니다. 이곳은 공개된 법정이고 그 내용은 언론을 통해 보도된다며 피고인인 정 교수 외 누구와도 증인신문 내용을 상의하지 않는다고 선을 그었습니다.

오히려 "검찰이 지금 문제 삼는 행태가 이 재판에서 바로 검찰이 해온 관행들이 아니냐"는 듯 역공에 나서기도 했는데요. 조 전 장관 부부의 변호인은 '강남빌딩' 문자메시지 논란을 언급하며 "검사는 인신공격적인 질문을 증인에게 하고 기사는 중계방송하듯이 나갔다"라며 목소리를 높였습니다.

조 전 장관의 페이스북 행보와 관련해서는 "(언론이)재판 내용을 제대로 보도하지 않기 때문"이라며 책임을 언론에 돌렸습니다. 당일 재판 내용 중 일정 부분만 편집돼 피고인의 입장—논리나 재판 전체 내용과는 다른 내용이 보도되기 때문에 조 전 장관이 페이스북을 통해 대응에 나설 수밖에 없다는 설명입니다.

📑 **정경심 동양대 교수 공판 中 (2020. 8. 27.)**

변호인 "SNS에 대해서 말을 하는데, 이것은 사법제도 전체에서 고민해야 할 문제입니다. 매번 재판이 열릴 때마다 기사화가 되는데 그것이 항상 전체 취지와 핵심쟁점을 이해하고 기사화가 되지는 않습니다. 항상 어떤 대목을 인용해 나가는 거죠. 저희는 (기사의 내용이) 법정에서의 진술과 일치하는지 불만이 있을 수 있지만 그것을 어쩔 수 없이 용인하는 것입니다. 조국 전 장관의 SNS 활동도 왜곡된 보도에 대한 나름의 방어라고 생각합니다. 이것이 공정한지 아닌지는 결과적으로 보며 검토할 문제지 매번 법정에서 시비 걸 것은 아닙니다."

사실 재판 내용을 보면 알 수 있듯 조 전 장관의 페이스북이 이날만 논란이 되었던 것은 아닙니다. 지난 20일 재판에서는 딸 조 모 씨의 고려대 입학에 '단국대 논문'이 제출되었는지를 두고 재판 시작부터 검찰과 변호인이 맞붙었습니다. 조 전 장관이 당시 입학 사정 업무를 맡은 고려대 교수의 증언을 토대로 검찰수사를 지적한 데서 출발한 이 논란의 진행 양상도 이번 '사라진 노트북' 논란과 대동소이합니다.

'조국의 페이스북'이 어쩌다 매번 이 재판의 막을 여는 '뜨거운 감자'로 떠오른 걸까요? 우선 조 전 장관이 이 재판에서 갖는 특이한 지위와 무관하지 않아 보입니다. 조 전 장관은 이 재판의 정식 피고인은 아니지만 사실상 정 교수의 공범 위치에 놓여 있습니다. 별도로 재판을 받고 있지만 '유재수 의혹'을 제외한 사모펀드 및 입시비리 등 혐의 대부분이 정 교수와 겹쳐있습니다. 사실상 정 교수 재판의 당사자라고 해도 이상하지 않은 셈이죠. 그러니 공판 내용에 대해 올리는 글이 '방어권'에 해당한다는 변호인의 설명도 나름대로 일리 있어 보입니다.

물론 검찰 입장에서 법정 피고인도 아닌 조 전 장관의 '장외전'

이 달가울 리 없겠죠. 조 전 장관이 게시글에서 언급하는 증인의 진술 신빙성도 떨어지는 만큼 이를 계속 인용해 글을 올리는 행위를 멈추는 것이 원활한 재판 진행을 위해서도 필요하다는 게 검찰의 입장입니다. 파급력이 센 조 전 장관의 페이스북을 묵묵히 보고만 있을 수도 없는 노릇이고요.

그러니 재판이 열리면 조 전 장관은 '검찰과 언론에 대한 반론' 식으로 글을 올리고 검찰은 이를 '허위내용에 기반한 여론호도'로 법정에서 지적하는 상황이 계속 반복되고 있습니다. 어쨌든 이날 초반부터 과열된 양측의 충돌은 "법정에 나온 증인들의 신빙성은 최종 판결할 때 판단하겠다"는 재판부의 제지로 일단락되었습니다.

목격 증언이 있었지만 '허위 경력':
조국 일가 입시비리 의혹

2021년 1월 31일

📖 **최강욱 열린민주당 대표 선고 中 (2021. 1. 28.)**

재판장 "입시 공정성에 대한 신뢰를 훼손하는 행위이고 우리 사회에
서 학벌이 사회적 지위 등에 미치는 영향이 지대하다는 점에서 가볍게
여길 수 없는 범죄입니다. 이 사건 확인서와 같은 허위 경력 자료는 피
고인이 명의자이므로 작성 권한은 있으나 아무 지원자에게나 이를 마
련해줄 수 있는 것은 아닙니다. 피고인과 같이 사회적 지위가 있는 사
람과 단순한 친분을 넘어 상당한 신뢰 관계가 형성돼 있지 않으면 발
급받을 수 없는 서류입니다. 결국 지원자의 능력이 아니라 인맥에 따
라 입시 결과가 좌우되는 결과가 초래될 수 있습니다. 피고인을 징역
8월에 처합니다. 다만 판결 확정일로부터 2년간 집행을 유예합니다."

재판장이 유죄를 선고하자 최 대표는 한동안 멍한 표정을 지으며 당황한 기색을 숨기지 못했습니다. '조국 일가 입시비리'에 관해 법원이 정경심 교수에 이어 두 번째로 내린 유죄 판단입니다.

두 사람이 '입시비리 의혹' 재판에서 보여 온 방어 논리는 굉장히 흡사했습니다. 정 교수의 재판에서는 딸 조씨, 최 대표의 재판에서는 아들 조씨의 인턴 활동을 보았다는 증인들을 각각 내세워 '허위 경력'이라는 검찰 주장을 반박했습니다.

최 대표는 선고 후 자신의 SNS에 "판사는 (아들 조씨의) 사무실에서의 활동 사실을 인정하고도 유죄로 판단했습니다"라며 결과를 납득하기 어렵다는 반응을 보였습니다. 증인들의 목격담이 무죄 선고로까지 이어지지는 않은 것입니다.

📄 **정경심 교수 재판 변호인 증인신문 中 (2020. 8. 27.)**

변호인 "증인은 동양대에서 카페를 막 개업했을 시기인 2012년 여름 (정 교수 딸) 조○를 동양대 카페에서 본 적이 있나요?"

이 씨 "네."

변호인 "조○이 동양대에서 일하고 있다 했나요?"

이 씨 "네, 엄마 일을 돕는다고 했습니다. 그때 수업 같은 거 할 때 교재가 없었는지 모르겠는데 A4용지 파일을 많이 들고 다니고 아이들 인솔해서 화장실 왔다 갔다 하고 원어민 교사와 이야기도 하고요."

우선 대개 증인 진술의 신빙성이 떨어졌기 때문입니다. 특히 '동양대 표창장 위조 의혹'과 관련한 정 교수 측 증인들의 증언이 그러했습니다. 예를 들면 동양대 내부 카페를 운영했던 최성해 전 동양대 총장 조카 이 모 씨는 2012년 여름 카페에서 조씨가 아이들을 데리고 왔다고 증언했습니다. 만약 이 내용이 사실이라면 조씨가 실제로 튜터 활동을 했다는 정 교수 측 주장에 힘을 싣는 중요한 근거가 될 만한 것이었죠.

📑 **정경심 교수 재판 검찰 증인신문 中 (2020. 8. 27.)**

검 사 " 2012년 8월 14일 열릴 예정인 3기는 폐강됐습니다. 즉 이 말이 뭐냐면 2012년 7월에는 인문학 영재 프로그램이 개설 안 됐다는 겁니다. 그런데 조○이 아이들을 인솔하고 원어민과 이야기를 하고 커피 마신 게 확실한 기억이에요?"

이 씨 "네."

검 사 "여름경 증인이 봤다는 (조○이) 인솔한 아이들이 대충 어떤 아이들이에요?"

이 씨 "어린 학생이었습니다."

검 사 "초등학생 이하를 말하는 건가요?"

이 씨 "중학생 같은 애들도 있고 어린애들 인솔할 때도 있고 그랬습니다."

검 사 "아이들이 초등학생이라고 했다가 말 바꿨는데 초등학생인가요, 중학생인가요, 고등학생인가요?"

이 씨 "제 기억에 아주 어린 아이들은 아니었습니다."

검 사 "몇 살 정도 돼 보이는 아이들이냐고요?"

이 씨 "중학생 정도 돼 보였습니다."

하지만 이 증언은 곧바로 설득력을 잃었습니다. 이씨는 변호인 신문 차례에서는 조씨가 인솔했다는 아이들이 "어린아이들"이라 했지만, 검사의 반대신문에서는 "중학생도 있고 어린아이도 있었다"고 말을 바꿨습니다. 이에 검사가 정확한 답변을 요구하자 "중학생 정도로 보였다"고 다시 한번 번복했습니다. (당시 동양대 어학교육원에서는 '초등학생'을 대상으로 한 영어캠프만 진행되었습니다.)

재판부는 당시 이례적으로 이씨에게 위증 경고까지 했는데요. 이처럼 신빙성이 흔들린 진술은 추후 판결에서 사실이 아닌 것으로 판정되었습니다. 이씨 외에 "조씨를 봤다"거나 혹은 "봤다는 말을 전해 들었다"던 동양대 입학처장 강 모 씨나 다른 일부 동양대 관계자들의 진술도 마찬가지로 인정되지 않았습니다. 기본적으로 앞뒤가 맞지 않는 진술이거나 다른 진술들로 반박 가능한 내용이었기 때문이죠.

반대로 검찰에서 제출한 물적 증거는 보다 명확히 '활동의 부재'를 입증할 만한 것이었습니다. 예로 조씨가 영어캠프 봉사활동에 참여했던 2012년 8월 그의 신용카드와 체크카드 명세를 보면 동양대가 있는 영주에서 사용한 흔적은 전혀 없었습니다. 8월 중순부터 말일까지 하루를 제외하고는 서울과 부산에서 카드를 사용했다는 대목을 보면 조씨가 동양대에 왔다는 사실 자체도 믿기 어려워집니다. 조씨의 봉사활동을 본 적이 없다는 다른 대다수의 동양대 교직원·조교의 진술은 차치하더라도 말이죠.

반면 사실일 가능성에 무게가 실린 목격담도 있었습니다.

📖 **정경심 교수 재판 증인신문 中 (2020. 8. 13.)**

변호인 "2009년 5월 15일 오후에 있었던 서울대 법대 100주년 기념관 홀에서 개최된 콘퍼런스에 참석한 적 있죠?

김 모 변호사 "네, 주제가 정확히 기억나지는 않은데 인권 관련 학술대회에 참석했습니다."

변호인 "당시 1학년생이었죠? 공익인권법센터 행사 요원으로 참석하신 건가요?"

김 모 변호사 "네."

변호인 "그때 고등학생 봤다고 하셨는데, 내용 좀 말해주시겠나요?"

김 모 변호사 "그때 아마 거의 유일하게 교복을 입은 학생이 와서 저랑 옆에 있던 친구랑 신기해서 봤습니다. 그 학생이 아빠가 학술대회 가보라고 했다 그렇게 얘기해서 아빠가 누구냐 이런 대화를 했습니다."

변호인 "아빠가 누구라고 하던가요?"

김 모 변호사 "조국 교수라고 했습니다."

'공익인권법센터 인턴' 의혹과 관련해 증인으로 나온 김 모 변호사의 증언입니다. 당시 김 변호사는 학술대회에서 "아빠가 조국"이라던 고등학생을 봤다고 증언하며 당시 상황에 대해 세세하게 진술했습니다. 이어진 검찰의 신문 차례 때도 신빙성을 의심하는 질문에 차례차례 당시 상황을 구체적으로 증언하며 신빙성을 높이기도 했습니다.

재판부도 이에 대해 별도로 반박하지 않았습니다. 다만 이 진술에 의하더라도 인턴 활동을 한 것이 인정되지는 않는다고 판단했습니다. 설령 세미나에 참석했더라도 진행 보조 등 인턴 활동을 한 것은 아니라고 본 것입니다.

실제로 확인서에는 '2009년 5월 1일~14일까지 조씨가 공익인권법센터장인 한인섭 교수가 준 과제를 수행하고 15일에 세미나에 참석했다'는 내용이 기재되어 있는데 정작 한 교수는 "세미나 전 조씨를 만난 적이 없다"고 검찰 조사에서 진술했습니다.

설사 조씨가 세미나에 참여했더라도 인턴확인서에 기재된 활동 내역과는 무관하여 허위 경력이며, 이 경력이 서울대 의전원 입시에 제출됨으로써 평가위원들의 입학사정 업무를 방해했다는 결론입니다. 최강욱 대표 재판에서도 등장인물만 달라졌지 대체적인 판단은 비슷합니다.

📄 **최강욱 열린민주당 대표 재판 증인신문 中 (2020. 12. 15.)**

변호인 "2017년에 청맥 사무실에서 조국 전 장관 아들 조△씨 본 적 있죠?"

남 모 변호사 "네, 2017년 초순쯤에 봤습니다. 인사를 나눈 것은 아니고 최강욱 변호사랑 저랑 가까워서 여러 일상 이야기를 하고 있었는데 그때 조국 교수가 SNS를 많이 하고 유명했습니다. 그 조국 교수 아들이 인턴을 하려고 한다 그런 이야기를 들었습니다."

변호인 "본 장면을 기억나는 대로 자세히 이야기해줄 수 있나요?"

남 모 변호사 "시간이 늦었는데 최 변호사도 있고 다른 변호사 한 사람도 있고 직원들은 없는 상태였는데 한 청년이, 조국 교수 아들이겠죠, 쭉 가더라고요. 그런 걸 본 적이 있고 또 한 번은 최강욱 변호사 방에 들어갔는데 조국 교수 아들로 생각되는 사람이 영어로 된 서류를 찾고 그런 것을 본 적이 있습니다."

이 재판에는 최 대표가 변호사 시절 몸담았던 법무법인 청맥 소속 남 모 변호사가 증인으로 나왔는데요. 남 변호사는 아들 조씨로 보이는 청년을 당시 청맥 사무실에서 두 번 정도 봤다고 증언했습니다. 최 대표 측은 이 진술을 근거 삼아 조씨가 실제 인턴 활동을 했고 허위 확인서를 발급한 게 아니라는 입장을 재판 내내 고수했죠.

재판부도 남씨의 진술 자체는 대체로 사실로 봤습니다. 하지만 그럼에도 최 대표의 유죄가 충분히 인정된다고 판결했습니다. 조씨의 활동은 2017년 1월 10일부터 10월 11일 사이 피고인 사무실에서 몇 차례 영문번역이나 불상의 업무를 수행한 것에 불과하고, 매주 2회 매회 8시간 근무했다는 확인서 내용과는 일치하지 않는다는 것이죠. (이 사건 재판에서 청맥 직원들은 대체로 정기 인턴을 하는 학생을 본 적이 없다고 증언했습니다.)

단순히 과장된 정도가 아니라 정기적인 업무를 수행한 적 자체가 없다는 것으로, 정 교수 재판부가 딸 조씨의 '인턴 활동'에 대해 판단한 것과 같은 논리입니다. 이러한 경력이 기재된 확인서가 고려대·연세대 대학원의 입학과정에 제출되며 입학사정 업무를 방해했다는 점도 마찬가지로 인정했습니다.

정리하자면 "조씨 남매를 보았다"던 증인들은 신빙성이 낮은 경우가 대다수였고, 일부 목격담이 사실일지라도 이로 인해 인정되는 활동과는 전혀 다른 수준의 허위 경력이 기재되었다는 게 두 재판부가 내린 공통된 결론입니다.

정 교수에 이어 최 대표에 대한 1심도 유죄 판결이 나오면서 '입시비리'와 관련해 법원의 결론이 나오지 않은 것은 사태의 장본인인 조 전 장관의 재판뿐입니다. 그간 '유재수 감찰무마 의혹'에 대한 심리만 진행되었고 입시비리 의혹은 곧 재판 시작을 앞두고 있는데요. 공모자로 적시된 정 교수, 최 대표의 1심에서 공통 혐의가 대부분 유죄로 인정된 가운데 조 전 장관이 혐의를 부인하는 입장을 고수할지 변화를 시도할지 관심이 쏠립니다.

이 사건 지금은?

끝나지 않을 것 같았던 조국 전 장관 사건의 재판도 어느덧 중반부를 훌쩍 지나고 있습니다. 조 전 장관의 부인 정경심 교수 재판은 허위 스펙 의혹 등 입시비리 혐의 전부 1심, 2심 그리고 대법원까지 거쳐 유죄로 인정되며 징역 4년이 확정되었습니다. 최강욱 의원의 경우도 1심의 유죄 판결 논리 전부가 2심에서도 그대로 유지되며 의원직 상실형에 해당하는 징역 8개월에 집행유예 2년이 선고된 상태로 현재 대법원 판결만을 남겨두고 있습니다(22년 8월 기준).

조국 전 장관의 경우 1심 재판이 여전히 진행 중이지만 낙관적인 결과를 기대할 만한 요소들은 하나 둘 줄고 있습니다. 입시비리 혐의에서 거의 같은 내용으로 기소되었던 정경심 교수는 관련 혐의 전부에서 유죄를 선고받았고, 혐의 일부가 겹치는 최강욱 의원 또한 대법원 판결이 남기는 했지만 1, 2심 모두 큰 다툼의 여지 없이 유죄를 인정했습니다. 선행 판결이 기속력을 갖는 건 아니지만 다른 판단을 내릴 가능성이 극히 드물다는 점을 고려할 때 조 전 장관도 큰 변수가 없다면 형량을 떠나 유죄 선고 자체는 확실시된다는 관측이 많습니다.

유무죄 판단과는 별개로 이 사건에서 수많은 증인이 조 전 장관 자녀의 허위 스펙 의혹과 관련해 진술하고자 재판을 오갔는데요. 진짜 피해자는 이 증인들이 아닐까 하는 생각을 했습니다. 조 전 장관 자녀의 스펙을 위해 자신의 성과임에도 힘없이 이름을 내주고 이후 검찰 수사까지 받아야 했던 학생들 말입니다. 유명 인사들의 말 잔치 속에 소리 없이 묻혔던 이 재판의 씁쓸한 단면입니다.

서면 냈으니 말은 됐다:
이재용 재판부의 황당한 공판

2020년 11월 15일

📖 **'국정농단' 이재용 파기환송심 (2020. 11. 9.)**

재판장 "지난 금요일 (삼성 준법감시위원회를 평가할) 전문심리위원 후보

들과 재판부의 면담이 있었습니다. 그 결과 결정은 이와 같습니다…"

검 사 "(말 끊으며) 재판장님. 저희가 (전문심리위원 관련) 의견서 제출했

는데 그 요지만 낭독하시기보다는 의견 진술 기회를 주시는 게 어떻겠

습니까? 공판중심주의, 구두변론주의 원칙에 따라 … 중요한 결정과

관련해서는 의견 진술 기회를 주시는 것이 합당하다고 봅니다."

재판장 "전문심리위원은 법원이 직권으로 지정하는 것이고요. 그리고

(양측의) 의견서는 다 제출이 됐고…"

검 사 "저희 의견을…"

재판장 "제가 말 다 하고 말하세요!"

지난 9일 약 10개월 만에 국정농단 파기환송심 재판에 나온 이재용 삼성전자 부회장. 그러나 정작 이 부회장은 아무 말이 없었고 재판부와 검사의 언쟁이 계속되었습니다.

이번 재판이 10개월간 멈춘 것은 특검이 재판부의 편향성을 지적하며 기피신청을 냈기 때문인데요. 이후 대법원에서 "문제없다"라는 판단을 내리면서 다시 열린 공판에서 검찰과 문제의 재판부 사이 묘한 긴장감이 흐른 것입니다.

특검이 재판부의 편향성을 의심했던 이유는 지난해 10월 첫 공판에서부터 재판장이 이 부회장의 양형에 참고할 요인으로 준법감시제도를 언급했기 때문입니다. 범행 후 피고인의 '진지한 반성'이 감형요소가 되는 것처럼, 삼성에 실효성 있는 준법감시제도가 마련되면 이재용 부회장 등 기업 총수를 중심으로 한 재범 위험도 낮아질 수 있다는 것이 재판부의 생각입니다.

그러나 특검 등은 "이 부회장의 뇌물-횡령 범행의 피해자이기도 한 삼성에게 도리어 '외양간'을 고치라고 하고, 소도둑이 그 공을 인정받아 감형을 받는 꼴"이라고 강하게 반발해왔습니다.

삼성은 부리나케 준법감시위원회를 만들었는데요. 재판부는 이날 준법감시위를 양형에 반영하겠다는 점을 다시 한번 못 박았습니다. 그리고 준법감시위의 실효성과 지속가능성을 평가할 전문심리위원을 두기로 하면서 그 위원 선정을 둘러싸고 특검과 재판부, 변호인의 입장이 충돌한 것입니다.

신경전은 사소한 곳에서 터졌습니다. 전문심리위원 선정과 관런해 앞서 서면으로 의견을 냈던 특검 측이 9일 공판에서 다시 한번 의견을 구술로 밝히겠다고 요청했습니다. 그런데 재판부가 돌연 완강히 막아섰습니다.

📖 '국정농단' 이재용 파기환송심 (2020. 11. 9.)

주심 판사 "검찰은 구두변론 기회를 요청하고 계시는데… 잠시만요. 형사소송법에는… 구술권을 서면으로 줘야 한다고 되어 있지 않나요? 공판중심주의의 문제가 아니라 (이미 의견을) 서면으로 받은 것인데, 구술로 해야 한다는 것은 어느 부분에 (법적) 근거를 두고 있는 거죠?"

검 사 "전문심리위원제도의 전례가 성립이 안 돼 있는 상황에서 중요한 부분에 대한 재판부 판단을 심리위원에게 위임하는 제도라면, 구체적으로 법에서 어떤 의견을 얼마큼 진술할지 명시하지 않았더라도 원칙적으로 중요한 부분은 법정에서 현출되어야 한다는 겁니다."

주심 판사 "잠시만요. 지금 형사소송법 제279조의2 제4항에서 구술 또는 서면에 의한 의견진술 기회를 주고 있기 때문에… 혹시 이 규정과 다른 별도의 법적 근거가 있습니까?"

　　의견진술 기회를 요청하는 검찰에게 이 사건의 주심인 강상욱 부장판사는 형사소송법 규정을 거론하며 서면으로 이미 의견이 제출된 상태에서 또 구술할 필요성이나 법적 근거가 있는지를 따져

물었습니다.

해당 규정은 '전문심리위원이 제출한 서면이나 전문심리위원의 설명 또는 의견의 진술에 관하여 검사 또는 피고인 또는 변호인에게 구술 또는 서면에 의한 의견진술의 기회를 주어야 한다'라고 규정하고 있습니다. 아직 전문심리위원이 의견을 제출하지도 않은 상황에서 적용할 규정이 아닌데다, 위원 지정을 앞둔 상황에 비춰 적용해본다고 하더라도 '구술 또는 서면'이라는 표현을 '둘 중 오직한 가지'라고 해석해야 하는지 의문이 듭니다.

예를 들어 고소-고발의 방식을 규정한 형사소송법 제237조도 '고소 또는 고발은 서면 또는 구술로써 검사 또는 사법경찰관에게 하여야 한다'라고 규정하고 있습니다. 강 부장판사의 논리대로라면 서면으로 고소-고발한 사람은 수사기관에 구술로 설명할 권리가 없고 그 반대의 경우도 마찬가지라고 말하는 셈입니다.

📋 '국정농단' 이재용 파기환송심 (2020. 11. 9.)

주　심　"대법원 규칙에 '전문심리위원 소송절차 참여에 관한 예규' 제4조 1항을 보면 '의견청취서를 보내거나 적절한 방법으로 의견을 들어야 하고'라고 규정하는데, 서면을 냈잖아요. 서면을 안 내고 의견을 낼 거면 법정에서 말하는 것이고, 서면 내놓고 구두의견 진술은 안 해요. 이의가 있으면 (서면) 취소 신청을 하는 것이지."

검사 A　"예규의 취지가 둘 중 하나만 해야 한다는 것은 아닌 것 같습니다.”

검사 B "예규와 규칙을 모르는 것이 아닙니다. 형사소송법 원칙이… 중요한 결정을 할 때, 특히 이런 중차대한 상황에서 구구절절 따져서 의견 진술 기회를 안 준다는 것에 강한 의문을 피력합니다. (서면) 취소 신청 언급 안 하려고 하는데 취소 신청을 하라고 하시면 억지로라도 하겠습니다. 그렇게라도 기회를 주시면 얻고 싶어요!"

고등법원의 다른 부장판사들에게 이 소동에 관해 물어보았습니다. 한 부장판사는 "공판에서 원칙은 구두변론"이라며 "'서면 또는 구술로써 할 수 있다'는 것은 원칙은 구술이지만, 진술자가 서면으로도 충분하다고 하는 경우엔 서면도 괜찮다는 의미"라고 말했습니다.

또 다른 부장판사도 "검찰이 아무리 상세히 진술한다 한들 어차피 결정은 재판부가 하는 것"이라며 "심리가 지연되는 문제나 주목받는 재판에서 한 쪽의 입장만 과도하게 보도되는 것 등이 신경 쓰일 수 있겠지만 당연히 진술 기회는 보장해줘야 한다"고 말했습니다.

대부분 '서면으로 제출했으니 구두변론은 할 수 없다'는 논리를 이해할 수 없다는 반응입니다. 현재 진행되는 어느 공판에 들어가보아도 검사나 변호인이 서면으로 먼저 제출한 의견서 내용을 법정에서 다시 발언하는 모습은 쉽게 볼 수 있지 않냐는 것이죠.

특히 이번 전문심리위원들의 평가가 오직 '양형판단'에 반영된다는 점에서 새로운 사례를 만들어가는 만큼, 결론이 존중받기 위해서라도 법원이 이 같은 신경전은 자제했어야 한다는 지적도 나옵니다.

통상 전문심리위원 제도는 판사가 유무죄 판단 등 소송관계를 분명히 하기 위해 확실히 알아야 하는 전문적–기술적 분야에 대한 자문을 받는 용도로 활용되었습니다. 이 부회장 재판에서처럼 오직 양형판단을 위해 적용된 사례는 드뭅니다.

따라서 앞으로 전문심리위원들이 삼성 준법감시위에 무엇을 물어볼지, 그에 대한 답변은 무엇인지, 그 내용들을 법정에서 공개할지 등이 모두 초미의 관심사입니다. 그런데 주심 판사의 논리대로라면 이 부회장의 실형과 집행유예를 가를 수도 있는 중대한 판단 사항에 대해서도 "서면으로 제출했으니 의견진술은 필요 없다"고 하지는 않을까 우려됩니다.

재판부가 노골적인 '삼성 봐주기'를 하고 있다는 특검의 지적에 분노했다면, 모든 절차를 더 상세히 법정에서 공개하고 공정한 심판임을 내보이면 될 것입니다. 설마 준법감시위에 대한 전문심리위원들의 평가가 '기업 기밀'이어서 공개할 수 없다고 하지는 않겠지요?

궁금한 법 이야기: 회복적 사법

이재용 삼성전자 부회장의 국정농단 뇌물-횡령 사건 파기환송심 재판은 유무죄가 아니라 오로지 '양형'을 다툰 재판이라는 점에서 흥미로웠습니다. 특히 최근 몇 년 사이에 여러 재판에서 인용되고 있는 '회복적 사법'이 본격적으로 논란의 대상이 되었다는 점에서도 주목할 만합니다.

통상 형사재판에서는 피고인이 유죄인지 무죄인지에 가장 큰 관심이 쏠립니다. 재판부 역시 상당시간을 유-무죄 판단을 위한 심리에 쓰고요. 당연한 일처럼 보이지만 사실 우리 재판 현실과 잘 맞지 않는 상황이기는 합니다.

사법연감에 따르면 2020년 형사 1심 선고를 받은 피고인 22만 7920명 중 무죄는 6267명으로 전체의 2.75%에 불과합니다. 선고유예나 형의 면제-면소, 공소기각 결정 등을 포함해도 5% 수준입니다. 일단 검찰에서 공소기각이나 기소유예하지 않고 재판에 넘기면(공소 제기, 기소) 무죄를 받기 매우 어렵다는 것이죠. 증거 수집-복원 등 수사력이 발전한 점 등이 영향을 미쳤을 겁니다.

어쨌든 재판부가 피고인을 무죄로 전제하고 증거관계를 검토했음에도 유죄라는 중간결론이 나왔다면, 이제는 양형심리에 집중해야 하는데 그렇지 못한 것이 현실입니다. 피고인의 교화의지와 환경, 재범 가능성, 피해회복 정도 등을 파악하려면 유-무죄 심리만큼이나 시간을 들여야 하는데 재판인력은 부족하고 사건은 쌓여가는 거죠.

그런데 이 부회장 사건은 1심과 2심은 물론 대법원에서까지 유죄 판단이 나온 상태에서 대법원이 뇌물 액수만 다시 판단하라며 파기한 사건입니다. 특히 대법원에서 뇌물로 본 액수가 50억 원가량 늘어났기 때문에 파기환송심에서는 2심의 형량(징역 2년 6월-집행유예 4년)보다 높게 나올 수밖에 없는 상황이었습니다.

이에 변호인단의 최대 목표는 이 부회장의 집행유예가 유지되도록 하는 것이었습니다. 여기서 한가지 우연(?)이 겹치는데요. 파기환송심 재판장이 유독 '회복적 사법'에 관심이 많은 판사였다는 것이죠.

회복적 사법은 국가가 범죄자를 처벌하는 것에서 한발 나아가 형사절차가 범죄로 인한 피해를 회복하고 범죄자의 교화와 재사회화까지 고려해야 한다는 이론입니다. 파기환송심 첫 공판 당일 재판장은 "이 사건은 삼성그룹 총수와 최고위직 임원들이 계획하고 가담한 횡령-뇌물 범죄"라며 "실질적인 기업 내부 준법감시제도가 필요하다. (제도가) 작동하고 있었다면 피고인이나 박근혜 전 대통령, 최순실(최서원) 씨 등이 이러한 범죄를 생각할 수 없었을 것"이라고 피고인 측에 이례적인 당부의 말을 했습니다.

삼성그룹은 곧바로 '준법감시위원회'를 구성하고 전직 대법관을 위원장으로 모셨습니다. 재판부가 이미 이 부회장의 집행유예를 예정하고 '감형 힌트'를 줬다는 비판이 확산했습니다.

앞서 해당 재판장이 회복적 사법을 적용한 사건과 이 부회장의 경우는 많이 달랐습니다. 대표적으로는 빚에 시달리다 자녀들을 살해하고 동반 자살하려던 엄마를, 남은 어린 자녀 등을 고려해 보석 석방한 사례가 있습니다. 음주운전 사고를 낸 남성에 대해 3개월간 매일 귀가 시간과 음주 여부를 기록한 동영상을 받아보고 1심의 실형을 파기하고 집행유예로 풀어주기도 했습니다. 이를 이 부회장 사건에 적용한다면 횡령 범죄의 피해자인 삼성그룹이 준법감시위원회를 마련할 것이 아니라, 앞서 음주운전 사고를 낸 남성처럼 가해자인 이 부회장이 경영권을 반납하고 잘못을 뉘우쳐야 타당하겠죠.

또 앞선 회복적 사법의 사례들은 우리 사회의 불안정한 시스템이 야기하거나 누구든 내몰릴 수 있는 범죄라는 점에서 차이가 있습니다. 기업 총수의 횡령과 권력에 대한 뇌물은 그들이 아니면 저지를 수 없는 범죄이고 피해자는 해당 회사와 그 임직원, 주주들부터 우리 사회 시스템에 대한 신뢰가 무너진 국민까지 광범위합니다. 이 피해를 회복하려면 오히려 엄중한 처벌밖에는 답이 없다는 생각도 들었습니다.

논란 끝에 재판부는 삼성 준법감시위원회를 이 부회장 양형에 반영하지 않았습니다. 새로 구성된 준법감시위에 대한 평가 내용을 검토한 결과 아직 최고 경영진의 위법행위를 선제적으로 예방할 실효성이 부족하다는 결론을 내렸다고 합니다.

그럼에도 86억 원을 횡령하고 뇌물을 공여한 이 부회장의 형량은 징역 2년 6월에 그쳤습니다. 대법원 양형기준에 따르면 최소 징역 4~7년이 권고되는 범죄이고, 재판부 역시 판결문에 이 부회장이 저지른 범죄의 위중함을 엄중히 꾸짖었지만, 결론은 법에서 줄 수 있는 '최저형량'이었습니다.

"손님이 오신다고 해서 청소했다":
삼성바이오에피스 증거인멸의 '새 논리'

2020년 5월 31일

📄 **A 로직스 상무(글로벌고객지원팀장) 법정 증언 (2020. 5. 25.)**

검 사 "업무상 여러 중요한 내용이 있었을 텐데 자료를 지우라는 지시를 그냥 따라도 되는 것이었습니까?"

증 인 "저도 (지시를) 이행한 한 사람으로서 회사 상황이 그렇게 (수사를 받을 것으로) 예측되는 상황에서… 어떤 상황을 초래할지 모르기 때문에 자기방어적인 측면이나 자기 자신에게 피해를 줄 수 있는 상황이 전개된다면 직장인으로서는 개인적으로 그럴 수 있다고 판단하고요. 일요일에 제 집에 친척이 온다고 해도 집안의 불결한 모습을 보여주기 싫어서 치우는 그런 사람이라…."

이재용 삼성전자 부회장이 약 3년 3개월 만에 다시 검찰에 불려 나온 날, 서울중앙지검 옆 서울고법 대법정에서는 삼성바이오로직스(이하 로직스) 회계 부정 의심 증거들을 공장 마룻바닥을 뜯어가며 숨겼던 삼성의 임원들이 재판을 받고 있었습니다.

1년 6개월째 수사가 끝나지 않은 본안사건과 달리 이 증거인멸 사건은 벌써 지난해 5월 1심 재판이 시작해 12월에 판결도 선고되었습니다. 기소된 8명의 피고인은 모두 '유죄'였는데, 대리급 1명을 제외한 7명은 곧바로 항소해서 지난 3월부터 2심 재판이 진행 중입니다.

이날은 2심 들어 처음으로 증인신문이 있었습니다. 일련의 증거 인멸 행위에 가담했지만 기소되진 않은 로직스 A 상무가 첫 증인으로 나왔습니다.

A 상무는 증거인멸의 취지가 "친척이 집에 오기 전 집을 치우듯이 자기방어적으로 (우려되는) 자료를 삭제한 것"이라고 표현했습니다. '프로 직장인'의 변명처럼 들리기도 하지만 법률적으로는 상당히 중요한 함의를 내포한 말입니다.

형법 제155조는 '타인의 형사사건'에 관한 증거를 인멸-은닉 하거나 위-변조한 경우에만 처벌하고 있기 때문입니다. 자신이 관련 있는 형사사건이어서 증거를 없앤 것이라면 피고인의 방어권을 보장하는 차원에서 처벌하지 않습니다.

실제로 B 삼성바이오에피스(이하 에피스) 상무 등 2명을 제외한 피고인 5명은 지난달 14일 재판부에 이러한 취지의 새 의견서를 내

기도 했습니다.[2]

📑 **서울고법 형사2부 재판장 법정 발언 (2020. 5. 25.)**

"4월 14일자 의견서에서 피고인 3~7(D·E·F·G·H)의 변호인들이 'B와 김△△이 자기사건의 자료를 인멸한 것'이라고 주장하고 있는데요. 교사에 따라 인멸한 것이 아니고 자기사건 정범으로서 (인멸)한 것이면 교사를 한 피고인들도 죄가 되지 않는다는 것입니다. 저희는 이게 증거인멸의 정범인지 교사범인지 모호해서 증인의 말을 듣는 것이 옳은 것 같고 시간이 좀 걸려도 이 부분에 대해 계속 얘기를 해 볼 생각입니다."

피고인 측에서 이처럼 '자기사건의 증거인멸' 논리를 전면적으로 들고나온 것은 1심 판결의 영향으로 보입니다. 1심에서 검찰 공소사실이 대부분 인정되어 피고인 모두 유죄를 선고받았지만 딱 1개의 공소사실에 대해서만 무죄 판단이 나왔습니다.

바로 김△△ 전무에 대해 미전실 고위급이던 피고인들이 증거

---

2 피고인들의 지위를 간략히 설명하자면, 피고인 1(B)과 피고인 2(C)는 에피스에서 가장 적극적으로 증거인멸과 금감원 제출 자료 위조 등에 가담한 인물. 피고인 3~7(순서대로: D, E, F, G, H)은 삼성전자 미래전략실과 그 후신인 사업지원 TF 소속의 고위 임원들로 증거인멸 계획을 수립하고 계열사에 지시한 혐의를 받습니다.

인멸을 교사한 부분입니다. 김 전무는 2018년 5월 금융감독원이 로직스의 회계 부정을 통보했을 당시 직접 해명 기자간담회를 진행했고, 이후 증거인멸 논의가 오간 '긴급대책회의'에도 참석하는 등 '본안사건'의 직접 당사자로 검찰 수사를 받은 인물입니다.

1심 재판부는 "김△△은 긴급대책회의에 직접 참석해 자료 정리를 결정했다"며 "이미 (스스로) 증거인멸-은닉 범행이나 그 교사 범행을 결의했던 것으로 보여 김△△에 대한 교사죄는 성립할 수 없다"라고 무죄를 선고했습니다.

교사범은 타인에게 범죄를 저지를 생각을 심어주고 이를 실제 저질렀을 때 성립합니다. 이미 당사자가 범행할 생각을 하고 있었다면 교사범이 성립하지 않는다는 게 대법원의 판례입니다.

1심 단계에서는 이 논리를 주된 변론 무기로 쓰지 않았던 피고인들이 2심에 와서는 김△△ 전무뿐 아니라 B 상무에 대한 교사 혐의에 대해서도 같은 논리를 들고나온 겁니다. 검찰은 강하게 반발하며 '자기사건'이라 죄가 안 된다면, 본안사건의 범인임을 자백하는 꼴이라고 지적했습니다.

📃 **삼바 증거인멸 공판 담당 검사 법정 발언** (2020. 5. 25.)

"솔직히 말씀드리면 검찰 수사와 1심 과정에서 B와 김△△의 증거인멸 동기와 경위에 대해 '내가 처벌받을 수 있어서 지웠다'라고 한 진술은 들어본 적이 없습니다. 변호인들의 변론 취지는 이해하지만, 실체적 진실에 배치됩니다. (법률적으로) 죄가 되냐 안되냐를 따지다 보니 만들어낸 기교적인 논리로 보입니다.

…(중략)…

어찌 됐든 이 논리대로 간다면 사업지원TF 쪽 변호인께서는 옆에 계시는 피고인 B가 본안사건의 범인이라고 주장하시는 건데요. 그렇다면 내가 회계 부정 사건으로 처벌받을 수 있다고 의식했다는 것인데, 지금 B 피고인의 변호인들은 그 부분에 동의하지 않으시면 방어권 행사를 하셔야 합니다."

검찰 측 발언이 끝나자 변호인 측은 "(본안사건)죄를 인정하는 것이 절대 아니다. 수사를 받을 여지만 있다면 그런 자료를 지우더라도 법이 처벌하지는 않고 있다"라고 받아쳤습니다.

요새는 딱 '꼰대'가 되기에 십상인 말이지만 아마도 피고인 대부분이 '회사를 가족같이' 여긴 인물들이었기에 삼성에서 중요 보직을 맡게 되었을 겁니다. '회사의 시련은 나의 시련'으로 여기며 일사불란하게 대응 활동을 한 것일 뿐이니 죄가 되지 않는다고 봐도 되는 걸까요?

다만 그 시련이 흔히 지나가는 바람이 아니라 금감원의 회계 부정 판단과 시민단체의 고발, 언론의 집중 보도 등으로 곧 수사가 시작될 것을 예상할 수 있었던 상황이라는 점이 중요해 보입니다.

안타까운 것은 이날 이재용 부회장은 검찰 수사를 받으며 회계 부정 혐의 등과 관련해 '보고받거나 지시한 적이 전혀 없다'라는 취지로 부인했다는 겁니다. 그룹의 총수는 "남 일"이라고 하는데 직원은 "내 일"이라고 하는 아이러니한 모습입니다.

검찰은 H-F-G→D-E→B-김△△ 등의 순서로 증거인멸이 '순차지시'된 점과 윗선의 지시가 없었다면 로직스와 에피스에서 (자발적으로) 대대적인 증거인멸이 벌어졌을 리 없다는 논리를 더욱 강화할 방침입니다.

B컷의 B컷

혹시 지금 일하는 사무실에 금융감독원 또는 국세청, 검찰에서 수색을 나온다고 하면 여러분은 당장 어떤 일을 하실 건가요? 맡은 업무 중 외부로 유출되면 안 되는 기술이나 디자인이 담긴 폴더에 암호를 걸까요? 재무파일을 처리할까요? 공적 자료는 일개 직원인 내가 손 쓸 일이 아니라고 생각되면 동료나 상사를 흉본 채팅 정도를 지우실 수도 있겠고요. 회사의 사장이나 중요 임원이라면 적극성이 좀 달라질 수도 있을 듯합니다.

이번 재판의 피고인들은 삼성그룹 본사와 계열사의 임원들이었는데요. 검찰 수사가 곧 시작될 것이라는 얘기를 듣고 삼성바이오로직스 공장의 마룻바닥을 뜯어 회사 공용서버와 직원들의 노트북, 휴대전화 등을 숨겼습니다. 그리고는 재판에서 (누가 시켰거나 누군가를 위해서가 아니라) 혹시나 하는 마음에 스스로 한 일이라고 주장하고 있습니다. 그때 그들은 일순간의 판단으로 검찰과 법원을 들락거리거나 미결수로 구속될 것이란 상상을 했을까요?

이 재판은 '본안사건'인 이재용 삼성전자 부회장의 불법승계 재판 결과를 기다리며 2심에서 멈춰있습니다(22년 8월 기준). 이 부회장의 불법승계 의혹 재판은 2년이 넘도록 1심이 진행 중입니다.

이 부회장은 국정농단 뇌물-횡령 사건으로 징역 2년 6개월의 실형이 확정되었지만, 문재인 정권에서 2021년 광복절 기념 가석방으로 풀려났고, 2022년 윤석열 정권에서는 특별사면되었습니다.

불법승계 의혹을 받는 당사자는 우리 법의 선처를 받고, 이 혐의와 관련된 증거를 숨긴 이들은 모두 '자기 책임'이라며 앞다투어 주장하는 모습에 한숨과 실소가 번갈아 나왔습니다. 도대체 진짜 죄를 지은 사람은 누구인가요? 아무도 없나요?

"직접 질문해도 될까요?":
숙명여고 쌍둥이의 필사적인 법정싸움

2020년 6월 1일

📑 '숙명여고 문제유출' 증인 사회문화 교사 진술 中 (2020. 6. 17.)

재판장 "혹시 증인신문에서 보충해서 말할 게 있으면 해 주세요."

증   인 "…강남 한복판에 있는 학교에서 이런 성적상승은 있을 수 없다고 교사들도 저도 그렇게 생각했는데 사실 조회를 해보니 우리 생각과 다른 것들이 있다는 것을 알았습니다. 혹시나 (쌍둥이 자매가) 지금 억울할지도 모르겠다는 부분은 그 생각은 조금 있는데 그런 일 없도록 재판부가 잘 판단해주시길 바랍니다."

'숙명여고 문제유출' 쌍둥이 자매의 공판에서 재판부가 증인에게 마지막으로 하고 싶은 말이 있냐고 묻자, 그는 "쌍둥이가 억울할

수 있겠다는 생각을 했다"라고 말했습니다.

자매는 2017년 1학년 1학기 기말고사부터 2018년 2학년 1학기 기말고사까지 아버지인 숙명여고 전 교무부장인 현 모 씨와 공모해 시험문제와 답안을 유출해 학교의 성적평가 업무를 방해했다는 혐의를 받고 있습니다. 그리고 의혹을 뒷받침하는 여러 정황은 아버지 현씨의 재판에서 이미 유죄의 증거로 인정된 바 있습니다. 그런데도 증인 김씨는 왜 자매들이 억울할 가능성이 있다고 말한 걸까요?

사실 이 재판에서 자매는 궁지에 몰린 상황입니다. 이들은 "오로지 공부를 열심히 한 대가"라며 줄곧 혐의를 부인했지만 정작 같은 업무방해 혐의로 기소된 아버지 현씨는 자매의 1심 재판 도중 대법원에서 형이 확정되었습니다. 자매가 '노력'이라고 주장하는 성적향상 과정을 법원은 이미 '부정행위'로 판단한 셈입니다.

이 같은 불리한 상황 속에 자매 측이 자신들의 방어 논리를 위해 증인으로 신청한 사람이 바로 숙명여고 사회문화 과목 담당 교사 김씨입니다. 그는 의혹이 불거진 후 숙명여고 학생들의 성적분포 정리 업무를 담당했으며 아버지 현씨 재판에도 증인으로 섰습니다.

📋 **'숙명여고 문제유출' 증인 사회문화 교사 진술 中 (2020. 6. 17.)**

변호인 "다른 학교보다 숙명여고 성적이 급상승한 사례가 많이 확인되는 거 맞죠?"

증　인 "네. 개별 학교별로 따지면 저희 학교는 총 5건 정도."

변호인 "자료 확인 전에 성적 급상승 사례가 있다는 것을 알고 있었나요?"

증　인 "저 포함 다른 교사들도 이렇게 많이 오르는 경우는 드물 것이라고 생각하는 분들이 많았죠. 저도 자료를 조회해보기 전까지는(몰랐습니다)…."

　　김씨는 이날 실제로 자매 입장에서는 유리하다고 볼 만한 진술을 많이 했습니다. 우선 그는 자신이 숙명여고 학생들의 성적을 살펴본 결과, 실제로 통상적이지 않은 수준의 성적향상이 존재한다고 증언했습니다. 구체적으로 2017년 1학년 2학기에는 전교 249등이었던 학생이 다음 학기인 2018년 2학년 1학기에는 전교 4등이 된 경우도 있고, 또 다른 학생은 전교 228등에서 1년 만에 전교 5등이 되기도 했다고 말했습니다. 즉 '문제유출' 의혹의 시발점이 된 성적 급상승이 꼭 자매에게만 있던 일은 아니었다는 설명입니다.

📖 '숙명여고 문제유출' 증인 사회문화 교사 진술 中 (2020. 6. 17.)

변호인 "내신과 모의고사의 석차나 점수 차이가 큰 학생이 실제로 있습니까?"

증　인 "그것도 지난 재판에서 사실조회 요청 받은 사안인데 확인해 보니 그런 사례가 꽤 있습니다. 내신 5등 이내에 드는 학생이 모의고사에서 33% 밖에 드는 경우를 조회했는데 회신한 것처럼 사례가 있습니다."

변호인 "증인이 정리한 자료에 의하면 내신 석차가 전교 5등 이내인 학생 중 국어성적 석차는 222등이거나 수학 225등인 사례들도 확인되죠?"

증 인 "네."

김씨는 자매의 문제유출 의혹의 또 다른 정황인 '모의고사와 내신 성적 간 큰 격차'에 대해서도 전혀 없는 일은 아니라며, 내신은 5등인데도 모의고사 일부 과목 성적은 200등 밖을 기록한 숙명여고 학생 등을 예로 들었습니다.

정리하면 김씨는 학생들의 성적을 살펴본 결과 이례적인 '성적 급상승'이나 '모의고사-내신 간 성적 차이' 사례를 목격했다고 증언한 것입니다. 그가 쌍둥이 자매가 억울할 수 있겠다고 생각한 것도 혹시나 자매도 이런 '이례적인 경우'에 해당할 가능성을 아예 배제할 수는 없다는 이유에서였습니다. 그렇다면 이런 사례들을 토대로 자매의 억울함은 설득력을 얻을 수 있을까요?

우선 검사는 김씨 측이 목격한 사례들과 자매의 경우는 아예 다른 수준이라는 취지로 즉각 반박합니다. 성적이 급상승할 수는 있어도 쌍둥이 둘이 정확히 동시에 1등까지 상승하는 경우는 없고, 내신과 모의고사 성적 차이가 클 수는 있어도 쌍둥이처럼 둘이 동시에 극단적으로 나는 것은 불가능하다는 게 검찰의 설명입니다.

실제로 자매의 성적을 보면 언니는 2017년 1학년 1학기 전교 121등에서 2018년 2학년 1학기 인문계열 1등이 되었고, 동생은 2017년 1학년 1학기 전교 59등에서 2018년 2학년 1학기 자연계열 1등이 되었습니다. 반면 모의고사의 경우 2018학년도 2학년 1학기 언니의 국영수 성적은 각각 301등, 2등급, 96등이었고 동생도 같은 시기 각 459등, 2등급, 121등이었습니다. 자매의 내신 성적이 같은 시점에 1등으로 올라섰고 동시에 모의고사 성적은 내신에 비해 둘 다 저조했던 셈입니다.

검찰이 "단순한 성적상승이 아닌, 자매 같은 경우가 존재하냐"고 계속 질문하자 김씨도 꼭 같은 경우까지는 없었다며 한발 물러서기도 합니다.

📑 **'숙명여고 문제유출' 증인 사회문화 교사 진술 中 (2020. 6. 17.)**

검　사 "국영수 성적이 내신 1등인데 모의고사 성적이 300등에서 400등인 경우가요?"

증　인 "국어는 공통 과목이라서 성적이 그렇게 나올 수는 있는데…."

피고인 "그 부분에 대해 (제가) 보충 질문할 수 있습니까?"

재판 도중 작은 해프닝도 있었습니다. 검사의 질문 세례에 상황이 불리해졌다고 생각한 것인지 쌍둥이 언니가 자신이 직접 증인에게 질문하겠다고 나선 것입니다. 현씨의 '돌발 행동'에 법정에는 순간 당혹스러운 기류가 흘렀고 변호인도 현씨를 만류하고 나섰습니다.

현씨가 하고 싶던 말은 재판 끝 무렵 변호인의 입을 통해 공개되었습니다. 변호인에 따르면 현씨는 당시 모의고사 중 실수로 국어 과목 OMR 마킹을 못 해서 '0점' 처리가 되었다고 합니다. 정답을 제대로 마킹했다면 내신과 모의고사 성적 차가 이처럼 크지는 않았을 것이란 해명입니다. 물론 이 주장이 사실이라고 하더라도 국어를 제외한 다른 과목의 내신과 모의고사 성적 차이는 여전히 의문으로 남습니다.

사실 이날 재판에서 다뤄진 내용 외에도 자매의 '유출의혹'을 뒷받침할 정황은 일일이 언급하기도 어려울 정도로 많습니다. (시험지에 정답을 희미한 글씨로 적은 '깨알 메모', '풀이 과정 안 적힌 시험지', '정정 전 정답이 적힌 답안지' 등) 이것들은 모두 아버지 현씨의 1심, 2심 그리고 대법원 재판에서까지 이미 유죄로 인정된 정황들이기도 합니다.

이들을 지도했던 선생님의 마음에야 성적자료를 근거로 보니 제자였던 자매가 일정 부분 억울한 측면이 있다는 생각을 할 수 있겠습니다. 하지만 이것만으로 자매가 억울했다고 말하기에는 여전히 너무도 많은 의구점이 남은 것도 사실입니다.

자매가 정식 재판에 회부된 지 어언 10개월째, 재판부는 (2020년)

8월까지는 가능한 심리를 마무리할 계획입니다. 얼마 남지 않은 공판에서 자매 측이 어떤 방어 논리를 주장하게 될지가 주목됩니다.

궁금한 법 이야기: 업무방해

형법(314조) 조문에 나오는 '업무방해죄'는 다음과 같은 요건에서 성립합니다. 허위사실을 유포하거나, 위계로 사람의 신용을 훼손하거나, 또는 위력으로 사람의 업무를 방해했을 때입니다. 간혹 기사에도 혼재되어 쓰이는데, 여기서 '위계'란 사람 간 계층을 의미하는 게 아니라 상대방에게 착각 등을 일으키는 속칭 '속임수'를 뜻합니다.

단순한 구성과 달리 적용되는 범위는 매우 폭넓은데요. 숙명여고 사건처럼 입시비리 또는 채용비리와 관련된 사건이면 거의 99% 업무방해가 적용된다고 봐도 과언이 아닙니다. 입시 혹은 채용 업무를 담당하는 사람을 상대로 스펙을 과장한다거나 외부의 입김을 반영한다든가 하는 식으로 속인다고 볼 수 있기 때문입니다.

B컷의 B컷

이 사건의 업무방해 수단은 '위계', 즉 속임수였는데요. 이 사건의 특이점은 이 속임수를 언제, 어떻게, 무엇을 대상으로 사용했는지 특정이 되어있지 않다는 데 있습니다. 쌍둥이 아버지가 답안지를 외워서 빼돌렸는지, 실물을 들고 나왔는지, 실물이라면 핸드폰으로 사진을 찍어서 가져왔는지 종이를 복사해 들고 왔는지 등 직접 증거가 없는 사건이라는 것이죠. 그리고 변호인들은 이러한 점이 특정되지 않은 이상 기소가 부당하다는 주장을 숙명여고 쌍둥이 아버지 재판 때부터 쌍둥이 재판에 이르기까지 지속적으로 펼쳐왔습니다.

하지만 재판부는 그럼에도 유죄를 인정할 수 있다고 보았는데요. 이례적인 내신 성적 상승과 그와 대비되었던 모의고사 성적, 그리고 '깨알 정답'과 같은 간접 증거들로도 유죄를 선고할 만하다고 봤습니다. 또한 학교 교무부장이었던 쌍둥이 아버지가 노트북 하드디스크 등을 폐기했고, 주거지 압수수색 과정 중 책상에서 기말고사 미적분 백지시험지가 발견된 점 등도 이러한 유죄 판단의 근거로 작용했습니다. 이에 아버지에 이어 쌍둥이 자매 또한 1-2심 연속 유죄(징역형의 집행유예)를 선고받아 대법원 판결만이 남은 상황입니다(22년 8월 기준).

검사 김학의는 사업가들과 이렇게 어울렸다

2019년 11월 27일

"피고인은 무죄."

6개월간 구속된 상태에서 재판을 받아온 김학의 전 법무부 차관은 2019년 11월 22일 법정에서 가장 듣고 싶었던 말을 들었습니다. 2013년 처음 논란이 불거진 후 수사기관에서는 불기소 처분을 받았지만, 6년 만에 사법부에서도 "범죄의 증명이 없다"는 판단을 받아낸 것입니다.

그러나 재판부는 사법적으로 '무죄(not guilty)'라는 것이 곧 '죄가 없음(innocent)'을 의미하지는 않는다는 흔적을 판결문 곳곳에 남겼습니다. 검찰 수사가 제때 이뤄졌다면, 혹은 그보다 앞서 '검사 김학의'이던 시절에 문제가 터졌다면 엄중한 징계가 불가피했을 사안이라는 표시였죠.

김 전 차관이 짧게는 2006~2008년까지 2년간, 길게는 부장

검사 시절이던 2000년부터 약 10년에 걸쳐 사업가들에게 어떤 식으로 돈과 향응을 받았는지 판결문에서 '사실'로 인정한 내용을 위주로 소개해보겠습니다. (물론 그러한 돈과 향응이 검사의 직무와 관련 있다거나 대가성이 있다는 점은 입증이 되지 않아 1심의 결론은 무죄, 'not guilty' 입니다)

2012년 사망한 A저축은행 회장 김 모 씨는 생전 10년 가까이 김 전 차관의 든든한 우군이었습니다. 2000년 6월 22일 1000만 원을 시작으로 때마다 200만~300만 원씩을 김 전 차관에게 건넸죠. 물론 직접 준 것은 아니고 김 전 차관 부인의 이모(이하 처이모) 권씨 계좌로 이체했습니다.

김씨의 '후원'은 2009년 12월까지 무려 43차례에 걸쳐 매년 꾸준히 이뤄졌는데요. 2006년도에는 3월과 6월만 빼고 열 달을 월마다 300만~500만 원씩 보냈습니다.

📑 **김학의 전 법무부 차관 1심 선고 (2019. 11. 22.)**

"김씨가 피고인(김학의)의 요구로 그의 처이모 또는 지인의 계좌로 돈을 송금했습니다. … 그 돈을 피고인이 수수한 것이라고 봄이 상당합니다."

재판부는 권씨 계좌에 김 전 차관 부인의 체크카드가 연동되어 있었던 점과 김 전 차관의 자택이나 근무지 근처에서 현금이 인출

된 점 등을 근거로 사실상 '김 전 차관이 돈을 받았다'라고 판단했습니다.

또 다른 사업가 최 모 씨도 2000년부터 2004년까지 처이모 명의의 차명계좌로 9회에 걸쳐 1210만 원을 송금했습니다. 검찰에 따르면 김 전 차관이 직접 "내가 돈이 필요하니 그 계좌로 100만 원을 송금해달라"고 요구해 '후원'이 시작되었다고 합니다.

최씨 역시 김 전 차관과 계속 친분을 유지한 것으로 보입니다. 공소사실에 따르면 최씨는 2007년부터 2010년까지 매년 설-추석 때마다 김 전 차관이 지정한 특정 백화점 상품권도 줬습니다. 명절마다 100만 원어치 씩, 총 700만 원 상당입니다.

이에 대해서도 재판부는 "최씨가 피고인에게 상품권을 몇 차례 교부한 적이 있음은 분명하다"라고 판단했습니다. 다만 공소사실에 나타난 횟수와 금액 전체가 사실인지에 대해서는 최씨의 진술과 다른 증거들이 부합하지 않아 불확실하다고 봤습니다.

이외에도 최씨는 김 전 차관이 불러내면 가서 술값을 계산해주기도 한 것으로 보입니다. 검찰이 밝힌 것은 2009년 2월 26일 90만 원, 같은 해 3월 25일 68만 원, 5월 19일 78만 6000원으로 총 세 번입니다. 이 혐의들은 김 전 차관이 올해 6월 기소되는 바람에 '공소시효 10년'에 걸려 유무죄 판단 대상에서 제외되었습니다.

김 전 차관은 최씨에게 일명 '대포폰'이라 불리는 차명 휴대전화도 개설해달라고 요구했습니다. 최씨는 자신의 회사 직원 명의로 휴대전화 3대를 마련해 김 전 차관에게 주고 통신비도 대신 내줬습니다.

그리고 김 전 차관 사건의 발단이 된 건설업자 윤중천 씨가 등장합니다. 김 전 차관과 윤씨의 관계는 앞의 둘보다 늦은 2006년에서야 시작되었지만 금세 막역한 사이가 된 것으로 보입니다.

김 전 차관은 윤씨의 사무실에 방문했다가 벽에 걸린 그림을 보고 "이 그림 내 집무실에 걸어놓으면 좋을 것 같다"고 하거나 윤씨와 저녁 식사 후 헤어지면서 "코트가 멋있어 보인다"고 말했습니다. 윤씨는 김 전 차관에게 곧바로 1000만 원 상당의 그림을 떼어 주고, 자신이 입은 것과 똑같은 200만 원 상당의 코트도 사줬습니다.

도대체 김씨, 최씨, 윤씨 모두 인간 김학의에게 왜 이런 호의를 베푼 것일까요? 잘 나가는 검사 김학의가 아니었더라도 그랬을까요?

김 전 차관의 혐의 중 핵심으로 꼽혔던 1억 원대 제3자 뇌물수수죄가 무죄가 된 배경은 더욱 낯 뜨겁습니다. 윤씨의 소개로 김 전 차관에게 지속적인 성접대를 했던 여성 A씨가 개입된 혐의입니다.

'별장 동영상' 등 성접대 문제에 대해 당초 검찰은 김 전 차관과 윤씨를 특수강간 혐의로 검토했습니다. 그러나 피해 여성들이 윤씨에게 상당한 대가를 받는 등 금전 문제가 얽혀 있다는 이유 등으로 성범죄로는 기소하지 않았죠.

그러나 판결문을 보면 재판부는 A씨가 윤씨에게 받은 대가가 사실상 없었다는 취지로 서술했습니다. 검찰은 여성이 돈을 받고 접대를 했으니 성범죄로 보기 어렵다며 기소하지 않았는데, 실제 취한 이득은 없는 아이러니한 상황이죠.

윤씨는 A씨에게 "전세보증금으로 준 1억 원은 니가 알아서 엄마와 국밥집 해서 먹고사는 데 사용해라"라고 말해놓고는 A씨의 명품매장에서 수시로 물건과 돈도 가져갔다고 합니다. A씨의 진술에 따르면 윤씨가 가져간 물품 액수는 7천만~8천만 원 상당, 현금이 2천만 원 정도라고 합니다.

이미 준 돈만큼 회수를 했는데도 윤씨는 A씨가 1억 원을 횡령했다며 고소까지 했습니다. 이 수사 과정에서 성접대 등 불편한 사실이 드러날까 우려한 김 전 차관이 윤씨에게 소취하를 종용했습니다. 소가 취하되면서 A씨가 1억 원의 이득을 봤다는 게 검찰의 공소사실입니다. 일명 '제3자 뇌물죄'입니다.

재판부는 "윤씨가 가져간 물건 값과 전세보증금을 상계하면 A씨가 윤씨에게 돌려줘야 할 보증금도 얼마 남지 않은 상황이었다"며 A씨가 제3자 뇌물죄의 '이익'을 취한 것으로 보기 어렵다고 판단했습니다. 드러난 사실만 놓고 본다면 성매매라는 말로 포섭이 불가능한, 성착취에 해당하는 상황입니다.

김 전 차관은 구속 전 수사단계에서 윤씨를 모른다고 잡아떼기까지 했지만 두 사람이 따로 또, 같이 행한 성착취를 법원은 사실이라고 판단했습니다.

재판부는 "김 전 차관이 2006년 10월부터 2007년까지 A씨와 지속적으로 성관계 또는 성적 접촉을 가질 기회를 윤씨로부터 제공받아온 사실이 인정된다"고 밝히며 문제의 '별장 동영상'이나 '오피스텔 사진' 속 남성도 김 전 차관이 맞다고 밝혔습니다.

여기까지가 부장검사 김학의가 2008년 검사장으로 승진한 후까지 약 10년간의 단편적인 기록입니다. 김 전 차관은 1심에서 무죄를 받았지만 여전히 국민들은 '눈 먼 돈을 받는 검사', '성매매 하는 (성접대 받는) 검사'에 대한 의심을 거두기 어려울 듯 합니다.

B컷의 B컷

김학의 전 차관 사건, 버닝썬 사건 등을 취재하고 기사를 쓸 때 고민이 되었던 단어가 있습니다. 바로 '성접대'입니다. 소위 '룸싸롱'에서 질펀하게 노는 권력자와 그를 위해 아름다운 여성들을 옆에 배치하고 "잘 모셔라" 말하며 아첨하는 청탁인의 모습이 바로 그려지실 텐데요. 이 '성접대'라는 표현이 내내 불편했습니다. 가만히 따져보면 '성접대'의 주체는 접대받는 남성과 접대하는 또 다른 남성인 경우가 대부분인데 성의 주체인 여성은 그저 오가는 돈이나 물건 같은 취급을 받는다는 생각이 들었습니다.

하지만 분명히 존재하는 '성접대' 방식의 뇌물 구조를 우리 법에서는 어떻게 그리고 있을까, 이렇게밖에 표현할 수 없을까… 하는 생각에 추가로 취재한 적이 있습니다. 엄연히 우리 법은 성매매를 금지하고 있는데 성접대 사건에서는 쟁점으로도 취급되지 않는다거나 여성이 어떤 대가를 받았다면 무조건 성범죄 피해자로는 볼 수 없게 되는지도 궁금했습니다.

우선 대법원 판결문 열람 시스템을 통해 현황부터 살폈습니다.

2013년 이후부터 2019년 7월까지 확정된 형사판결 중 '성접대'라는 단어가 포함된 판결문이 107건에 달했습니다. '성적 접대행위', '성로비', '몸로비', '성상납' 등 비슷한 의미의 다른 키워드 검색 결과를 포함하지 않았는데도 100건이 넘었죠.

107개 판결문의 주된 기소혐의는 뇌물수수-공여(25건), 특정경제범죄가중처벌법(뇌물 등) 위반(12건), 공직선거법 위반(10건) 등으로 부정한 청탁 과정에서 이뤄진 범죄가 절반을 차지했습니다. '성접대'가 언급된 판결문 중 성매매 알선 혐의로 기소된 경우는 2건에 불과했습니다.

살펴보니 의외로 '성접대'는 법률용어였습니다. 성매매방지 및 피해자보호 등에 관한 법률(이하 성매매피해자보호법) 제2조 5호에 '성접대'라는 단어가 정의되어 있었습니다. '거래나 업무관계에 있는 상대방에게 거래나 업무행위에 대한 대가로서 성을 제공하거나 알선-권유하는 행위'라고 합니다.

성접대라는 단어가 처음 법률용어가 된 것은 2011년 김춘진(현 더불어민주당) 의원 발의안을 통해서입니다. 성매매피해자보호법상 국내외 성매매 실태조사 항목에 성접대를 포함시키기 위한 목적으로 법률에 의미를 규정했습니다.

실무적 차원에서 정의되었을 뿐 현행 '성매매알선 등 행위의 처벌에 관한 법률'(이하 성매매처벌법)에서는 성접대를 처벌 대상으로 포섭하지 못하고 있습니다. 성매매처벌법은 성행위 서비스를 구매하는 남성과 이를 제공하는 여성 사이 2자 관계로 성매매를 규정하고 있기 때문이죠.

그러나 김학의 전 법무부 차관과 건설업자 윤중천, 고(故) 장자연 씨 사건, 버닝썬과 연예기획사 YG 성접대 의혹 등에서 나타나듯 성접대는 3자 이상이 성매매에 개입하는 구조입니다. 성행위 서비스에 돈을 지불한 사람과 실제로 서비스를 누린 사람, 서비스를 제공한 사람과 해당 금전이나 이득을 취한 사람이 모두 다릅니다.

그런데 법률영역에서 모호하게 접대, 대접, 청탁의 일환으로만 제3자 성매매가 다뤄지면서 성접대의 본질은 '성범죄'라는 점이 가려지는 듯합니다. 특히 앞서 예시로 들기도 한 장·학·썬 사건에서는 성매매에 동원된 여성들이 성매매 알선자의 지속적인 강압이나 폭력 상황에 놓였거나 약물에 의한 피해를 당했다는 의혹이 제기되기도 했습니다.

이에 해외에서는 이처럼 다양한 성매매 행태를 규율하기 위한 법개정 작업이 이뤄지고 있습니다. 대구가톨릭대 박찬걸 교수의 논문에 따르면, 스웨덴은 2005년 형법 개정을 통해 "돈을 대가로 일시적 성관계를 획득한 자"를 성적 서비스 구매자로 처벌하면서, 이 대가가 다른 사람에 의해 약속되거나 지불된 경우도 포함했습니다.

성접대가 법률용어로까지 쓰이는 것을 부적절하다고 보고, 해당 범죄의 본질과 구체성을 드러내는 다른 단어를 찾는 노력도 진행 중입니다. 성접대라는 단어에는 여성이 자발적으로 접대를 하고 그를 통해 이득을 얻는다는 의미가 전제되어 있어서 피해나 강요의 맥락을 포함할 수 있는 '성착취' 등이 대체어로 검토된다고 합니다.

스폰서의 새 증언, "청탁 있었다":
김학의 2심의 변수가 될까?

2020년 9월 20일

📄 김학의 전 법무부 차관 항소심 최후진술 中 (2020. 9. 16.)

김학의 전 차관 "이유 여하 막론하고 불미스러운 일에 연루돼 이 자리에 선 것만으로도 정말 송구스럽고 죄송한 마음입니다. 존경하는 재판장님 그리고 주심 부장판사님, 배석 부장판사님. 그간 제 삶을 어찌 말로 다 표현할 수 있겠습니까. 생을 포기하려 한 적도 여러 번 있었습니다. 실날 같은 목숨 하나 부지하고 사는데 사는 게 사는 게 아닙니다. 저는 이미 지워지지 않은 주홍글씨를 가슴에 깊이 새긴 채 살아갈 수밖에 없습니다. 그래도 바람이 있다면 얼마 남지 않은 여생, 사회에 조금이나마 의미 있는 일을 하고 저로 인해 고통받은 가족들에게 봉사하면서 조용히 인생 마무리하고 싶은 것이 솔직한 저의 심정입니다. 한없이 부끄럽고, 또 부끄럽습니다. 현명하신 판단을 내려주시기를 간곡히 부탁드립니다."

지난 16일 서울고법 소법정. 김학의 전 법무부 차관이 항소심 마지막 진술을 위해 피고인석에 섰습니다. 지난해(2019년) 11월 구속 상태로 재판을 받다가 1심에서 무죄를 선고받고 풀려난 지 약 10개월 만입니다.

신문 도중 억울하다며 대성통곡해 휴정까지 되었던 지난 1심 때와 달리 김 전 차관은 이번에는 비교적 태연한 모습이었습니다. 진술 중 감정이 북받쳤는지 잠시 목이 메기도 했지만, 양복 윗주머니에서 꺼낸 준비한 소감문을 별다른 표정 변화 없이 차분하게 읽어 내렸습니다. 혐의 한마디 언급 없이 지난 과거를 술회하고 용서만을 구한 채 진술을 마친 것도 뇌물을 요구하거나 대가를 바란 적이 없다고 호소했던 1심과는 대조적이었습니다.

김 전 차관의 항소심은 여론의 관심 속에 치열한 법정공방이 펼쳐졌던 1심과는 진행 양상이 많이 달랐습니다. 1심에서는 준비 기일만 2차례, 이후 9번의 정식 공판 끝에 선고가 내려졌는데 항소심에서는 준비기일 격인 첫 공판부터 이날 결심까지 단 세 차례의 공판 만에 결론만 남은 상황입니다.

'스폰서' 윤중천 씨부터 윤씨의 운전기사, 피해 여성 등 1심 법정을 오간 증인들도 이번 항소심에는 나올 필요가 없었습니다. 항소심이 원심에서 조사된 증거 대부분을 그대로 받아들였기 때문이죠. 다만 또 다른 사업가 최 모 씨만이 추가 증언할 필요성이 인정되어 항소심의 유일한 증인으로 2차 공판에 비공개로 출석했습니다.

결국 최씨의 추가 진술을 제외하고는 1심에 비해 이렇다 할 추가 증거가 제출되거나 별다른 사정 변경이 없는 상황입니다. 검찰의 질문에 "어차피 10년 이상 구형할 것이 아니냐"며 눈물을 쏟으면서 가슴 졸였던 1심과 달리 김 전 차관이 이번에는 의연하게 선고를 기다릴 수 있는 이유인지도 모릅니다.

📑 **김학의 전 차관 항소심 변호인 변론 中 (2020. 9. 16.)**

변호인 "검찰 고위직을 지낸 피고인은 원본 확인도 안 되는 동영상으로 조사받기 시작해 지난 7년 동안 온갖 비난 받으며 매우 어려운 나날을 보내야 했습니다. … 7년도 더 지난 일을 뇌물죄로 의율하려다 보니 공소시효 문제가 생기고 이에 법정형을 맞추기 위해 억지로 뇌물 액수 높이기도 했습니다. 수뢰 후 부정처사죄는 마치 소설처럼 공소사실을 지어낸 느낌을 받습니다. … 설령 피고인이 윤중천과 최 모 씨에게 향응을 받은 게 일부 인정되더라도 1심에서 결론 내렸듯 직무 관련성이나 대가성은 전혀 인정이 안 됩니다. 피고인에게 여러 불리한 진술을 하는 윤중천도 원심서 지금까지 피고인에게 어떠한 청탁도 한 적이 없다고 했습니다. 검사의 항소는 이유 없으므로 기각해주시길 바랍니다."

그래서였을까요. 변호인도 선고 전 마지막 변론을 통해 검찰의 공소제기를 "소설 같다"거나 "추론 같은 결과물"이라며 강도 높게

비판했습니다. 설령 향응 제공이 인정되더라도 직무 관련성이나 대가성이 없어 처벌할 수 없다고도 지적했습니다. 1심의 무죄 판단 근거를 그대로 인용한 듯한 대목입니다.

김 전 차관 측은 결백의 근거로 들었지만 사실 1심 판결은 정확히 말하면 "잘못은 있으나 법적으로 처벌할 수 없다"에 가깝습니다. 여전히 시효가 살아있는 뇌물 혐의에 대해서 추가로 직무 편의를 봐줬거나 대가성이 있다고 판단한다면 결론이 바뀔 여지는 충분히 남아 있다는 뜻이 되기도 합니다.

📄 **김학의 전 차관 항소심 변호인 변론 中 (2020. 9. 16.)**

변호인 "최 모 씨는 이 법정에서 뇌물공여 사건 관련 피고인에게 청탁했다고 말하지만, 이는 검찰 조사 진술 내용과는 다릅니다. 최씨는 (2심에 와서) 어떤 필요에 의해 작위적으로 내용을 꾸며 증언했다고 보는 것이 사실에 부합합니다. 차명 휴대폰에 관하여서도 피고인 직무와 관련해 편의 제공한 것이라고 진술하지만 이는 원심 증언과 명백히 배치되는 내용입니다."

이런 만큼 2심에서 추가된 유일한 증인 최씨의 진술이 1심 판결을 뒤집는 변수가 될지 주목됩니다. 최씨는 앞서 비공개로 증인신문을 받아 그간 구체적인 진술 내용이 알려지지 않았지만 변호인 측

이 최씨의 진술 신빙성을 지적하는 과정에서 그 내용이 일부 드러 났습니다.

최씨는 김 전 차관의 지위를 기대하고 수사 관련 청탁을 했고 직무상 편의를 제공받았다는 취지로 진술했는데, 이는 1심에서는 나오지 않았던 내용입니다. (최씨는 검찰 조사나 원심에서는 상품권이나 차명 휴대전화 등을 제공했을 뿐 직무 관련 청탁을 하거나 특정한 대가를 바라지는 않았다고 진술한 것으로 알려졌습니다.) 1심이 김 전 차관의 향응 수수를 인정하고도 대가성이 입증되지 않아 뇌물수수 혐의를 무죄로 본 만큼 만약 1심 재판부가 최씨의 진술에 신빙성이 있다고 판단하면 결론이 바뀔 가능성도 배제할 수 없습니다.

📖 김학의 전 법무부 차관 항소심 검찰 최종변론 中 (2020. 9. 16.)

검　사 "소위 별장 성접대 사건으로 명명돼 사회적 논란이 됐던 사건이 성폭력 사건으로 다뤄지며 무혐의로 종결됐고 이후 끊임없이 부실수사 의혹들이 제기됐습니다. 급기야 검찰과거사위원회 수사 권고 관련 수사단이 출범해 이 사건을 원점에서 재검토하고 관계인에 대한 재조사를 통해 이 사건의 실체는 고위공직자의 금품 및 향응 수수 사건이며 피해자가 4명에 이르는 점을 확인했습니다. … 피고인이 장기간 많은 금품을 수수해온 사실이 명확히 확인됐음에도 1심은 안타깝게도 무죄판결을 선고했습니다. 이 사건은 단순히 피고인에 대한 뇌물수수 유무죄를 가리는 차원을 넘어 그동안 사회적으로 문제 됐던 다수의 전현직 검사들의 '검사-스폰서 관계'를 어떻게 평가하고 바라볼 것인지와 관련된 사건이기도 합니다. 만일 1심처럼 무죄로 판단한다면 검사와 스폰서의 관계에 확정적 무죄를 주는 것이고 대다수 성실한 수사기관 종사자와 다르게 살아온 일부 부정한 이들의 날개를 달아주는 것과 다름없습니다."

___

항소심이 최씨의 추가 진술에도 원심의 판결을 그대로 유지할지, 아니면 반전 결론을 내놓을지는 알 수 없습니다. 다만 김 전 차관을 법정에 세운 검사의 말마따나 이 사건은 유무죄 여부를 넘어 '검사와 스폰서' 관계를 어떻게 바라볼 것인지와도 연관된 만큼 어떤 결론이 날지 주목해봐야겠습니다.

이 사건 지금은?

그래서 결론은 어떻게 되었을까요? 우선 스폰서 최씨의 증언은 '변수'가 되었습니다. 1심 판결을 뒤집는 핵심 근거로 작용해 1심의 무죄가 뒤집히고 김학의 전 차관은 징역 2년 6개월 형에 법정구속까지 되었습니다. 이렇게 검사와 스폰서의 관계는 엄정한 처벌로 마무리되는 듯했습니다.

하지만 대법원에서 이 결론은 또 한 번 뒤집힙니다. 그 이유는 또다시 최씨와 관련되어 있는데요. 최씨가 2심 재판을 받기 전 검사와 사전면담을 했는데 이 과정에서 검사의 회유-압박으로 증언이 오염되었을 가능성이 있다는 것이 대법원의 판단입니다. 쉽게 말해서 최씨가 진실을 말하지 않았을 수 있으므로 다시 그 부분을 따져보라는 것이죠.

그렇게 사건은 다시 하급법원으로 내려갔고, 결국 검찰이 대법원의 판단을 뒤집을 만한 근거를 제시하지 못했다며 또다시 무죄가 선고됩니다. 2013년 이른바 '성접대 동영상'이 불러일으킨 충격에도 불구하고 두 차례의 수사가 수포로 돌아가고 6년 만에야 법정에 서게 된 이 사건. 많은 진실이 뒤늦게 드러나고도 그 결말은 결국 무죄라니… 법이라는 것이 꼭 정의실현과 동의어는 아닌가 봅니다.

박근혜도 최순실도 '무죄':
강요죄가 성립하기 어려운 이유

2020년 8월 1일

📑 **박근혜 전 대통령 파기환송심 선고 (2020. 7. 10.)**

재판장 "피고인 안 나오셨죠? 건강상의 이유로 불출석한다고 사유서
를 냈습니다. … 오늘 판결에서는 대법원 파기 취지를 반영해… 강요
와 문화계 블랙리스트 관련 일부 범죄사실에 관해서 당심에서 직권으
로 일부 부분에 대해 무죄를 하게 됩니다. 강요죄 대부분이 무죄가 되
는 것이고요. 블랙리스트 공소사실 중 (직권남용을 제외한) 강요죄 부분
이 무죄가 되는 것입니다."

지난 10일 서울고법에서 열린 박근혜 전 대통령 파기환송심에
서 박 전 대통령의 총 형량은 징역 30년에서 20년으로 줄었습니다.

여전히 장기이지만 단번에 10년이나 줄어든 것이죠.

재판부가 박 전 대통령의 나이나 개인이 취득한 이득은 크지 않다는 점 등의 양형 사유를 들었지만, 강요죄 대부분이 무죄로 바뀐 영향이 가장 컸습니다. 애초 박 전 대통령의 공소장에 적시된 강요-강요미수 혐의는 15건에 달했는데, 이번 파기환송심에서 13건에 대해 무죄 선고가 나왔습니다. 앞서 1심에서는 딱 1건을 빼고 모두 유죄였는데(일부 유죄 포함) 완전히 뒤집힌 것입니다.

'갑질'이라는 용어가 사회적으로 큰 이슈가 될 만큼 강요 범죄는 일상적으로 일어날 수 있는 일로 보입니다. 박 전 대통령에게 적용된 공소사실도 쉽게 말하자면 대기업들이 특정 업체(최서원 관련 회사)에 투자를 하고 이권을 주도록 영향력을 행사하는 '갑질'을 했다는 것입니다. 그러나 지난해 대법원은 이 '갑질'이 형법상 강요죄가 되기 위한 요건을 상당히 엄격하게 제시했습니다. 강요죄에 대한 기존 대법원의 해석은 다음과 같습니다.

📃 1995~2013년 강요죄 관련 대법원 판례
(박근혜 전 대통령 파기환송심 판결문 발췌)

"강요죄(형법 제324조)는 폭행 또는 협박으로 사람의 권리행사를 방해하거나 의무 없는 일을 하게 하는 범죄이다. 여기에서 협박은 객관적으로 사람의 의사결정의 자유를 제한하거나 의사실행의 자유를 방해할 정도로 겁을 먹게 할 만한 해악을 고지하는 것을 말한다."

"협박이 인정되기 위해서는 발생 가능한 것으로 생각할 수 있는 정도의 구체적인 해악의 고지가 있어야 한다. 해악의 고지는 반드시 명시적인 방법이 아니더라도 말이나 행동을 통해서 상대방에게 어떠한 해악을 끼칠 것이라는 인식을 갖도록 하면 충분하고, 제3자를 통해서 간접적으로 할 수도 있다."

즉, '구체적인 해악의 고지'가 있었는지가 핵심인데 이에 대해 대법원은 "협박을 받는 사람이 공포심이나 위구심을 느낄 정도의 해악을 고지했는지 여부는 행위 당사자 쌍방의 직무나 사회적 지위, 강요된 권리-의무에 관련된 상호관계 등 관련 사정을 고려해 판단해야 한다"라고 했습니다.

이렇게만 보면 박 전 대통령의 한마디는 난다 긴다 하는 재벌 총수들에게도 넉넉히 '강요'가 될 수 있을 것으로 보입니다. 재정-금융-고용-산업 등 각종 경제정책의 수립과 시행을 최종결정하고 행정 각 부에 직-간접적인 권한을 행사하는 대통령의 지위는 그 자체로 '위력'이니까요.

그러나 지난해 8월 대법원은 강요죄 법리를 기존보다 더 엄격하게 해석해 '대통령의 한마디'가 강요일지 협의가 될지는 상대방이 받아들이기에 따라 달라질 수 있다고 판단했습니다.

특히 "공무원이 자신의 직무와 관련한 상대방(강요죄의 피해자)에게 어떤 이익을 요구했을 때 상대방도 어떤 대가를 바라고 그 요구에 응했다면 이는 해악의 고지라고 보기 어렵다"고 밝혔습니다. 상대방의 의사결정의 자유를 제한하거나 의사실행의 자유를 방해할 정도로 겁을 먹게 하는 행위가 수반돼야 '강요'로 볼 수 있다는 겁니다.

박 전 대통령의 요구 행위가 대기업 회장 등을 독대한 면담 자리에서 이뤄지긴 했지만 '요구에 따르지 않으면 해악에 이를 것이라는 인식을 갖게 할 만한 언동이나 상황'은 알 수 없다는 게 대법원의 판단입니다.

또 이처럼 '두루뭉술한' 뇌물 요구를 들은 대기업 총수들도 각자의 이익을 위해 (대통령의) 직무행위를 매수하려는 의사로 적극적인 뇌물을 제공한 것이라고 봤습니다. 강요죄의 피해자가 아니라는 거죠.

이 판단에 따라 박 전 대통령과 최서원(개명 전 최순실) 씨 사건, 김기춘 전 청와대 비서실장의 문화부 블랙리스트 의혹, 최씨 조카 장시호 씨와 김종 전 문화체육관광부 차관의 기업 압박 사건 등에서 강요죄는 줄줄이 무죄로 바뀌었습니다. (물론 같은 범죄사실에 대해 강요죄가 아닌 직권남용권리행사방해죄나 뇌물죄 등이 적용돼 대체로 중한 처벌은 받게 된 상황입니다.)

이처럼 대통령의 위력이 있어도 쉽게 성립되지 않는 강요죄가 최근 언론의 잘못된 취재 행태를 꼬집는 근거로 호출되고 있습니다. 이동재 전 채널 A 기자가 재소자를 상대로 회유를 가장한 압박성 취재를 한 사건입니다. 여기에 이 전 기자가 한동훈 검사장과 사전에 모의했다는 의혹도 제기되면서 앞서 국정농단 사건과 비슷하게 민간인과 공무원, 피해자가 삼각형을 이루는 구도가 되었습니다.

이 전 기자가 이철(수감 중) 전 밸류인베스트코리아(VIK) 대표에게 쓴 편지의 표현을 '구체적인 해악의 고지'로 볼 수 있을지, 이 전 기자의 편지를 받고 공포감을 느꼈다는 이철 전 대표 역시 이 전 기자와의 교류로 내심 바라는 바가 있었던 것은 아닌지 등이 유무죄 판단의 관건이 될 전망입니다.

다만 지난해 대법원 판단 중 소수의견도 기억해두고자 합니다. 박정화–민유숙–김선수 대법관은 강요죄에서 말하는 해악의 고지(협박)를 너무 엄격하게 보는 것은 사회 평균인의 시각에 반하고, 그 결과 경험칙에 부합하지 않는 결론을 내리게 되었다고 이의를 제기했습니다.

📖 **박근혜 전 대통령 '국정농단' 사건 대법원 판결 소수의견**
(박정화 · 민유숙 · 김선수 대법관) (2019. 8. 29.)

"'해악의 고지'는 구체적인 사정을 두루 참작해 판단해야 하고 개별적인 사정을 단편적으로 보아 판단할 것은 아니라는 것이 일관된 판시 사항이다. 따라서 이번 사안의 경우 그 요구 행위자가 상대방에게 직무상 또는 사실상 영향력을 미칠 수 있는 대통령, 경제수석비서관과 문체부 제2차관이라는 것에 더해 각 사안별 사정을 종합해 보면 그 요구는 묵시적 해악의 고지에 해당한다고 보는 것이 타당하다.”

“묵시적 해악 고지가 있었는지 여부를 판단할 때에는 요구 당시의 상황과 특수한 사정을 고려해야 한다. 당시의 국정운영 방식과 사회 분위기 그리고 이에 대한 평균적인 사회인의 인식 등을 감안해야만 한다.”

오는 5일 이 전 기자의 구속수사 기한 만료를 앞두고 검찰은 이 전 기자를 재판에 넘길 것으로 예상됩니다. 법원은 이 전 기자의 취재에 대해 어떤 판단을 내리게 될까요? 최근 들어 자주 ‘지나치게 가혹하다’는 비판을 받아온 언론의 취재 관행도 심판대에 오른 것으로 보입니다.

유시민에 관해 물어보지 않았다:
'검언유착', 첫 증언부터 흔들리다

2020년 10월 11일

📖 **이동재 전 기자 강요미수죄 재판 (2020. 10. 6.)**

검 사 "증인은 1965년 7월생으로 만 67세에 출소할 예정이죠. 증인은 피고인 이동재 전 기자를 알았나요?

이 철 "알고 있지 못했습니다."

검 사 "이 사건으로 알게 된 건가요?"

이 철 "이름만 들었습니다."

　6일 서울중앙지법에서 열린 이동재 전 채널A 기자와 그의 후배 백 모 기자의 강요미수죄 3차 공판이 열렸습니다. 올해 8월 재판이 시작된 이래 첫 증인으로 남부구치소에 수감 중인 이철 전 밸류인

베스트먼트 코리아 대표가 출석했습니다.

이 전 대표가 하늘색 수의 차림으로 증인석에 걸어오자 피고인석에 앉은 이 전 기자는 별다른 표정 변화 없이 그저 이 전 대표를 물끄러미 바라봤습니다. 해당 사건의 가해자와 피해자로 지목된 두 인물이 의혹이 불거진 후 처음으로 마주한 순간입니다.

사건의 죄명은 강요미수죄지만 검찰과 언론이 정치적 목적을 위해 유착되었다는 '검언유착 의혹'으로 더 익숙해진 이 사건. 풀어 말하면 이 전 기자가 대표적인 친여인사인 유시민 노무현재단 이사장의 비위 제공을 압박했고 이 과정 전반에는 '윤석열 검찰총장의 최측근' 한동훈 검사장이 공모했다는 의혹입니다.

검찰은 해당 의혹을 토대로 이 전 기자를 기소했습니다. 한 검사장도 공모자로 적시하지는 않았지만, 이 사건에 깊숙이 개입해있다는 흔적을 공소사실 곳곳에 남겼습니다. 이날 증인신문에서도 이 전 대표에게 "이름을 듣고 겁을 먹었냐?"는 내용 등을 집중적으로 질문했습니다.

📄 **이동재 전 기자 강요미수죄 재판 (2020. 10. 6.)**

검　사 "피고인들은 2020년 3월 22일에 지 모 씨(제보자X)를 만나서 녹음파일을 들려주고 녹취록을 보여줬는데 이 모 변호사한테 전해 들었나요?"

이　철 "25일에 한동훈 검사장 얘기를 들었습니다."

검　사 "3월 25일에 이 변호사가 접견왔을 때 이 변호사가 '(지 씨로부터) 한 검사장과의 녹취록을 보고 녹음파일을 들었다는 내용'을 전해 들었다는 거죠?"

이　철 "이 변호사가 전달받았던 것인지는 잘 모르겠는데 한동훈 검사장 얘기를 했습니다. 고위 검찰 간부가 한동훈이라고 얘기를 해서 제가 다시 물었습니다. (윤석열 검찰총장) 최측근이니까 '한동훈이냐'고 다시 물었죠. 그러니 (이 변호사가) '맞다'고 대답했습니다."

이 전 대표는 증언에 호응하듯 한 검사장의 이름을 듣자 "패닉에 빠졌다", "정신이 아득해졌다" 등 압박감을 느꼈다고 진술했습니다. 그러면서 자신의 사건에 개입했다는 검찰 관계자가 한 검사장이라는 것을 처음 알게 된 시기는 3월 25일, 구치소에서 변호사를 접견했을 때였다고 말합니다.

그런데 이때는 이미 이 전 기자의 취재가 MBC의 역취재로 '올 스탑'된 3월 22일 이후입니다. 이 사건을 수사한 중앙지검 수사팀도 범행 기간을 이 전 대표가 첫 편지를 받은 2월 14일부터 취재가 중단된 3월 22일까지로 보고 기소했습니다. 그러니까 패닉에 빠질 정도로 극도의 공포감을 준 한 검사장의 이름을 알게 된 건 정작 범행 기간 이후의 일이었다는 것입니다.

물론 이 전 기자의 편지에 검찰과의 친분이 언급된 것만으로도 두려움을 느꼈을 수 있습니다. 한 검사장인지는 몰랐더라도 검찰 고

위관계자가 개입되었다고 변호인을 통해 전해 들은 데다 진술대로라면 이 전 기자의 편지를 하나하나 받을수록 '이 취재에 검찰이 개입했고 나를 시작으로 유시민 등 정치인까지 수사가 뻗어가겠다'라며 공포감을 느꼈다고 말하고 있으니까요.

하지만 정작 이 전 대표를 겁먹게 한 검찰의 수사, 그러니까 검찰이 유 이사장을 겨냥할 것이라는 이 전 기자의 편지 속 주장을 뒷받침할 근거는 본인 자신도 인정했듯 명확히 드러나지 않았습니다. 단지 그 편지를 받아 든 이 전 대표의 '직감' 외에는 말이죠.

📑 **이동재 전 기자 강요미수죄 재판 (2020. 10. 6.)**

변호인 "남부지검 조사받은 당시에 증인은 정관계 인사에게 돈을 건넨 내역에 대해 질문 받거나 유시민 관련 질문을 받은 적이 있습니까?"

이 철 "정관계 인사에게 돈을 건넨 의혹을 의도하는 질문을…"

변호인 "돈 건넨 내역에 대한 질문이나 유시민 질문을 직접 받은 바는 없죠?"

이 철 "직접적인 질문을 받은 적은 없습니다."

변호인 "받은 내역을 의도하는 질문을 받았다고 하는데 그건 무슨 내용입니까?"

이 철 "그 날짜 시기에 맞춰서 (내역을) 검사가 대조해서 물어봤습니다."

변호인 "증인 범죄수익은닉죄는 혐의없음 처분됐는데 알고 계시죠? (중략) 신라젠 수사하던 남부지검 금융조사 1부에서 조사를 받지는 않았죠?"

이 철 "조사받지는 않았습니다."

이 전 대표는 이 시기 남부지검으로 불려가 조사를 받았지만, 검사가 유 이사장의 이름은 한 번도 묻지 않았다고 인정했습니다. 유 이사장의 비위에 검찰이 관심을 가졌다면 수감 후 검찰 수사에 응하지 않던 이 전 대표를 겨우 불러놓고 유 이사장에 대해 한 마디도 묻지 않았다는 건 납득하기 어려운 대목입니다.

심지어 이 전 대표가 조사받은 수사부서도 유 이사장을 겨눴다는 '신라젠 사건' 담당 남부지검 금융조사 1부가 아닌 금융조사 2부였습니다. 조사받은 혐의 자체도 과거 의혹이 제기되었던 범죄수익은닉죄인데다 이는 얼마 지나지 않아 무혐의 처분이 내려졌습니다. 이 전 대표는 정관계 인사에 로비 여부를 간접적으로 물어봤다고 주장하지만, 이 또한 명확한 근거를 제시하지도 못했습니다.

검찰의 추가 증거가 새롭게 드러나지 않는다면 이 전 기자와 한 검사장으로 대표되는 검찰이 공모해 유 이사장을 표적으로 삼았다는 '검언유착 의혹'의 대전제부터 흔들리는 셈입니다.

📑 **이동재 전 기자 강요미수죄 재판 (2020. 10. 6.)**

재판장 "정치적으로 이용된다는 것은 누구를 통해서 이용된다는 것인가요?"

이 철 "여권 유력 정치인이 사기 집단에게 돈을 받았다는 것(의혹)만으로도 총선에 영향을 줄 것이라고 생각했습니다."

재판장 "그런 생각을 갖게 된 것이 편지 내용 때문인가요 아니면 현실적으로 검찰 수사가 진행됐기 때문인가요?"

이 철 "수사가 진행되고 있다고 느끼는 상황에서 그런 편지가 왔기 때문입니다."

재판장 "공포감을 느꼈다고 했잖아요. 그 느낀 이유가 한동훈 검사장이, 검찰이 증인에게 불이익을 줄 것처럼 느꼈나요, 아니면 이동재 기자가 검찰을 통해서 불이익을 가할 것처럼 느낀 건가요?"

이 철 "검찰과 언론의 합작품이며 각각 역할 수행하는 것이라 생각했습니다."

검찰이 실제 개입했는지는 차치해도 이 전 대표는 한 검사장이 언급되기 전부터 이 전 기자의 취재만으로도 두려움을 느꼈다고 증언하고 있고, 이는 이 전 기자 측에 불리한 증언입니다. 기소된 죄명인 강요죄가 성립하려면 명확한 '해악의 고지(협박)'가 있었는지가 중요한데 일단 피해자 본인은 협박으로 느꼈다고 진술한 것이니

까요.

다만 이 전 대표가 겁을 먹은 것과 이 전 기자의 편지 내용 간의 인과관계가 명확한지, 이 전 기자의 제안에 응하지 않았을 시 이 전 대표가 받을 불이익이 명시되었는지 등은 남은 재판에서 다뤄질 영역입니다. 최근 대법원에서는 '강요죄'의 성립 요건을 "상대방의 의사결정의 자유를 제한할 정도로 겁을 먹게 하는 행위"로 보다 엄격하게 보고 있기도 합니다. 재판장이 이 전 대표에게 '겁먹게 한 주체가 검찰이냐 이 전 기자냐' 등을 꼼꼼하게 따져 물은 것도 이 같은 추세와 무관치 않아 보입니다.

검찰, 그러니까 한 검사장의 개입이 사실이 아니더라도 이 전 기자의 취재 행위에 문제가 없다고 볼 수 있는 건 물론 아닙니다. 오히려 이 전 대표에 대한 검찰 수사가 개시되었다며 가족에 대한 엄한 처벌 가능성 등을 언급하거나 존재도 명확지 않은 유 이사장 등의 비위 제공을 요구하며 압박한 행위는 오히려 비판받을 만하다는 것이 일반의 시각에 더욱 가까울 것입니다.

하지만 이 사건이 형사처벌 대상인지에 대해서는 여전히 정반대의 시각도 존재하는 데다 이 사건을 키운 '검언유착'의 존재 여부는 의혹이 제기된 지 반년이 넘어가는데도 명확히 드러나지 않고 있는 것도 사실입니다. 여권 등 일각에서는 의혹 제기 단계서부터 이 사건의 성격을 명확히 "검찰과 언론의 공모"로 규정했지만, 현재까지 수사와 재판을 통해 드러난 증거와 진술만을 토대로 보자면 유착으로 단언한 판단 근거에 의문이 뒤따릅니다.

정작 SNS와 언론 인터뷰 등을 통해 명확한 검언유착을 주장했던 '제보자 X' 지 모 씨는 이날 재판에 증인으로 채택되고도 한 검사장에 대한 수사가 끝나지 않았다는 이유로 불출석했습니다. 이 전 기자가 틀어준 녹취파일에서 한 검사장의 목소리를 들었다는 것이 지 씨의 주장인 만큼 이 사건의 실체적 진실 발견을 위해서라도 지 씨의 증언은 이 재판에서 꼭 필요한 상황입니다. 재판부는 오는 19일 지 씨를 다시 한번 증인으로 불러 신문할 계획입니다.

B컷의 B컷

이번 꼭지는 필자(김재완)가 가장 많은 악플을 받아 본 기사기도 합니다. 악플의 내용은 주로 검찰이나 이동재 기자 편을 들기 위해 쓴 의도성 있는 기사가 아니냐는 것이었습니다(지금도 많이 남아있습니다). 그렇지만 사실 저를 포함해 법원을 출입하며 재판 내용을 보도하는 기자 대부분은 누구의 편을 드는 일에 그다지 관심이 없습니다.

그럼 어떤 것들이 관심 대상이냐고요? 의혹이 번진 정치권에서나 수사 과정에서 나오지 않았던, 재판에서만 공개될 수 있는 새로운 이야기들입니다. 이 재판에서는 "검찰로부터 유시민 전 이사장과 관련된 질문을 받은 적이 없다"는 이철 전 대표의 진술이 바로 그랬습니다. 검언유착의 핵심 줄기인 '검찰과 언론이 유시민 전 이사장을 타켓으로 설정했다'는 의혹과 정면으로 충돌하는 '새로운 이야기'니까요.

이 재판에서 다뤄진 이야기가 모두 진실이 아닐 수도 있습니다. 하지만 법정 안에서 다뤄지는 진실의 파편들이 쉽게 누락되거나 왜곡되지 않게 보도하는 것이 저희의 기본 역할인 만큼 이런 기사에도 오해가 없었으면 하는 마음에 한 마디 적어보았습니다. 물론 이 역할을 수행하는데 부족함을 발견하셨다면 그에 대한 따끔한 지적은 늘 환영입니다.

이 사건 지금은?

한편 이 사건 1심 재판부의 판단은 '무죄'였습니다. 재판의 쟁점이 됐던 구체적인 '해악의 고지'가 피고인인 이동재 기자 등에게서 피해자인 이철 전 대표에게로 이뤄졌다고 보기 어렵다는 게 그 이유입니다. '검언유착'으로 불렸지만 정작 '검'에 해당했던 한동훈 검사장은 기소조차 되지 않았고, 여러 논란 속 기소되었던 기자들마저 형사 책임을 물을 수 없는 것으로 결론이 난 것입니다.

다만 이러한 기자들의 취재 행위가 적합하지 않다는 점은 재판부도 날카롭게 지적했습니다. 구체적으로 "특종 취재에 대한 과도한 욕심으로 중형을 선고받고 수감 중인 피해자를 압박하고 그 가족에 대한 처벌 가능성까지 운운하며 정보를 얻으려 했다"라며 "도덕적으로 비난받아 마땅하다"라고 판결에 적시되었습니다. 그럼에도 언론의 취재 활동에 대한 형사처벌은 언론의 자유가 위축되지 않도록 신중해야 한다는 게 최종적인 결론입니다.

법원의 판결이 언제나 금과옥조인 것은 아니나 취재윤리를 어겨가며 무리하게 상대방을 압박했던 기자들이나, 법률가로서 헌법이 보장하는 '언론의 자유'를 등한시한 채 무리하게 수사와 기소를 진행한 검찰 모두 새겨들을 내용인 듯합니다.

고비마다 '거짓말 돌려막기':
옵티머스 사기의 전말

2020년 10월 25일

📄 **옵티머스 김재현 대표 등 첫 공판** (2020. 10. 16.)

검　사 "다음으로 이 사건 펀드 구조가 어떻게 되는 건지 설명하겠습니다. (투자제안서 보여주며) 이것이 투자자가 설명하는 개요입니다. 옵티머스 펀드 운용의 기본 개요는 포트폴리오 95% 이상을 정부산하 공공기관이 발주하고 운용하는 매출채권에 투자하는 상품이고 목표 수익률은 3.3%로 운용할 계획이라고 되어 있습니다. 그러나 검찰 수사로 확인한 바에 따르면 모든 내용은 거짓이었습니다."

　최근 뉴스를 보면 늘 최상단을 차지하는 이슈가 있습니다. 바로 '옵티머스자산운용 펀드사태'입니다. 펀드에 투자했다가 돈을 돌

려받지 못한 피해자만 1천 명 이상, 피해 금액은 최소 5천억 원에 이르는 대규모 펀드 환매 중단 사태인데요. 이 같은 펀드가 어떻게 만들어지고, 이러한 사태가 벌어졌는지 옵티머스 김재현 대표와 공범들의 첫 재판에서 낱낱이 공개되었습니다.

검찰이 밝힌 대로 김 대표와 공범들은 애초부터 '거짓말'로 대담한 사기극을 기획합니다. 김 대표는 우선 공공기관이 발주하는 사업의 확정매출채권(이하 채권)에 투자한다는 명목으로 펀드를 만듭니다.

그런데 사실 이 채권은 특별한 조건을 갖추지 않는 이상 원칙적으로 '양수도', 쉽게 말해 권리를 넘겨주거나 받는 거래가 불가능한 채권입니다. 김 대표도 정상적인 방법으로는 양수가 불가능하기는 마찬가지였는데요. 그는 이 채권을 양수한 것처럼 '허위' 계약서를 만들기로 마음먹습니다.

이 과정에서 김 대표를 중심으로 옵티머스의 2대 주주이자 STX 건설 영업이사였던 이동열 씨, 변호사이기도 한 윤석호 이사 그리고 옵티머스 자산관리팀장 송 모 씨 등 공범들이 각자 역할을 분담합니다.

이씨는 자신이 STX 건설 이사인 점을 이용해 이 건설사의 채권을 적법하게 양수한 것처럼 꾸민 '허위' 채권 양수도 계약서를 직접 만듭니다. 변호사인 윤 이사는 이 전반의 과정에 "어떠한 법리적 문제도 없다"라는 허위 법률 검토 문건을 만드는 등 법적 문제를 담당하고, 송 팀장은 전반적인 펀드 운용 실무를 맡기로 합니다.

각자 역할분담을 마치고 펀드를 구상한 이들은 이제 판매사를 통해 실제 투자금 유치에 나섭니다. 김 대표는 2019년 6월 NH투자증권의 상품승인소위원회에서 자신이 구상한 펀드 제안서를 제출합니다. 그리고 "정부 산하기관 및 공공기관이 발주한 확정매출채권에 포트폴리오의 95%를 투자하고 2~3%의 낮지만 안정적인 수익을 거둘 수 있다"며 뻔뻔한 거짓말을 늘어놓습니다.

📋 **옵티머스 김재현 대표 등 공소사실 中 (2020. 10. 16.)**

검　사 "김 대표 등은 이에 대한 법률적 의견 또한 받았으며 금융감독원에 대한 질의 및 답변을 통해 매우 안전한 구조임을 확인하였다. … '조달청이나 나라장터 사이트를 통해 실제 공사가 이루어진 매출채권인지 확인하고 있으니 문제가 발생할 가능성이 제로에 가깝다'고 거짓말을 했다."

투자제안서 자체도 거짓이었지만, 김 대표는 판매사가 최종 승인을 위해 거치는 과정마다 위와 같은 사기 행각을 이어갑니다.

이후 여러 검증 과정에서 이들은 각자 맡은 역할을 '충실히' 수행합니다. 판매사 측에서 해당 펀드구성 구조가 문제가 없는지 등을 요청하자 허위 '법률검토 보고서'를 만들어 제출하는가 하면(윤 이사), 실제 공공기관의 채권에 투자된 것처럼 예탁결제원을 통해 채권

명을 '한국토지주택공사 매출채', '부산항만공사 매출채' 등으로 허위 등록하기도 합니다(송 팀장). 그야말로 철두철미한 거짓말로 옵티머스 펀드 상품을 안전 상품처럼 보이게 기망한 것이죠.

이렇게 하여 문제투성이인 '옵티머스 펀드'가 아무 문제 없는 듯 시중에 판매되기 시작합니다. 투자금이 모이자 김 대표 등은 비슷한 방식으로 새로운 펀드들을 만들고 그 투자금으로 이전 펀드를 구매한 투자자들에게 돌려줄 돈을 납입하는 '돌려막기'를 이어갑니다.

물론 끌어모은 투자금은 처음 이들이 범행을 계획했던 대로 공공기관 확정매출채권이 아닌 부실채권인수나 상장회사 인수 등 개인 투자 목적으로 유용되었습니다.

📖 옵티머스 김재현 대표 등 첫 공판 (2020. 10. 16.)

검　사　"돌려막기식으로 기존 펀드 상황자금을 납입하다가 더 이상 마련할 길이 없자 피해자 회사(스킨앤스킨)의 돈을 빼내기로 마음먹었습니다. 유현권은 이사회에서 '이피플러스가 마스크 생산업체로부터 마스크를 독점 공급받기 위해 145억 원은 선지급했으니 이피플러스와 계약금 명목으로 150억 원을 지급해야 한다'고 설명했습니다. 그러나 일부 임원이 추가 확인 요구를 하자 유 씨는 이체확인증을 위조하기로 마음먹었고 김재현은 이피플러스가 마스크 생산업체에 145억 (원)을 이체했다는 내용으로 이체확인증을 위조했습니다. … 서 모 대표이사가 (충분한 검토가 필요하다며) 반대하자 이사회에 (안건을 올려) 대표이사를 변경하기로 했습니다."

초기에는 펀드가 별문제 없이 잘 운용되는 듯했습니다. 하지만 라임 사태 등을 계기로 사모펀드에 대한 감시가 강화되고 판매사와 금융감독기관으로부터도 실사 등 점검이 들어오면서 마구잡이로 신규 펀드를 만드는 것이 불가능해졌습니다.

그러자 김 대표는 펀드 상환금을 마련하기 위한 또 다른 '사기'를 고안하는데요. 바로 멀쩡한 회사의 현금을 빼내 펀드 투자자에게 돌려줄 돈을 마련하고자 마음먹은 겁니다. 여기부터는 자신이 사실상 대주주로 있던 회사 스킨앤스킨 유현권 고문이 등장합니다.

유 고문은 화장품 회사인 스킨앤스킨이 마스크 사업을 추진 중인 것을 알고 "마스크 유통업체 이피플러스가 모 마스크 생산업체로부터 독점공급 계약을 체결해 145억 원을 선입한 상태니 이피플러스에게 마스크를 사자. 계약금으로는 150억 원이 필요하다"며 이사들을 설득합니다.

그런데 사실 이는 모두 거짓말이었습니다. 이피플러스는 스킨앤스킨과 마찬가지로 김 대표가 사실상 최대지분을 가진 회사였고 '이피플러스가 145억 원을 지급했다'는 이체확인서 또한 윤 이사가 직원에게 지시해 허위로 만든 것이었죠.

이들의 제안이 이상하다고 느꼈는지 당시 스킨앤스킨 대표이사였던 서 모 씨는 "충분한 검토가 필요하다"며 거절했습니다. 계획이 수포로 돌아갈 상황에 처하자 김 대표는 자신이 영향력을 끼치던 이 회사의 부회장과 사내이사를 시켜 '대표이사 변경 안건'을 올린 뒤 대표이사를 서 씨에서 해당 사내이사로 갈아치워 버립니다. 걸림돌이 없어지자 150억 원을 그대로 횡령해 펀드 상황자금으로 사용하고요.

끝내 이러한 방법으로도 결국 한계가 왔고 환매는 중단되었습니다. 피해자가 속출하며 사태는 일파만파 커집니다. 거짓말로 거짓말을 돌려막던 김 대표 등 가담자들은 검찰 수사로 차례로 구속되며 1천 명의 피해자를 기망한 옵티머스 펀드사기 사태는 우선 일단락됩니다.

📋 옵티머스 김재현 대표 등 첫 공판 (2020. 10. 16.)

검 사 "처음 수사할 때 피고인들이 제시한 투자제안서 구조를 이해하는 게 쉽지는 않았습니다. '이렇게 허술한데 1조 5천억 원을 판매한다는 말인가?' (그런데) '깊게 안 보면 현혹될 수 있겠구나' 싶기도 합니다. 특히 확정매출채권이라 국가가 망하지 않는 이상 돈을 받을 수 있다는 기망 여지도 있었을 것 같습니다. 금리도 낮아서 '설마 이게 사기겠어?' 이것이 다수 피해자를 양산한 범행(의 배경이) 아닌가 생각합니다."

사실 검찰의 설명대로 전문가가 아닌 일반 투자자의 관점에서야 옵티머스 펀드는 매혹적일 수밖에 없어 보이긴 합니다. 공공기관 채권에 투자한다니 상품이 안정적으로 보이기도 하고, 그렇다고 말도 안 되는 수익률도 아니라 왠지 사기는 아닌 것 같다고 느껴질 법합니다. 심지어 NH투자증권 등 국내 내로라하는 증권사들이 버젓이 판매하고 홍보하는 펀드였으니까요.

하지만 실상 위조와 기만으로 점철된 부실펀드가 어떻게 기획 단계부터 판매사의 승인을 받고 금융감독기관으로부터 제대로 된 제재 없이 1조 원 넘게 버젓이 판매될 수 있었는지는 여전히 의문으로 남아있습니다.

정말로 허술해진 금융규제망을 비집고 탄생한 단순 사기극인지, 아니면 각 과정마다 김 대표 등을 돕는 '검은 손'이 있었는지는 '부실 수사' 비판에 직면한 검찰이 반드시 규명해야 할 것으로 보입니다.

이 사건 지금은?

'단군 이래 최악의 금융 사기 사건'이라는 꼬리표가 따라붙은 옵티머스 사태. 수사 과정에서 확인된 피해자만 3천2백 명에 달하고 피해 금액은 5천억 원, 투자금 기준으로는 1조 원이 훌쩍 넘습니다. 이 의혹의 핵심은 희대의 사기 사건이 어떻게 금융 당국의 눈을 피해 진행될 수가 있었느냐였습니다. 여러 정관계 거물 인사가 직-

간접적으로 사기를 도왔다는 의혹도 불거졌지만 더딘 수사 탓인지 이에 대한 규명은 별다른 진척을 보이지 못한 채 옵티머스 일당의 사기 행위로 재판은 일단락되었습니다.

다른 사람의 돈으로 새로운 사람의 돈을 막는 식의 '폰지사기'처럼 이들이 범행의 단서를 잡힐 때마다 피해간 방식 역시 '거짓말 돌려막기'였습니다. 그리고 거짓말이 물 흐르듯 통하게 만들고 감시망은 피해 가도록 윤활유 역할을 한 크고 작은 로비들이 곳곳에 있었습니다. 이들이 수익을 챙기는 동안 그 피해는 일반 증권사에서 안전자산이라며 판매한 채권을 믿고 산 피해자들이 짊어지게 되었습니다.

다행히 처벌은 가볍지 않았습니다. 이 사건을 주도한 옵티머스 김재현 대표는 대법원에서 최종적으로 징역 40년에 추징금 751억 원을 선고받았고 나머지 관계자들에게도 15년에서 20년씩의 형이 선고되었습니다.

세월호 조사를 방해한 조윤선, 왜 무죄인가?

2020년 12월 20일

📖 '세월호 특조위 활동 방해' 항소심 선고 (2020. 12. 17.)

"검사의 이 사건 각 공소사실 중 유죄로 인정되는 부분은 피고인 윤학배가 세월호 특조위에 지원근무 형태 또는 파견명령을 받은 공무원인 '임○○, 김○○, 정○○'로 하여금 단체 채팅방에 세월호특조위 내부 동향을 파악하여 올리게 하거나 일일상황보고 등 문서를 작성하여 보고하게 한 것에 한정됩니다. 그 나머지는 모두 직권남용죄의 법리상 죄가 된다고 할 수 없습니다. 따라서 위와 같이 일부 유죄가 인정되는 피고인 윤학배의 범죄사실 부분을 제외한 나머지 유죄 부분에 대한 피고인 김영석, 윤학배, 이병기, 조윤선의 항소는 받아들이고, 검사의 항소는 받아들이지 않습니다."

16일 오후 2시 서울고법 312호 법정. 세월호 특별조사위원회의 활동을 방해한 혐의로 재판에 선 이병기 전 비서실장·조윤선 전 정무수석 등 박근혜 정부 실세들에게 줄줄이 무죄가 선고되었습니다.

길어진 재판 탓인지 여느 다른 세월호 공판과 달리 이날 법정에는 많은 유족이 오지는 않았습니다. 일부 참석한 유족들의 표정도 마스크에 가려 정확히 알기는 어려웠습니다. 하지만 1심에서 집행유예가 선고되자 "말도 안 된다"라며 통곡했던 유족들이 그마저도 인정하지 않은 판결을 들을 때 심정이 어땠을지야 표정까지 굳이 보지 않아도 짐작할 수 있을 듯합니다.

역시 표정을 알 수 없었지만 피고인들이 안도의 한숨을 내쉬었을 것도 마찬가지로 분명해 보입니다. 1심에서의 유죄가 무죄로 180도 뒤집혔으니까요. 그들이 그토록 주장했던 '억울하다'라는 처지가 2심에 와서 최소 법적으로는 받아들여진 모습입니다.

하지만 과연 이날 판결이 박근혜 정부의 청와대 비서실 및 해수부 고위공직자들이 정말 '억울했다'는 것을 인정하는 걸까요?

📖 '세월호 특조위 활동 방해' 항소심 선고 (2020. 12. 17.)

"1심 재판부는 당시 청와대와 해수부, 세월호특조위 등에 근무하였던 관계자들을 증인으로 신문하였고 검사가 제출한 광범위한 증거들을 모두 조사하였습니다. 우리 재판부도 상당히 오랫동안 추가 심리를 했습니다. 우선 이 사건의 사실관계와 관련하여, 원심은 여러 관계자의 증언과 양측이 제출한 수많은 증거들을 모두 조사한 후 원심판결에 나타난 바와 같이 사실인정을 하였습니다. 저희도 원심의 사실인정에는 아무런 문제가 없다고 봤습니다."

우선 2심이 인정한 사실관계는 1심과 같습니다. 1심은 약 1년 3개월간 40차례에 가까운 재판을 진행하며 검찰이 기소한 혐의들에 대해 촘촘히 따졌습니다. 그 결과 실제로 피고인들이 세월호 특조위 설립부터 이후 활동을 방해하기 위한 목적의 문건들의 작성을 지시한 것은 사실이라고 판단했습니다. 2심도 직접 언급하지는 않았지만 1심의 이 같은 판단 자체는 받아들인 것으로 보입니다.

그럼 '1심에서 인정된 사실'이 대체 어떤 것일까요? 이를 이해하기 위해 '세월호 특조위 활동 방해'가 어떤 사건이었는지 한번 살펴보겠습니다.

2014년 11월 국회는 세월호 참사의 원인과 정부의 책임을 규명하고자 '세월호진상규명법'을 제정합니다. 이 법에 따라 출범하기로 한 것이 통상 1기 특조위라 불리는 세월호 특별조사위원회(이하 특조위)입니다.

여러 어려움 끝에 가까스로 출범한 특조위는 사실상 활동도 제대로 하지 못한 채 종료됩니다. 당시는 합리적인 의심에 그쳤지만 이후 여러 정황이 드러나고 수사로 이어지며 당시 청와대 대통령비서실과 해수부 고위 관료들이 소속 공무원들을 통해 각종 문건을 생산하거나 내부정보를 수집하는 방식 등으로 특조위 활동을 압박한 것으로 드러나게 됩니다. 이것이 바로 '세월호 특조위 활동 방해 사건'입니다.

이 사건은 수사, 기소 그리고 이후 재판까지 모든 과정이 호락호락하지 않았습니다. 이들이 직접 위원회 활동을 방해한 게 아니라 공무원들을 통해 세월호진상규명법에 반하는 각종 문건을 작성하게 하는 등 범행 구조가 복잡했기 때문인데요. 이에 더해 적용된 죄명인 '직권남용권리행사방해죄'가 태생적으로 가진 애매모호함도 검찰로서는 유죄의 근거가, 피고인들 처지에서는 무죄의 근거가 되며 판단의 어려움을 초래했습니다.

1심은 이러한 이유로 장시간 심리를 거쳤고 기소된 여러 공소사실 중 △특조위 설립 '추진경위 및 대응방안' 문건 작성 △설립준비단 파견공무원 일괄 복귀로 설립 준비 방해 △여당(새누리당) 제공 목적의 설명 발표용 문건 작성 등을 유죄로 인정합니다. 피고인들이 특조위 활동 방해의 목적을 가지고 직권을 남용해 하급 공무원들에게 의무 없는 일을 하게 한 '직권남용죄'가 인정된다고 결론 내린 겁니다.

📖 '세월호 특조위 활동 방해' 항소심 선고 (2020. 12. 17.)

"이 사건에서 직권남용죄 요건 중 '일반적 직무권한'이나 남용 부분은 대체로 인정됩니다. … 이 사건에서 가장 문제가 되는 구성요건은 상대방으로 하여금 '의무 없는 일을 하게 한다'는 요건입니다. 우리 대법원은 오래전부터 "'의무 없는 일을 하게 한 때'란 '사람'으로 하여금 법령상 의무 없는 일을 하게 하는 때를 의미하고, 따라서 공무원이 자신의 직무권한에 속하는 사항에 관하여 '실무담당자'로 하여금 그 직무집행을 보조하는 사실행위를 하도록 하더라도 이는 공무원 자신의 직무집행으로 귀결될 뿐이므로 원칙적으로 '의무 없는 일을 하게 한 때'에 해당한다고 할 수 없습니다."

다시 2심으로 돌아와서, 1심에서 조사한 사실을 인정한다는 것은 즉 피고인들의 지시로 공무원들을 통해 이 같은 대응 문건들을 만든 것까지는 사실이라고 판단 내린 셈입니다. 이 문건들은 그 내용 자체로 특조위 설립 및 활동을 방해하는 속성을 띠었으니 피고인들이 세월호 진상조사 활동을 방해한 것도 인정되었다고 봐야겠죠.

그러면서 법리적으로도 "이들이 직무권한을 가졌고 이를 남용한 것도 대체로 인정된다"고 판단했습니다. 여기까지는 1심과 동일합니다. 다만 결론이 엇갈린 것은 직권남용죄에서 '의무 없는 일을 하게 한 때'에 대한 판단이 달라졌기 때문입니다.

기소된 공소사실 중 가장 대표적인 범행인 조윤선 전 수석과 윤학배 당시 해양수산비서관의 '특조위 설립 대응문건'을 통해 살펴보겠습니다.

조 전 수석과 윤 전 비서관은 2015년 1월 19일 이른바 플라자 호텔에서의 회의에 따라 특조위 설립준비단을 무효화, 최소화한다는 목적을 가지고 해수부 공무원들로 하여금 '대응방안' 문건 작성을 지시합니다. 문건은 수정을 거듭하며 표현의 강도도 세졌습니다. 초기 '위원회 설립 관련 조직 및 예산 등 적극 대응' 문건이 '위원회 설립 준비 원점 재검토'로 바뀌었고 이후에는 '전원회의 시 문제 제기'로 바뀌며 방해 목적이 노골적으로 드러났습니다. 직무권한을 남용한 것이라는 데 대해서는 1 · 2심의 판단이 동일합니다.

하지만 '이게 의무 없는 일을 하게 한 것이냐'를 두고 해석이 달라집니다. 우선 직권남용죄의 "의무 없는 일을 하게 한 때"는 ①직무집행의 기준과 절차가 법에 명확히 규정돼있어야 하고 ②공무원의 직무집행을 보조하는 실무담당자가 기준과 절차를 따를 권한과 역할이 있다는 전제 하 ③공무원이 실무자로 하여금 이 같은 기준과 절차를 위반한 직무집행을 하게 한 때에 성립합니다.

결국 직무집행에 관한 명확한 규정이 있느냐 여부가 핵심인 건데 1심은 국가공무원법 56조(모든 공무원은 법령을 준수하며 성실히 직무를 수행해야 한다) 그리고 세월호진상규명법 39조(국가기관은 위원회의 진상규명 업무수행에 적극 협조해야 한다)라는 규정으로 이러한 기준이 충족된다고 봤습니다. 이에 따라 실무자들이 세월호 진상규명에 반하는 문건을 작성하라는 상관의 지시는 이 같은 기준과 절차를 위반한 '의무 없는 일을 하게 한 것'이라고 결론 내렸습니다.

하지만 항소심에서는 이 기준을 보다 엄격하게 따졌습니다. 그러면서 언급한 것이 1심 이후 나온 '문화계 블랙리스트' 사건에 대한 대법 전원합의체의 판결입니다. 전원합의체는 당시 직권남용죄를 판단할 때 일을 지시한 공무원이 실무담당자일 때에는 구체적으로 기준과 절차가 명시되지 않는 한 의무 없는 일을 했다고 볼 수 없다는 기준을 더욱 강화했습니다.

2심은 이를 기준으로 1심에서 인용한 규정 정도로는 조 전 장관과 윤 전 비서관의 지시를 이행한 청와대 비서실 혹은 해수부 소속 공무원들의 직무집행 기준과 절차가 명확하지 않고, 이들이 고유한 권한과 역할을 부여받은 것도 아니라고 봤습니다. 다른 기소된 범행들도 구조가 대동소이하기 때문에 윤 전 비서관의 일부 범행을 제외하고는 이 같은 판단에 근거해 무죄를 선고했습니다.

결국 결론만 보자면 2심 판결이 무죄이기는 합니다. 그렇다고 조 전 수석을 비롯한 박근혜 정부가 세월호 특별조사 활동을 방해하지 않았다는 것이 아닙니다. 오히려 정부 차원에서 각종 대응문건을 작성하고 내부정보를 파악한 활동들은 "사실이다"라고 판단했습니다. 다만 범위가 좁혀진, 공무원을 상대방으로 한 직권남용죄에 따라 처벌할 수 없었다는 한계를 드러냈을 뿐이죠.

📋 **민변 세월호 참사 대응 TF 논평 中 (2020. 12. 18.)**

"그렇다면 묻고 싶다. 공무원이 그 직무를 수행함에 있어 상관의 부당한 업무지시에 따른 것이 '의무 없는 일을 하게 한때'에 해당하는 것이 아니라면, 부당한 업무지시를 따른 공무원은 그 의무로서 한 것이라고 보아야 한다는 것인가. 상관은 하급자에 대하여 범죄행위 등 위법한 행위를 하도록 명령할 직권이 없는 것이고, 하급자는 그 명령이 명백히 위법한 명령일 때에는 직무상의 지시명령이라 할 수 없으므로 이에 따라야 할 의무가 없다는 기존의 확고한 대법원의 판례를 어떻게 바라봐야 하는가."

세월호 사고가 발생한 지도 이제 6년이 훌쩍 넘었습니다. 하지만 순항하던 배가 정확히 어떤 이유로 침몰했고 박근혜 정부의 대처는 왜 부실하다 못해 없는 것 마냥 참담하기까지 했는지, 우리는 아직도 명확히 알지 못합니다. 뒤늦게 나선 진상규명에서도 한 번 더 '골든타임'을 놓치게 된 그 중심에 정부의 '특조위 활동 방해'가 있었다는 점을 생각하면 정말 이들을 처벌할 수 없는 건지 아쉬움과 의구심이 드는 것도 사실입니다.

이 같은 마음을 대변하듯 유족들과 1심부터 함께 한 민변 세월호 TF는 이 판결에 대해 '직권을 남용했지만 직권남용죄로 처벌할 수 없다?'는 논평으로 반박했습니다. 그러면서 그렇다면 세월호 진상조사를 가로막는 업무지시를 따르는 것은 "의무로써 한 것이라고 봐야하냐?"는 상식적인 물음도 던졌습니다.

이후 검찰의 상고가 예상되지만 좁혀진 직권남용죄의 범위 탓에 결론이 다시 한번 뒤집힐 수 있을지 여부를 쉽게 말할 수는 없을 듯합니다. 하지만 명심해야 할 것은 유죄가 설령 선고되지 않는다 해서 '진실 인양'을 가로막은 이들의 명확한 책임마저 없는 일이 되는 건 아니라는 점입니다. 피고인들이 법적 처벌에 비할 수 없이 무거운 양심의 가책을 평생 짊어져야 할 것만은 분명합니다.

궁금한 법 이야기: 직권남용권리행사방해

'직권남용권리행사방해', 익숙한 분들도 많을 것이라 생각합니다. 특히 정치와 관련된 사건에 많이 언급되는데요. 특히 '뭔가 분명 잘못은 한 거 같은데 이게 죄가 되나?' 하는 사안들에 적용된 죄명을 보면 상당수가 '직권남용죄'입니다. ①공무원이 직권을 남용하여 ②-1 사람으로 하여금 의무 없는 일을 하게 하거나 혹은 ②-2 사람의 권리행사를 방해한 때 적용됩니다. 요건 ①과 함께 ②-1 또는 ②-2를 충족해야만 성립합니다.

당연히 이 죄의 적용대상은 직권(직무권한)을 남용한 공무원인데, '직권'의 범위부터 까다롭습니다. 우선 판례에서는 직권남용죄를 '일반적인 직무권한에 속하는 사항을 불법하게 행사하는 것'이라 정의하는데, 그럼 어디까지가 공무원의 직권인지가 늘 재판마다 쟁점이 됩니다. 공무원의 일반적 직권에 속하지 않는 행위를 남용한 경우라면 직권남용죄 적용 대상이 되지 못합니다. 예를 들어 공무원 조직에서 상사가 직원에게 지극히 사적인 심부름을 시켰다면 '지위를 이용한 불법행위', 즉 월권행위에 해당하는데 우리 법에는 월권 죄가 없어 처벌이 어렵습니다. 구체적인 협박이 동반되었다면 강요 죄 해당 여부를 검토해 볼 수는 있을 겁니다.

요건 ①이 충족되었다면 이제 ②도 충족하는지 봐야합니다. 직 권남용의 상대방(피해자)이 일반인인 경우라면 쉽습니다. 공무원이 같은 직원도 아닌 일반인인 누군가에게 자신의 직무권한을 행사하 는 것처럼(직권행사에 가탁하여) 어떤 행위를 시킨다는 것 자체가 통상 '의무 없는 일'을 하게 한 것이거나 상대방의 '권리행사를 방해한 것'이 될 테니까요(②-1).

문제는 직권남용의 대상이 '공무원'일 때입니다. 박근혜 정부의 문화계 블랙리스트-화이트리스트 사건을 심리한 대법원은 '의무 없는 일'의 범위를 확 좁히면서 직권남용죄의 성립을 어렵게 했습 니다.

대법원은 "직권남용의 상대방이 공무원이거나 공공기관의 임직 원인 경우 법령에 따라 임무를 수행하는 지위에 있다"며 "그가 직권 에 대응해(지시에 응해) 한 일이 의무 없는 일인지는 관계 법령 등에 따라 '개별적으로' 판단해야 한다"고 판시했습니다.

이에 따라 김기춘 전 대통령 비서실장 등 윗선의 지시로 하급 공 무원이 한 행위 중에서 단순히 문화예술인 명단을 전달한 행위 등 은 '의무 없는 일'이라고 보기 어렵다며 파기환송 했습니다. 단순 명단 전달 등은 공무원의 직무 범위 내에 있는 일이라는 것이죠.

직권남용죄는 판사들도 여전히 어렵다고 말합니다. 최근 몇 년 사이 직권남용죄 사건이 급증하고 있지만 직권의 범위, 남용의 정도와 의미, 의무 없는 일의 기준 등에 대해 명확한 법리가 제시되지 않아 논란이 되고 있습니다. 또 검찰 단계에서는 지시권자에게 직권남용죄가 적용될 때 피지시권자가 직권남용의 피해자가 되기도 하고, 때로는 검사가 마음먹기에 따라 직권남용의 공범으로 기소되는 문제도 있습니다.

귀에 걸면 귀걸이, 코에 걸면 코걸이 식으로 직권남용죄가 정치적 보복 수사에 악용될 수 있다는 우려에 대법원이 성립 요건을 강화해나가면서, 반대로 직권남용죄 자체가 의미를 잃어간다는 지적도 나옵니다. 사법행정권 남용 사태(사법농단)에서 법원은 다른 판사의 재판에 개입한 상급 판사의 행위에 대해 '재판에 개입할 권한은 존재할 수 없으므로 직권남용이라고 볼 수 없다'는 논리로 무죄를 선고했습니다.

세월호 재판, 어떻게 보셨습니까

2021년 2월 21일

📑 **김석균 전 해경 청장 등 1심 판결 후 세월호 유가족 기자회견 (2021. 2. 15.)**

유경근 416가족협의회 집행위원장 "문재인 대통령님. 오늘 재판 어떻게 보셨습니까. 한 달 전에 나온 세월호 특수단 수사결과 보셨죠. 수사와 진상규명 해달라는 우리에게 대통령님 이렇게 말했잖아요. 수사결과 지켜보겠다고. 그 결과가 미흡하면 나서겠다고 약속해서 기다리게 하지 않았습니까. 특수단 수사결과가 발표된 지 한 달이 지났는데 왜 아무 말 없으십니까. 그리고 오늘 이 재판 결과는 또 어떻게 하실 겁니까? 이런 엉터리 수사와 재판이 공공연하게 자행되는데, 무엇으로 진상규명과 책임을 지겠다고 약속하신 겁니까?"

세월호 참사 7년 만에 당시 구조 책임자들인 해경 지휘부에 대한 1심 판결이 선고되었습니다. 결과는 업무상과실치사-상 혐의로 기소된 10명 전부 무죄입니다. 재판이 끝난 후 유경근 416가족협의회 집행위원장의 절규처럼 이미 늦어버린 수사도 믿기 어렵고, 재판의 결과도 쉽게 받아들일 수는 없을 것 같습니다. 이번 판결을 선고한 재판장마저 "여러 평가가 이뤄질 것이라 생각한다. 지지를 받든 비판을 받든 감수하겠다"고 말할 정도니까요.

1심 재판부가 주목한 2014년 4월 16일, 그날의 몇몇 장면을 다시 되짚어보려 합니다. '책임자의 책임자' 격인 김석균 전 해양경찰청장 등 당시 지휘부를 끝내 형사법정에서 처벌하는 것이 불가능하다면, 이러한 고위-특수공직자의 무책임과 무능, 안일함을 우리 사회가 어떻게 물리칠 수 있을지 고민이 필요합니다.

SCENE#1 "구조 책임자들, 세월호와 교신을 시도하지 않았다"

승객 447명, 승무원 29명 등 총 476명을 태운 세월호가 갑자기 기울어진 것은 아침 8시 48분경이었습니다. 최초 신고자는 승무원이 아닌 고(故) 최덕하 학생. 8시 52분에 119에 전화를 걸어 사고 사실을 알렸습니다. 이 신고를 전달받은 목포해양경찰서 이 모 상황실장은 8시 57분에 진도 연안에서 경비 임무를 수행 중이던 김경일 123정장에게 출동을 지시했습니다.

비슷한 시각 8시 55분에 세월호 선원들도 제주항해상교통관제센터(이하 제주VTS)에 구조요청을 했습니다. "본선 위험합니다. 지금

배 넘어갑니다." 긴급한 신고였죠.

목포해양경찰서에서 해양경찰청 본청과 서해지방해양경찰청에 보고를 마친 시각이 9시 3분이었습니다. 각 청에서도 순차적으로 보고가 진행되었고 9시 10분에 김석균 청장을 본부장으로 하는 중앙구조본부가 꾸려졌습니다.

최초 신고 후 20분 안에 윗선 보고가 완료되었고 지휘체계도 마련한 셈입니다. 그런데 그 이후부터 아수라장이었습니다.

📄 **서울중앙지법 김석균 전 해경청장 등 1심 판결문 (2021. 2. 15.)**

"(가장 먼저 출동한) 123정은 9시 2분부터 초단파(VHF) 16번 채널로 세월호에 3차례 교신을 시도했지만 실패하자 교신 시도를 포기했습니다. 반면 진도VTS는 9시 6분부터 37분까지 VHF 67번 채널로 세월호와 교신이 되고 있었는데, 이를 각 구조본부나 현장 구조 세력에게 제대로 전파하지 않았습니다."

진도VTS는 9시 25분 서해지방해양경찰청에 "세월호 선장이 승객들의 비상탈출 여부를 해경에 문의한다"고 알렸습니다. 서해지방해양경찰청은 이미 배가 40~50도 기울어 배가 전복될 수밖에 없다는 사정을 알 수 있었고 목포해양경찰서에서도 세월호 선장과 교신이 되지 않는다는 보고를 계속 받고 있었습니다.

그런데 이때 서해지방해양경찰청은 "(비상탈출은) 선장이 결정할 사항이고 우리가 결정할 사항이 아니다"라고 일축했습니다. 세월호와 교신이 되고 있던 진도VTS에 다른 구체적인 상황을 파악하라고 지시하지도, 선장이 비상탈출 문의를 하고 있다는 사실을 다른 구조본부나 현장 구조 세력에게 전파하지도 않았습니다.

SCENE#2 청와대 보고는 완료, 현장 파악은 뒷전

세월호와 교신이 잘 되지 않았더라도 방법은 있었습니다. 목포해양경찰서는 최덕하 학생 신고 이후 8시 54분부터 세월호 승객과 선원 등으로부터 다수의 신고를 접수했습니다. '승객들이 선내 대기 중으로 비상탈출 준비를 제대로 하지 못하고 있다'는 것을 알게 된 겁니다. 9시 4분에는 신고자 중 세월호 승무원 강 모 씨의 휴대전화번호를 파악하기도 했습니다. 그러나 연락은 전혀 이뤄지지 않았습니다.

해양경찰청 상황실은 세월호 선장과 교신이 되지 않는다는 보고를 받고서도 신고를 했던 선원이나 승객들을 통해 상황을 파악하려는 시도를 하지 않았습니다. 승무원 강 씨는 8시 58분부터 "구명조끼를 입고 선내에 대기하라"는 안내방송을 했던 인물입니다. 만약 해경이 강 씨 같은 신고자들에게 다시 연락해 비상탈출 안내만 했어도 인명피해를 줄일 수 있었을 겁니다.

"9시 33분까지 청와대, 해양수산부, 안전행정부 등 관련 기관에 상황 전파를 하던 상황이었음에도 정작 초계기, 헬기 등 현장출동 중인 항공 구조 세력에게는 세월호의 사고 상황을 전파하지 않았습니다."

"결국 중앙·광역·지역구조본부 및 123정 등 구조세력 모두 세월호와 교신을 시도하지 않거나 교신유지에 실패했습니다. 진도VTS와 세월호가 교신하고 있다는 사실을 파악하지 못했거나 이를 알고도 교신 내용을 알아보거나 전파하지 않았습니다."

위로, 더 위로 사건을 보고하고 누가 책임자인지를 찾는데 분주했을 뿐 사고현장에는 아무도 관심을 갖지 않은 겁니다. 최초 신고부터 40분이 지난 9시 30분쯤 구조세력이 사고 현장에 도착했지만 세월호 선체 상태나 내부 승객들의 상황, 비상탈출 준비 여부 등 아무것도 파악이 되지 않은 상태에서 구조에 투입되었습니다.

가장 먼저 현장에 도착한 헬기는 '배 우측 45도로 기울어져 있고 지금 승객들은 대부분 선상과 배 안에 있음. 해상 위에는 인원이 없고 선상 중간에 전부 다 있음'이라고 보고했습니다. 123정도 '사람이 하나도 안 보이고 구명벌 투하한 것도 없고 아마 선박에 있나 봅니다'라고 보고했습니다.

그러나 해경 지휘부는 선내에 대기하고 있던 승객들의 신속한 비상탈출을 지시하기는커녕, 현장 사진과 영상자료 전송을 요구하는 등 현장 상황에 맞지 않는 지휘를 반복했습니다. 신고 1시간째인 9시 50분경 이미 4층 좌현 갑판까지 침수되어 승객들의 구조 가능성이 희박해졌을 때도 김석균 청장은 '여객선에 올라가 승객들이 동요하지 않도록 안정시키라'는 엉뚱한 지시를 내렸습니다. "승객들이 뛰어내리도록 방송을 하라"는 비상탈출 지시가 이뤄진 것은 9시 59분이었습니다.

SCENE#3 "선장의 거짓말 · 교신불통 · 과다적재… 책임 묻기 어려워"

재판부는 "인명사고에 대한 역량이 부족하고 체계가 정비되지 않았다는 점에서 해경 지휘부를 구성한 피고인들에게 상급자로서의 관리 책임을 질책할 수 있다"고 말했습니다. 그러나 그러한 책임을 이유로 구체적인 구조 업무와 관련해 형사책임을 묻기는 어렵다고 판단했습니다.

김 전 청장 등 지휘부의 무책임과 무능을 처벌하기에는 △이준석 선장의 거짓말 △교신이 어려웠던 환경 △과도하게 적재된 짐과 수밀문 개방으로 빨라진 침수 등 특수한 사정이 많았다는 겁니다.

📑 **서울중앙지법 김석균 전 해경청장 등 1심 판결문 (2021. 2. 15.)**

"진도VTS와 교신하던 세월호 선장은 '승선원들에게 라이프자켓을 입고 대기하라고 했다'거나 '선원들도 브릿지에 모여 있다'고 하면서 여러 차례 '지금 탈출하면 바로 구조할 수 있겠느냐'고 물었습니다. 진도 VTS는 물론 이러한 교신내용을 보고받은 서해지방해양경찰청도 세월호에서 어느 정도의 비상탈출 준비가 이뤄졌다고 오해했을 가능성이 있습니다. 세월호 선장이 승객들에게 객실 내에 대기하라는 안내방송만 계속하고 비상갑판 집결이나 해상투신 등 탈출 준비는 전혀 하지 않은 상태였다는 것을 인식할 수 없었을 것으로 보입니다. …(중략)… 지휘부가 세월호 선장과 선원들이 구조조치를 취하지 않고 먼저 선박을 탈출하리라고 예상할 수는 없었을 것으로 보입니다. 설령 교신을 통해 비상탈출 지시를 했더라도 선장과 선원들은 이를 묵살하거나 탈출방송을 했다고 계속 거짓말 했을 가능성이 높습니다. 따라서 조치를 취하지 못한 데 피고인들의 업무상과실이 있다고 보기 어렵습니다."

유가족의 탄식 속에 선고를 마친 재판부는 "여러 측면에서 돌아봐야 하고 법적 평가도 이뤄져야 한다"고 말했습니다. 누군가는 '모든 잘못을 형사법정에서 물을 수는 없다는 원칙을 보여준 것'이라고 평할 테고, 다른 누군가는 법원이 여전히 고위 책임자 처벌에 미온적이라거나 이준석 선장 한 명에게 잘못을 떠넘긴다고 비판할 겁니다.

다만 '판사도 무죄라는데 이제 그만해라. 언제까지 세월호 얘기냐'는 말은 하지 말아야 합니다. 인간의 모든 시스템이 그렇듯 형사

재판 역시 완전하지 않습니다. 유죄와 무죄의 심증이 50 대 50이라면 무죄를 선고해야 하는 시스템이니까요. 무죄는 무결하다는 것이 아니라 피고인의 죄 있음을 법의 언어로 증명하지 못했다는 것에 불과합니다.

오히려 이번 판결은 세월호 참사의 해결을 수사와 재판에 미뤄버린 문제를 드러낸 것으로 봐야할 겁니다. 피해자들은 책임회피와 은폐에 급급했던 박근혜 정부만큼이나, '촛불정부'를 자처하고도 세월호 참사를 제대로 수습하지 못한 문재인 정부에게도 실망감을 느끼고 있습니다.

사법적 진상규명과 더불어 피해자들이 다시 국가에 대한 신뢰를 회복하도록 상처를 치유하는 과정도 필요해 보입니다. 심판에 대한 신뢰가 없다면 설령 2심에서 유죄로 결과가 바뀌더라도 피해자들에게 온전한 위로가 되지 못할 것입니다.

"대통령님. 오늘 재판 결과 어떻게 보셨습니까?" 오래된 질문에 이제는 답을 해야 하지 않을까요.

B컷의 B컷

"피고인은 무죄."

세월호 참사의 책임자로 기소된 10명이 모두 무죄를 받은 그 날의 법정. 유족들의 울부짖음이 아직도 귀에 들리는 듯합니다. 참사가 발생한 지 6년이 다 되어 나온 1심 재판의 결말이 전부 무죄라니 얼마나 허무하고 통탄할까요.

세월호 재판을 지켜보며 든 생각은 형사 절차란 생각보다 아주 편협하고 무력하다는 겁니다. 개인의 자유를 보호하기 위해 만들어진 국가가 개인의 자유를 구속할 수 있도록 한 예외적인 제도인 만큼 그 적용이 매우 까다로울 수밖에 없습니다. A가 B를 때려 사망에 이르게 한 경우에는 비교적 쉽게 처벌할 수 있지만, 위기 상황에 있는 B를 구할 책임이 있는 A가 결국 임무에 실패한 것을 처벌하려면 많은 조건을 만족시켜야 합니다.

3~4차 이상의 인과관계가 쌓여 벌어지는 일에서 온갖 변수를 모조리 배제하고 수사기관의 논리대로 처벌할 수 있게 된다면 우리의 자유와 인권이 위축될 수 있습니다. 세월호 참사 책임자들의 무죄 판결이 타당하다는 것은 아닙니다. 정부가 형사절차를 통한 '악인처벌'의 방식 말고 이 참사를 봉합할 어떠한 방법도 찾지 못하면서, 유족은 '책임자 전원 무죄'라는 황망한 결과까지 감당하게 되었습니다.

이 사건의 2심 재판은 아직 진행 중입니다(22년 8월 기준). "오늘 재판 어떻게 보셨습니까?" 유족의 절규는 이제 윤석열 정부로 향하고 있습니다.

이번에도 직권남용이 아니다?:
사법행정권 남용 사태

2020년 10월 4일

📑 **서울중앙지법 이태종 전 서울서부지법원장 선고 (2020. 9. 18.)**

"피고인에게 '수사확대 저지 목적'이 있었다고 인정되지 않는다는 것은 앞서 설명했습니다. 이와 관련해 공소사실 중 피고인이 영장청구서 사본을 (자신에게) 보고하라고 지시한 사실을 인정하기 어렵고, 만약 지시가 있었더라도 법원장인 피고인의 정당한 업무에 해당하므로 직권남용에 해당할 여지가 없습니다."

'사법농단' 사태로 검찰이 기소한 7개의 사건(피고인 총 14명) 중 4번째 사건의 판결이 지난달 18일 선고되었습니다. 기밀인 영장 자료와 검찰 진술 내용 등에 대한 유출 혐의를 받은 이태종 전 서울서

부지법원장(현 수원고법 부장판사) 사건이었습니다. 결과는 '무죄'. 앞서 선고된 3개의 사건과 마찬가지로 이번에도 직권남용 혐의는 인정되지 않았습니다.

2018년 11월 검찰이 임종헌 법원행정처 차장을 시작으로 기소한 14명 중 현재까지 6명이 모두 무죄 판결을 받았습니다. 사법농단 재판이 시작된 지 2년이 가까워 오는 상황에서 당시 양승태 대법원 법원행정처의 잘못은 '처벌할 게 아니다'라는 것이 법원의 중간 결론인 셈입니다.

직권남용죄 적용에 앞서 사실관계나 증거인정—판단에 있어서 범죄가 성립되지 않거나, 문제가 있는 행위이기는 하지만 법리상 직권남용으로는 처벌할 수 없다는 게 근거였습니다.

📖 서울중앙지법 유해용 전 대법원 수석재판연구관 선고(무죄) (2020. 1. 13.)

재판장 "피고인에 대한 비난성 보도가 이어지고 있던 상황에서 다수의 취재기자가 대기하고 있는 포토라인을 통과해 공개소환에 응했기 때문에 조사 당시 심리적으로 매우 불안하고 위축된 상태였을 겁니다. … 피고인이 이미 '청와대 관심 사건에 관한 대법원 내부자료가 청와대에 유출됐다'는 다수의 언론 보도를 접한 상태에서 자신이 그 과정에 관여되어 있다는 것을 거의 기정사실로 착각한 상태에서 진술했을 가능성도 없지 않습니다. … 결국 검사가 제출한 증거들만으로는 피고인

(유해용)이 연구관에게 사안 요약 문건을 작성하도록 지시해 이를 임종
헌에게 전달했다거나 임종헌이 곽병훈 청와대 법무비서관 등 외부에
유출했다고 인정하기 어렵습니다."

유해용 전 대법원 수석재판연구관은 2016년 박근혜 전 대통령
의 비선 진료에 관여한 김영재 성형외과 원장 등이 받고 있던 재판
경과를 대법원 연구관을 시켜 파악하게 한 혐의를 받았습니다. 임
전 차장의 부탁을 받고 자신의 직권을 남용해 연구관에게 의무 없
는 일을 하도록 했다는 내용입니다.

유 전 연구관은 검찰에서 피의자신문을 받을 당시 그러한 혐의
를 일부 인정하는 듯한 답변을 했지만 이 진술조서는 증거에서 배
척되었습니다. 재판부가 '특히 신빙할 수 있는 상태(특신상태)'에서
나온 진술이 아니라고 판단했기 때문입니다.

형사소송법상 특신상태에서 이뤄진 피의자신문조서는 증거로
사용할 수 있습니다. 그동안 법원이 검찰 피의자신문조서를 무비판
적으로 증거로 써온 관행이 문제로 지적돼 형사소송법이 개정되기
도 한 상황입니다. 그러나 유 전 연구관 사건의 재판부는 이례적으
로 피의자가 조사 당시 '심리적 위축 상태'였다는 점을 인정해 당시
진술의 증거능력을 부정했습니다.

임 전 차장의 USB에서 발견된 문제의 '사안요약' 문건 파일명
에 유 전 연구관의 이름이 명시되어 있기는 했습니다. 그러나 물적

증거를 뒷받침할 진술들이 탈락되면서 유죄를 확정하기에는 부족한 수준에 그쳤습니다.

한편 임성근 전 서울중앙지법 형사수석부장의 재판개입 혐의에 대해서는 '애초에 개입할 권한이 없으니 그 권한을 남용했다는 죄도 성립하지 않는다'는 법리상의 문제로 무죄가 선고되었습니다.

📖 **서울중앙지법 임성근 전 서울중앙지법 형사수석부장 선고(무죄)**
(2020. 2. 14.)

재판장 "만약 검사의 주장처럼 사법행정권자의 재판업무에 대한 직무감독을 허용하면, 개별 법관이 조직법상 상관인 사법행정권자의 재판에 대한 지시·명령에 복종할 의무를 부담할 수도 있게 됩니다. 그러한 해석론은 사법행정권자에게 법관의 재판권에 합법적으로 개입할 통로를 줘 법관의 독립을 형해화하기 때문에 헌법상 법관의 독립에 정면으로 위배됩니다. 법관의 재판권 행사에 절차상 또는 실체상 오류가 있다고 하더라도 누구도 사전에 그 오류의 시정을 구할 수 없고, 사후에 심급제도를 통해서만 바로 잡을 수 있다는 것이 심급제도와 법관의 독립을 규정한 헌법과 법원조직법의 근본정신이라고 할 것입니다."

임 부장판사 사건은 사법농단 의혹 중에서도 핵심인 '재판개입'

혐의에 관한 것입니다. 2015년 서울중앙지법 형사수석부장으로 근무하면서 박근혜 전 대통령 명예훼손 혐의로 기소된 가토 다쓰야 전 산케이신문 서울지국장의 재판에 개입했다는 의혹이 대표적입니다.

재판부는 이러한 의혹이 대부분 사실이라고 밝혔습니다. 임 부장판사는 가토 전 지국장 사건 재판장에게 박 전 대통령의 '세월호 7시간 행적' 관련 보도들이 허위라는 '중간판단'을 밝히도록 했는데, 실제 그대로 진행되었습니다.

이에 대해 재판부는 "특정 사건의 재판 내용이나 결과를 유도하고, 절차 진행에 간섭한 것으로서 법관 독립을 침해하는 위헌적 행위"라고 비판하면서도 직권남용죄는 될 수 없다고 판단했습니다. 재판에 개입할 직무감독권이라는 것을 인정하게 되면 오히려 법관의 독립을 침해하는 결과를 낳을 수 있다는 겁니다. 임 부장판사의 행위는 단순히 지위나 개인적 친분관계를 이용해 법관의 독립을 침해한 '월권'으로 해석되었습니다.

더 나아가 재판부는 "피고인의 재판관여 행위와 (가토 사건) 재판장의 중간판단 사이에는 인과관계가 단절됐다고 봄이 상당하다"라고 밝혔습니다. 재판장이 임 전 부장판사의 요청을 무조건 따른 것이 아니라 합의부 내부 논의를 거쳐 재판장으로서 평소 가지고 있던 생각을 바탕으로 독립적인 판단을 내렸다는 겁니다. 직권남용의 법리에 부합하지 않을 뿐만 아니라 실질적으로도 재판개입이 일어나지 않았다는 결론입니다.

분명히 발생한 '사실'이었던 사법행정권 남용 사태가 법정에서는 '없던 일'이 되어가고 있습니다. 특히 직권남용죄의 법리적 어려움을 따지기도 전에 구체적 사실관계나 증거에 대한 인정-판단에서부터 피고인의 무죄가 짐작되는 흐름을 보면, 판사 피고인을 대하는 판사들에 대한 불신도 슬며시 고개를 드는 것이 솔직한 심정입니다. 최근 이태종 전 법원장 사건에서도 재판부는 기획법관과 법원 직원들이 기밀정보를 법원행정처로 일사분란하게 넘긴 일에 법원장이 전혀 관여하지 않았다고 봤으니까요.

애초부터 형사처벌로 다루기 힘든 문제였고, 법원 내부의 징계나 국회의 법관탄핵이 제대로 진행되었어야 한다는 비판도 일리가 있습니다. 검찰이 너무 광범위하게 수사하고 무리한 기소를 했다는 지적도 나옵니다. 그러나 재판개입을 포함한 사법행정권 남용이라는 행위의 무게를 생각하면, 지금 1심 재판 외에 다른 어떤 문책이나 예방적인 수단이 추진되고 있는지 의문입니다.

사법연감에 따르면 2018년 형사재판 1심 선고를 받은 23만 7699명의 피고인 중 무죄는 7496명입니다. 전체의 3.5%에 해당하는데, 과거사 재심이나 헌법재판소의 위헌 판단으로 관련 범죄에 무죄가 선고되는 경우 등을 제하면 실제로는 1% 미만에 그친다고 합니다. 그 어려운 결과를 전-현직 고위법관 6명이 받아냈고 앞으로 8명(3개 사건) 남았습니다.

남은 3개 사건은 양승태 전 대법원장과 고영한-박병대 전 대법관 사건, 임종헌 전 법원행정처 차장 사건, 이민걸 전 법원행정처 기획조정실장—이규진 전 양형위원 상임위원—심상철 전 서울고법원장—방창현 전 전주지법 부장판사 사건입니다. 세 개 재판의 결론은 이르면 올해(2022년) 말, 길어지면 내년(2023년) 상반기 중 나올 것으로 보입니다.

전직 대법원장과 대법관, 법원행정처의 핵심 인사들에게도 직권이 없었다거나, 아랫사람이 한 일이라 알 수 없었다는 무심한 논리가 반복될지 지켜봐야겠습니다.

'사법농단'이라더니 중형 아닌 집행유예

2021년 3월 28일

📑 **서울중앙지법 사법농단 첫 유죄 선고 (2021. 3. 23.)**

"피고인 이민걸은 (임종헌의) 부당한 동기나 목적을 알고 있었음에도 법원 내 연구회 중복가입 해소 조치와 관련해 별다른 의견을 밝히지 않았고, 그 시행을 멈출 수 있었던 마지막 순간에는 동의한다는 의견을 밝혀 결국 끝까지 주무 실장으로서 역할을 다하지 못했습니다."

"후배 판사에게 특정 사건 재판부의 심증을 확인해 보고하라는 위법·부당한 지시를 해 그 판사가 법에서 정한 범위를 벗어난 일을 하게 됐습니다. … 이민걸의 각 범행의 중대성에 상응하는 형벌이 부과될 필요가 있습니다."

2016년 말 '국정농단'에 뒤이어 등장한 '사법농단'이라는 표현은 우리 국민 모두에게 충격 그 자체였습니다. 인권과 정의, 법치주의를 수호하는 최후의 보루로 믿어왔던 사법부조차 권력에 취약했고 '불가침의 영역'이라고 믿어왔던 재판은 조작에 노출되어 있음을 드러냈기 때문이죠.

늘 심판자 위치에만 있었던 사법부는 사상 처음으로 대대적인 검찰 수사를 받았고, 대법원장이 구속되는 수모를 겪었습니다. 그렇게 본격 재판이 진행된 지 2년여 만에 나온 첫 유죄의 무게는 징역 10개월에 집행유예 2년이었습니다. 이민걸 전 법원행정처 기획조정실장이 받은 형량입니다.

1심 재판부는 재판개입 행위에 대해 '중대한 범행'이라고 비판했지만, 일반적으로 봤을 때 '중형'이라고 할 만한 형을 선고하진 못했습니다. 함께 유죄가 선고된 이규진 전 양형위원회 상임위원 역시 징역 1년 6개월에 집행유예 3년에 그쳤습니다. (이하에서는 독자의 편의를 위해 직함을 생략하고 피고인의 이름만 기재하겠습니다.)

사법농단 사건의 유죄를 주장하는 쪽도, 무죄를 지지하는 쪽도 판결을 두고 고개를 갸웃거리고 있습니다. "재판개입이라는 중대한 혐의에 대해 실형을 선고하고 법정구속 했어야 하는 것 아니냐"라거나 "유죄를 택하긴 했지만 재판부가 논리적으로 자신이 없어 어정쩡한 결론을 택했다"는 비판이 나오고 있기 때문입니다. 특히 재판부가 "이규진의 각 범행은 어느 것 하나 뺄 수 없이 중대한 것이나, 그 스스로도 판사이면서 구체화된 재판권의 행사를 두 번이나 현실적으로 방해한 것은 특히 중대하다"고 꾸짖기까지 한 데 비해서 말입니다.

직권남용권리행사방해죄의 법정형은 5년 이하의 징역형 등인데, 이들이 행한 재판개입 행위가 여럿이다 보니 상한이 7년 6개월까지 올라가기도 했습니다. 그런데 실제 형량은 음주운전 재범이나 1억 원 미만의 사기 범행을 저지른 범죄자들과 비슷한 수준이었던 겁니다.

📑 서울중앙지법 사법농단 첫 유죄 선고 (2021. 3. 23.)

"이민걸·이규진이 개인적인 이익을 추구하기 위해 범행을 저지른 것은 아니었고, 범행을 주도하고 지시한 사람은 임종헌 전 법원행정처 차장 등 윗선이었습니다. 이 사건 수사와 재판에서 피고인들이 할 수 있는 한도 내에서 최대한 실체적 진실을 밝히기 위해 자신의 기억을 떠올려 진술하려고 했고, 재판에도 성실히 임했습니다. 또 30년 가까이 판사로 근무하면서 재판사무를 수행한 점은 유리한 정상입니다."

재판부는 이들에 대한 '유리한 양형사유'에 나름의 고심을 담았습니다. 그러나 '개인적인 이익'에 향후 더 높은 보직에 오르기 위한 마음도 포함된다고 본다면, 이들의 행위가 사리사욕의 차원이 아니라고 단정하기도 어려울 겁니다. 이들이 일반 회사원이 아닌, 적

법과 불법의 경계를 늘 고민하는 법관이라는 점에서 윗선의 지시를 따랐을 뿐이라는 것이 넉넉한 평계가 될 수도 없습니다.

상황이 이렇다보니 판사의 재판개입 행위를 현행 형사절차로 '충분히' 단죄하는 것이 가능한지에 대한 의구심이 이어지고 있습니다. 앞서 사법농단 사태로 기소된 6명의 판사에게 줄줄이 무죄가 선고될 때부터 비판이 일던 부분입니다.

현재 헌법재판소에서 탄핵심판을 받고 있는 임성근 전 부장판사의 형사 1심 재판부는 '재판에 개입할 권한'이라는 직권은 재판 독립의 원칙에 위배되어 존재할 수 없기 때문에, 직권남용죄도 성립할 수 없다며 부득이 무죄를 선고했습니다.

다만 이민걸-이규진 1심 재판부는 '재판에 개입할 권한'에 대해 다른 해석을 해 유죄를 끌어냈습니다. 그 근거를 요약정리 방식으로 짚어보겠습니다.

📑 서울중앙지법 사법농단 첫 유죄 선고 취지 요약 (2021. 3. 23.)

*'재판 독립'은 절대적인 원칙이 아님. 국민의 재판청구권 보장 원칙이나 재판은 헌법과 법률에 기속되어야 한다는 원칙과 충돌할 때 다소 제약될 수도 있음. (예를 들어 나태하거나 업무에 미숙한 판사가 명백한 실수를 계속하는 경우, 항소심·상고심을 거친다고 해서 바로잡기 어려우므로 적절한 지적이 필요할 수 있음. 이번 판결에서는 이를 '지적 사무'라고 칭함.)

*실제로 재판 독립과 충돌하는 다른 헌법상의 원칙을 보장하기 위해 법관의 임기를 10년으로 제한하는 한편 대법원장이 인사권도 행사할 수 있도록 하고 있음. 장기미제사건 처리 등 특수한 경우에 사법행정권자의 일정한 '개입'도 인정하고 있음. 이처럼 이미 재판 독립과 충돌하는 여러 장치가 있는데 '지적 사무'만 인정하지 않는 것은 현실과 동떨어짐.

*다만, 단순히 잘못된 부분을 '지적'하는 수준을 넘어 어떤 방향으로 처리할 것을 '권고'해서는 안 됨.

*직권의 범위를 협소하게 해석해 직권을 마음대로(재량적) 남용하는 것뿐 아니라 직권 범위를 다소 넘어서서 월권을 행사하는 식으로 남용하는 것 역시 직권남용에 해당함. (다만 월권의 범위는 직권에 속하는 사항과 상당히 관련된 범위로 제한됨.)

'법관의 완전무결성'에 대한 환상을 깬 것은 물론이고, 처벌공백이 크다는 비판을 받아온 현행 직권남용죄를 보다 폭넓게 해석했다는 점에서 이번 판결에 박수를 보내는 사람도 많습니다.

그러나 재경지법의 한 판사는 "재판 개입 자체를 절대 금기로 보고 대법원장을 구속기소했는데, 대법원장의 재판 지적 사무 자체는 가능하다고 하니 앞뒤가 맞지 않는다"며 모순을 지적했습니다.

직권남용죄 공백을 해소하려면 국회가 '월권죄'를 입법해야지, 판사가 마음대로 법을 확대해석해서는 안 된다고 경계하는 목소리도 만만치 않습니다.

고등법원의 한 부장판사는 "지적사무가 가능하다고 하더라도 유-무죄나 양형 등 실체적 판단에 대한 개입은 불가능하고, 절차와 관련한 명백한 오류를 잡는 정도만 가능하다는 식으로 논리를 더 보강할 필요가 있어 보인다"고 말했습니다. 대법원까지 유죄 결론을 유지하려면 항소심을 맡을 서울고법에서 보다 치밀하게 논리를 구성해야 한다는 겁니다.

이들의 항소심 결과가 언제, 어떻게 나오느냐에 따라 양승태 전 대법원장과 임종헌 전 법원행정처 차장의 1심 결과도 영향을 받을 수 있습니다. 국회의 탄핵은 물론 법원 내부 징계로도 문책하지 못한 채 형사법정에 떠넘겨진 사법농단 후처리가 결국 돌고 돌아 대법원으로 돌아오는 날. 김명수 대법원장이 어떤 판결을 내리게 될지 주목됩니다.

궁금한 법 이야기: 사법행정권 남용 사태

사법농단 사건은 온 국민을 충격에 빠뜨렸습니다. 법관 100여명이 수사선상에 오르고 검찰이 대법원 법원행정처를 압수수색하는 사상 초유의 일이 벌어졌고 그 결과 14명의 전-현직 법관이 기소되었죠. 판사가 판사에게 재판을 받는, 전직 대법원장과 대법관이 재판을 받는 민망한 장면을 지켜봐야 했습니다.

2017년 이탄희 판사(현 더불어민주당 의원)의 고발로 처음 알려진 '사법농단'은 '사법행정권 남용 사태'라고 부르는 것이 좀 더 정확합니다. 사법행정이라는 개념부터 일반인에게는 생소하고, 법원행정처라는 곳을 이 사건을 통해 처음 아신 분도 많을 겁니다.

법원행정처는 판사들의 인사를 관리하고 전국 법원의 예산-회계-시설-통계 등 각종 사무는 물론 사법부 전반의 정책을 세우고 연구를 합니다. 흔히 대법원장을 떠올리면 양옆으로 6명씩, 12명의 대법관들 가운데 앉아있는 '법관 중의 법관'의 이미지를 연상하시겠지만, 사실은 사법행정의 수장으로서의 역할을 더 많이 하고 있습니다.

공소장에 따르면 양승태 대법원장은 판사로서의 정체성을 지키지 못하고 사법행정권자의 역할에 지나치게 몰두하면서 중심을 잃었던 것으로 보입니다. 그는 사건 적체 등 기존 대법원의 고질적인 문제를 해결하기 위해 상고법원 설치에 사활을 걸었습니다. 이를 위해 박근혜 정부의 협조가 절실했고, 사법부가 할 수 있는 각종 편의를 청와대에 제공한 것이 바로 사법행정권 남용의 시작입니다.

남용의 사례는 크게 4가지로 분류됩니다. ①재판 개입 ②판사 블랙리스트 작성 ③조직 보호를 위한 비리 은폐 ④운영비로 법원행정처 비자금 조성입니다.

가장 위중한 혐의인 ①재판 개입의 대표적인 사례가 일제 강제동원 피해자들의 손해배상청구 소송입니다. 대법원이 일본 전범기업에 대해 배상금을 지급하라는 판결을 내리면 한일 외교관계에 신경 쓰던 박근혜 정부가 난처한 상황에 처하게 되니 이 판결을 수년간 미뤘습니다. 이외에도 △전국교직원노동조합 법외노조 통보처분 사건 △통합진보당 국회의원직 회복 소송 △원세훈 국정원장 댓글조작 사건 등에서 청와대의 입장이 담당 재판부에 잘 반영될 수 있도록 조력하거나 재판부가 특정 결론을 도출하도록 압박한 혐의를 받습니다.

②판사 블랙리스트 작성은 ①을 진행하는 과정에서 지시에 따르지 않거나 양승태 대법원 체제에 비판적인 판사들의 명단을 적어 관리해온 것입니다. 양 대법원장에 비판적인 특정 법관 모임(국제인권법연구회 내 '인권보장을 위한 사법제도 소모임(인사모)')을 와해하려 하고 법관들이 이용하던 익명 인터넷 카페도 없애려 했습니다.

③조직 보호를 위한 비리 은폐와 관련해서는 △부산 법조비리 △'정운호 게이트' 관련 영장 정보 유출 △서울서부지법 집행관 비리 등 법원이 질타를 받을 만한 비리 사건과 관련해 불법적으로 정보를 수집한 행위 등이 지적되었습니다.

마지막으로 ④법원 운영비로 책정된 3억 5천만 원을 빼돌려 각급 법원장들에게 수천만 원씩 현금으로 나눠주면서 비자금처럼 활용했다는 혐의도 더해졌습니다.

판사들 역시 대법원의 민낯을 보고 많이 놀랐다고 합니다. 사법농단에 연루된 판사도 많았지만, 이 사건을 처음 고발한 것 역시 판사였고 사건이 불거진 후 문제 법관을 탄핵해야 한다고 주장한 것도 판사들의 모임인 전국법관대표회의였습니다.

특히 양승태 대법원장의 후임인 김명수 대법원장은 이 진상규명을 검찰의 손에 넘겼습니다. 자체조사가 아니라 수사로 전환되면서 애초 예상했던 것보다 더 적나라하게 사법행정권 남용이 의심되는 흔적들이 법정에 증거물로 등장했습니다. 대법원이 사상 처음으로 외부로부터의 깊숙한 개입을 받아들였다는 점에서 반성의 의지를 높게 평가하는 시선도 있었습니다.

그러나 정작 중요한 내부로부터의 반성과 자정에는 실패했다는 평가가 지배적입니다. 우선 법원 내부 징계가 제때 제대로 이뤄지지 못했습니다. 2018년 6월 1차로 사법농단 연루법관 13명을 징계한 후 대법원은 검찰이 비위 혐의자 명단을 넘겨주길 기다렸습니다. 그리고 2019년 5월에서야 검찰이 통보한 비위 혐의자 66명 중 10명을 징계청구 하는 데 그쳤습니다.

비위통보 대상 중 32명은 이미 징계시효(3년)가 지나 배제되었고, 나머지 34명 중에서도 10명만 징계대상이 된 것인데 어떤 비위 때문인지, 대상자가 누구인지 등을 전혀 공개하지 않았습니다.

원래 사법부에 대한 가장 강한 견제권을 가진 국회도 검찰 수사에만 기대며 책임을 방기했습니다. 국회는 법관 탄핵이라는 무기를 갖고 있지만 한동안은 여야 갈등을 핑계로, 2020년 총선에서 여당(당시 더불어민주당)이 180석을 차지하며 압승한 후에는 의도적인(?) 무관심으로 이 사건을 방치했습니다.

결국 2021년 2월에서야 첫 법관탄핵소추를 의결했습니다. 이미 사법농단 주요 관련자들이 모두 퇴직 또는 임기만료로 판사직을 그만둔 뒤였습니다. 탄핵 절차에 넘겨진 임성근 판사 역시 임기만료 상황이어서 사상 첫 탄핵심판의 쟁점이 임성근 판사의 재판개입 행위가 아니라 이미 법관이 아닌 사람을 탄핵 가능한지 여부에 맞춰졌습니다. 결국 헌재는 임성근 판사가 임기만료로 퇴직한 상태이기 때문에 파면이 불가능하다고 판단했습니다.

그렇다면 검찰의 수사 결과는 어떨까요? 현재까지는 이 역시 소득이 거의 없습니다. 기소된 14명 중 8명은 무죄를 받았고 2명(이민걸-이규진 부장판사)만 일부 유죄가 인정되었는데, 대법원 수뇌부의 재판개입 공모 등은 인정되지 않았습니다.

의혹의 핵심인 양승태 대법원장과 고영한-박병대 대법관, 임종헌 법원행정처 차장은 4년째 1심 재판을 받고 있습니다.

"그쪽이 서운할 듯" 한 마디에
4시간 뒤 바뀐 판결

2021년 5월 25일

📋 **임성근 전 부산고법 부장판사 항소심 재판 中 (2021. 5. 25.)**

검　사　"사법행정 사무라는 이유로 증인 자격을 취득한 후 선서하면 증언의무가 생깁니다. 증언의무를 면제하기 위해서는 거부사유가 소명돼야 하는데 (재판부 내) 합의는 증언거부할 수 있다고 되어 있지 않습니다. 대한민국 모든 공무원은 공무상 비밀을 엄수할 의무를 가집니다. (합의가 증언거부 사유가 된다면) 이 공무상 비밀이라는 이유로 증언거부할 수 있다는 것이 되는데 형사실무와도 맞지 않는데다 증언거부 사유에 해당할 수 없다는 것입니다. 만약 증인신문이 시작된 후 합의에 관한 사안이라고 증언거부를 증인이 할 경우 허용해서는 안 된다는 게 검찰의 입장입니다."

재판장　"이 부분에 대한 변호인의 입장이 있습니까?"

변호인 "방금 말씀하시는 증인 자격을 갖게 된다고 하면 신문사항이
　　　　뭐가 되든 사법행정에 관한 것으로 요약되는 게 과연 맞는 것
　　　　인지 의문입니다."
증　인 "죄송하지만 제가 한 말씀 올려도 되겠습니까?"

───────────────────────────────────────

　　25일 서울고법 중법정에서 진행된 임성근 전 서울중앙지법 부
장판사의 항소심 공판에는 30년 터울의 후배 판사가 증인으로 섰습
니다. 2014년 세월호 7시간 칼럼 가토 사건 주심을 맡았던 A 판사
입니다.

　　재판장의 호명에 A 판사가 증인석으로 걸어오는 동안 피고인석
에 앉은 임성근 전 판사는 별다른 표정 변화 없이 맞은편 자신을 기
소한 검사석 쪽에만 시선을 뒀습니다. 7년 전 같은 건물의 서울중앙
지법 형사 수석 부장판사와 일선 판사였던 두 사람이 '사법농단 사
건'으로 불리는 형사재판에서 각각 피고인과 증인 신분으로 법정에
서 처음 만난 순간입니다.

　　임성근 전 판사는 사법농단 사건 중에서도 핵심인 '재판개입'
의혹으로 기소되었습니다. 구체적으로 2015년 '세월호 7시간' 관
련 칼럼 기사를 써 박근혜 전 대통령에 대한 명예훼손 혐의로 기소
된 가토 다쓰야 산케이신문 전 서울지국장 사건(이하 '세월호 7시간 사
건')을 담당한 재판부를 상대로 특정 방향의 결론을 유도하며 위법
하고 부당한 지시를 한 혐의입니다. 당시 임성근 전 판사가 관여한

이 사건 재판의 판결문과 법정에서 낭독할 판결 요약 구술본을 작성한 주심 판사가 바로 A 판사입니다.

당시 해당 사건 재판부 내에서 이뤄진 판사 3명의 합의 내용이 증언거부 대상이 되는지를 두고 검찰과 변호인 그리고 재판장 사이 설왕설래가 이어지던 중, A 판사는 "합의에 관한 사항이라고 증언을 거부할 생각이 없다"며 모든 과정을 말하겠다는 입장을 밝혔습니다.

📑 임성근 전 부산고법 부장판사 항소심 재판 中 (2021. 5. 25.)

검 사 "2015년 11월 18일 자로 이메일에서 '이유 변경'이라는 제목으로 가토 다쓰야에 대한 판결문 수정본을 첨부해 보냈는데 종전과 다르게 결론이 '이 사건 기사는 박근혜의 수인의 범위를 넘은 것으로 명예훼손이 된다. 그러나 이 사건 공소사실은 피고인에게 비방의 목적이 있었다는 점에 관한 범죄사실의 증명이 없는 경우에 해당한다'로 이유가 변경됐습니다. 이 메일을 B 부장판사(재판장)에게 보내게 된 경위는 어떻게 됩니까?"

증 인 "말씀드렸습니다만 이 사건이 선고기일이 한번 변경이 됐는데 아마 이때가 변경 전이었을 겁니다. 판결 선고를 얼마 안 앞두고 있던 때에 B 부장판사가 배석판사 방에 들어와서 '기존 판결처럼 이유가 돼 있는데 이걸 바꿔서 양쪽 모두에 대해 명예훼손은 인정되는 데 비방 목적이 없는 것으로 무죄를 쓰자'고 말씀하셨습니다. 그래서 제가

'부장님 그건 제가 원래 얘기하던 거잖아요'라고 대답을 했는데 별 대답을 안 하고 나가셨습니다. 요청하셨고 저로서는 그걸 거부할 이유가 없었습니다."

2015년 11월 18일 오전 10시 13분 임성근 전 판사가 세월호 7시간 사건 재판장인 B 부장판사에게 '가토_말미(재수정판).hwp' 파일이 첨부된 이메일 한 통을 보냅니다. 약 4시간쯤 뒤인 오후 2시 29분 A 판사는 '일단 이렇게 바꾸어보았습니다'라며 '편집용-1.hwp' 파일을 첨부해 B 부장판사에게 이메일을 보냅니다. 10월 19일 사건 변론이 종결되고 이틀 뒤인 21일 재판부 내 합의로 정해진 판결 이유가 4시간 만에 바뀐 겁니다.

당초 무죄로 합의된 판결 요지는 가토 전 지국장이 박 전 대통령에 관해 쓴 기사의 허위성은 인정되나 대통령의 공적 지위를 인정하면 명예를 훼손한 것으로 보기 어렵고 아울러 비방할 목적이 있었다고 보기도 어렵다는 것이었습니다. 그런데 변경된 판결에서는 박 전 대통령이 공적 존재인 점을 고려하더라도 개인에 대한 명예훼손은 인정되고, 다만 비방할 목적이 없었다는 취지로 무죄 선고 근거가 바뀌었습니다.

명예훼손죄는 ①해당 내용이 알려지며 피해자의 명예를 훼손하였는지 ②비방의 목적이 있는지에 대한 입증을 구성요건으로 합니다. 이 판결에서 무죄라는 결론은 동일했지만 처음에는 두 요건 모두 충족되지 않는다고 했다가, 명예훼손은 인정되지만 비방의 목적이 입증되지 않았다고 바뀌었습니다. 임성근 전 판사의 요청으로 인해 법률적으로 매우 중요한 '판결 이유'가 달라진 것입니다.

이 요청을 들은 재판장 B 부장판사는 어디서 온 지시인지는 알리지 않고 그 지시를 그대로 A 판사에게 전달합니다. 이처럼 중요 사안의 변경을 요청하는 이유에 대해 A 판사는 당시 임성근 전 판사가 관여하고 있다는 자체를 몰랐고 B 부장판사의 요청 자체에도 별다른 의문을 품지는 않았다고 말합니다.

A 판사는 이날 B 부장판사가 자신이 있던 배석판사 방에 찾아와 "명예훼손은 되는데 비방 목적은 없는 것으로 무죄를 쓰자"고 말했고, 그 제안이 자신의 원래 생각과 가까웠기에 굳이 거절할 이유가 없었다고 합니다. 4시간 만에 판결문을 다시 작성할 수 있었던 것도 자신이 재판장과 합의하기 전 이러한 방향으로 작성해 놓았던 것들이 있었기 때문이라고 설명했습니다.

A 판사는 당시 지시한 사람을 알지 못했고 자신의 뜻과 같아 그대로 수긍해 고쳤다고 했지만 그가 고친 판결 이유에는 결론적으로 당시 형사수석이었던 임성근 전 부장판사, 더 나아가 임종헌 전 법원행정처 차장을 통해 행정처의 의중이 고스란히 반영되었습니다.

📑 임성근 전 판사가 수정한 '세월호 7시간' 가토 사건 판결 구술본

이에 대해 본 재판부는 말씀드린 바와 같이, 피해자 박근혜 대통령의 공적 지위를 고려하면 이 사건 기사가 박근혜 대통령의 명예를 훼손하는 것으로 보기 어렵고, 또한 이 사건과 관련된 제반사정을 고려하면 피고인에게 피해자 박근혜 대통령 등을 비방할 목적이 있었다고 보기 어렵다고 판단합니다.

(⟹ 이 단락 부분에서 가토의 이 사건 기사가 사실과 다르다는 점을 다시 한번 강조하고 이로 인해 피해자의 명예가 결과적으로 훼손되었다는 점을 설시한 다음, 그렇지만 언론의 자유의 범위 내에 비방할 목적이 있었다고 보기 어렵다는 점을 설명하는 게 좋겠습니다. 그 이후에 다음 단락을 다시 한번 강조하는 게 좋겠습니다.)

대통령이 대한민국 최고의 공적인 존재인 이상, 대통령을 피해자로 하는 명예훼손죄의 성립을 함부로 인정해서는 아니 될 것입니다. 그것이 공적 사안에 관한 경우에는 더욱 그러합니다.

(⟹ 대통령이 피해자라고 해서 명예훼손죄를 "함부로" 인정해서는 안 된다고 하면, 그쪽에서 약간 또는 매우 서운해 할 듯..)

검찰 수사를 거쳐 1심 판결문 등에서 인정된 사실에 따르면, 임종헌 전 차장은 세월호 7시간 사건 변론이 종결된 후 그해 11월 임성근 전 판사에게 이 사건이 어떻게 되고 있는지 물어보면서 '유무죄야 알아서 하겠지만 △기사가 허위인 점 △가토 전 지국장의 행위가 바람직하지 않은 점 △허위 기사를 작성한 점을 명확히 밝히

라'는 취지로 요청합니다.

이에 임성근 전 판사는 이 부탁을 B 부장판사에게 전달하고, B 부장판사는 11월 11일 판결 구술본 초안 말미를 임성근 전 판사에게 보냅니다. 윗선의 요청이 일선 재판부에 구두로 영향을 미친 것도 익숙하지 않은 광경이지만 여기서부터 더욱 노골적인 재판 관여가 시작됩니다. 임 전 판사는 이 구술본에서 마음에 들지 않는 문장에 줄을 긋고 고쳐야 할 방향까지 언급하며 '첨삭'합니다.

특히 대통령에 대한 명예훼손을 함부로 인정해서는 안 된다고 기재한 대목에서는 '그쪽에서 약간 또는 매우 서운해할 듯..'이라 적으며 해당 문장 전체를 빼라는 취지로 중간줄을 그어두기도 합니다. 또 비슷한 방식으로 '재판이 종결되기 전에 해당 기사에 적힌 내용이 허위로 드러나면 그 부분을 법정에서 언급하고 갔으면 좋겠다'는 지시를 하기도 했습니다. 임 전 부장판사와 행정처가 이 재판을 챙기며 관심을 가진 사안이, 눈치를 살피고 있는 방향이 '어디'인지 고스란히 보여주는 대목입니다.

이 무렵 11월 20일 법원행정처에서는 △가토의 기사는 허위지만 부득이하게 법리상 무죄가 예상됨 △보도의 목적이 공공을 위한 것으로 비방의 목적이 인정되지 않음 △무분별한 보도에 대한 재판부의 엄중 질책이 있을 것 등 판결 방향이 그대로 적힌 보고서가 작성되고 이를 임종헌 전 차장이 보고받습니다. 이 사건에 대한 선고는 한 달 후인 12월 17일에야 이뤄졌는데 말이죠. 그리고 실제 선고는 보고서에 적힌 예상 내용 그대로 진행되었습니다.

📑 **임성근 전 부산고법 부장판사 1심 판결 中 (2020. 2. 24.)**

"이러한 피고인의 구술본 말미 수정요청, 판결 내용에 대한 언급, 선고기일에서 외교부가 선처를 요청한 공문을 보낸 것을 언급해달라는 요청 및 피고인이 무죄 판결을 선고하면서도 박근혜 전 대통령의 행위가 부적절했다는 취지로 말해 달라고 요청한 것은 그 자체로 계속 중인 특정 사건의 재판 내용이나 결과를 유도하고 재판의 절차 진행에 간섭하는 재판관여 행위로 법관의 독립을 침해하는 위헌적 행위이다."

여기까지가 임성근 전 판사를 피고인으로 하는 '재판개입'의 대략적인 경위입니다. 법원행정처→중앙지법 형사 수석부장→재판장→배석 주심판사의 각 단계에서 어느 누구도 윗선의 지시에 이의를 제기하거나 의구심조차 품지 않으면서 법원행정처의 의중은 자연스럽게 일선 재판부의 재판과 판결 속에 스며들었습니다.

재판에서 법적 책임을 다투고 있는 이들은 재판부에 지시를 내려보낸 상급자들입니다. 하지만 사실 이 경로에 있던 판사들의 주장은 지시를 내린 사람이나 수용한 사람이나 대체로 비슷합니다. 부정한 지시가 아니었고 그 내용이 자신의 생각과 크게 다르지 않거나 다소 의아한 점은 있어도 받아들일 만한 내용으로 여겼다는 것입니다. 그 내용이 때로는 독립적이어야 할 재판의 방향에 관여하는 내용이기도, 법치 사회에서 중대한 무게감을 갖는 판결 근거를 변경하는 내용이기도 했는데 말이죠.

이러한 점들이 부적절하다 한들, 이제 마무리되어 가는 임성근 전 판사의 항소심에서 유-무죄 판단에 결정적인 변수가 되기는 어려울 것으로 관측됩니다. 임성근 전 판사의 1심에서도 위에서 살펴본 내용들을 '재판 관여'라고는 인정했지만 형사수석 부장이 다른 재판부의 사건에 개입할 '직권'이 없다는 법리적 이유로 직권남용 혐의에는 무죄를 선고했기 때문입니다.

하지만 이러한 지시를 내려보낸 쪽이나 한 차례의 의심 없이 수긍하는 이들의 모습이 "헌법과 법률에 의하여 그 양심에 따라 독립하여 심판"하는, 헌법이 규정하고 있는 법관의 모습과 거리가 멀어 보이는 것은 이 재판을 지켜보는 기자만의 생각일까요? 임성근 전 판사의 1심 재판부도 이를 "재판 관여행위로 법관의 독립을 침해하는 위헌적, 위법적 행위"로 규정한 만큼 이제 본격적으로 막이 오른 탄핵 심판도 관심을 갖고 지켜보아야겠습니다.

이 사건 지금은?

임성근 전 판사는 항소심에서 다시 한번 무죄 판결이 났습니다. 1심 재판부는 그나마 임 전 판사의 재판 개입이 "법관 독립을 침해하는 위헌적 행위"라고 했지만 2심은 "위헌적 행위라고 하기에는 적절치 않고 부적절한 재판 관여 행위"라며 비판 수위를 낮췄고 이후 대법원에서 그대로 확정됐습니다. 1심 재판부의 '위헌' 언급이 탄핵 심판의 시작점이 되었기에 추후 또다른 쟁송으로 번질 일말의 가능성마저 차단한 것이 아닌가 하는 생각도 듭니다.

형사 재판도 무죄로 결론이 났고, 1심 재판 후 진행되었던 헌법 재판 또한 이미 임성근 전 판사가 임기만료로 퇴직한 상태임을 이유로 파면이 불가능하다는 결론이 나왔습니다. 헌법재판소가 각하를 선고하면서도 사회적 의미를 갖는 사건에서는 본안판단을 하며 의미를 부여하는 경우도 있지만, 이번 다수의견은 재판개입 여부에 대한 판단조차 내리지 않았습니다. 결국 재판에 개입했지만 어떠한 법적 책임이 생기는지 알 수 없고, 설사 위헌적 행위라고 해도 책임을 물을 수 없는 것으로 최종 결론이 났습니다.

별개로 법원을 출입하는 기자들끼리 이런 이야기를 한 적이 있습니다. "같은 재판부에 속한 판사들이 서로 생각이 다르면 어떻게 합의를 할까?", "아무리 '짬 높은' 사람이 시켜도, 그래도 판사인데 설득하고 반박하고 이런 과정은 있지 않을까?" 하지만 이 재판만 놓고 보면, 그런 과정은 상상에나 있는 모습인 듯합니다. '까라면 까고 말라면 마는' 수동적인 공무원의 모습과 하등 다를 바가 없었습니다.

스스럼없이 대통령의 기분을 살피며 "그쪽이 서운할 듯"이라며 판결문 작성에 개입하고, 그 과정을 의심 없이 순응했던 이들의 모습과 '법관의 독립'은 참 멀어 보입니다.

3장

국가폭력은 진행 중

국가폭력 피해자, 여전히 유죄?:
서울대 무림사건 재재심

2020년 8월 23일

📄 **서울중앙지법 '서울대 무림사건' 재재심 결심공판 검찰 구형**
(2020. 8. 14.)

재판장 "변호인 측이나 검찰 더 (말씀) 하실 게 있습니까? … 검찰 의견
말씀하시죠."

검 사 "본 사건에 대한 의견은 서면으로 하도록 하겠습니다."

영문도 모르는 채 경찰에 체포되어 한 달이 넘게 고문을 당하고
수감 생활까지 한 지 40년. 이번에도 국가는 피해자에게 정식으로
사과하지 않았습니다.

지난 14일 서울중앙지법에서는 1980년 '서울대 무림사건'의

피해자 김명인 인하대 교수와 박 모 씨(민청학련 민사재심추진위원)의 반공법 위반 재심 결심공판이 진행되었습니다.

'부림사건'은 영화 〈변호인〉으로도 잘 알려졌지만 '무림사건'은 생소하실 겁니다. '무림'은 서울대 학내운동 세력의 연합을 칭하는 말이었다고 하는데요, 이들은 전두환 일당의 12-12 쿠데타 1년을 맞아 1980년 12월 11일 학내에서 시위를 주도했습니다. 당시 경찰이 이를 '외부 사주에 의한 것'으로 규정하고 학생들을 대거 불법연행-구금-고문하면서 무림사건이라는 별칭이 붙었습니다.

서울대 국문과 77학번이었던 김 교수는 당시 시위에서 5.18 광주 민주화 운동의 정신을 계승해 군부독재를 타도하자는 내용 등이 담긴 '반파쇼학우투쟁선언문'을 직접 썼습니다. 서울대 동양사학과 73학번인 박씨는 앞서 민청학련 사건으로 구속-제적되었다가 1980년 3월에 복학한 상황에서 갑작스레 다시 체포되었습니다. 이들은 '남영동 대공분실'로 끌려가 고초를 겪었습니다.

📖 **서울중앙지법 '서울대 무림사건' 재재심 결심공판 최후진술**
(2020. 8. 14.)

김명인 "저는 오늘 유무죄를 다투는 피고인으로 이 자리에 섰습니다. 하지만 저는 이 자리를 제가 원고로서 피고인 대한민국 국가의 죄를 묻는 자리라고 생각합니다. 40년 전 대한민국 국가는 한 국민을 상대로 불법연행과 고문, 그리고 3년간의 강제 인신구속 및 범죄자 낙인찍기 등 씻을 수 없는 폭력을 저질렀습니다. 제주 4.3사건, 한국전쟁기, 광주 5.18 민주화운동에서의 끔찍한 집단적 양민학살만이 국가폭력이 아니라, 이 사건과 같이 평범한 시민들의 일상과 자유를 압살하는 행위 역시 국가가 가해자로서 피해자들의 삶 전체를 유린한다는 점에서는 똑같이 국가폭력입니다."

김 교수가 체포된 날짜는 1980년 12월 16일이지만 구속영장이 발부된 것은 1981년 1월 19일이었습니다. 35일간 불법 구금된 상태에서 고문 기술자 이근안 등으로부터 구타와 잠 안 재우기, 물고문 등에 시달리며 허위 자백을 강요당했던 것입니다. 박씨 역시 연행된 날짜는 1980년 12월 25일이었지만 구속영장이 발부된 것은 26일이 지난 후였습니다.

📖 '서울대 무림사건' 재재심 결심공판 후 CBS노컷뉴스와 인터뷰 (2020. 8. 14.)

김명인 "처음 시경에 끌려가서 밤낮없이 정말 죽도록 맞았죠. 이후에 치안본부로 갔더니 이근안이 처음 나를 맞이했는데 '이놈들 정말 무식하게 했구마' 그럴 정도였다고. … 이근안이 나를 기소의견으로 넘긴 날 밤에 치킨을 사줬어요. 생전 처음으로 프라이드 치킨을 먹어봤지. 이건(고문) 자기 일이니까 '유감 갖지 마라. 개인적인 유감은 없다'고 하면서 사 준거야. 내가 (검찰로) 나갈 때 두 가지를 말하더라고요. '너 내가 보면 10년 이상 (감옥에서) 살 것 같은데 그때까지 내가 아마 있을 거다. 그때 날 찾아오면 여기 삼각지에 도가니탕 잘하는 집이 있으니 사주겠다'고. 자기가 관절꺾기를 하고 그랬으니 도가니가 관절에 좋다면서 하는 이야기였죠. (웃음) 또 하나는 장기수들을 위한 운동법이 있대요. 고문 회복에 좋다며 좁은 감옥 방에서 할 수 있는 운동법을 알려주더라고요."

김 교수는 당시 고문 후유증으로 각종 다발성 면역질환과 대장암, 우울증, 외상 후 스트레스 장애(PTSD) 등 신체적-정신적 질환을 앓고 있습니다. 이날 최후변론에서도 "매년 5.18 기념일이나 4.16 세월호 사건 추모일 같은 국가범죄의 기억을 불러일으키는 날이 오면 극심한 정신적 고통을 겪는다"고 호소했습니다.

박씨 역시 사정은 마찬가지입니다. 최후변론에서 박씨는 "처음엔 (구직) 서류를 넣을 수조차 없었다"며 어느 정도 시간이 흐른 후에는 이미 나이가 많아 정상적인 구직 활동이 불가능했다는 취지로 말했습니다. 두 번의 수감 생활과 대학 제적-복학을 반복하며 박씨는 인생의 가장 중요한 시절을 잃어버린 셈입니다.

특히 박씨는 "제가 수괴라는 소문까지 났는데 부끄럽게도 저는 이 무림사건에 나오는 사람 전체가 인정하듯 무림사건과는 아무런 연관이 없는, 전혀 모르는 상태에서 잡혀갔다"고 말합니다. 그가 체포된 근거는 겨울방학 중 전공과목 공부를 위해 집에 가져다 둔 '태평천국의 난' 등의 서적과 이전 구속 이력이 전부였다는 겁니다.

계엄법 위반과 반공법 위반(불온서적 소지) 혐의로 김 교수는 징역 3년–자격정지 3년, 박씨는 징역 1년 6월–자격정지 2년을 선고받았습니다. 이근안의 말대로 '징역 10년 이상'의 대규모 공안사건으로 수사가 시작되었지만 5.18 광주 민주화 운동의 여파가 커지고 전두환 전 대통령의 공식 취임이 진행되면서 다소 급하게 사건이 마무리된 것으로 보입니다.

📖 서울중앙지법 '서울대 무림사건' 재재심 결심공판 최후진술 (2020. 8. 14.)

김명인 "대한민국 국가와 사법부가 저지른 잘못은 이에 그치지 않습니다. 5.18 민주화 운동이 전두환 일당의 국가변란 행위에 대한 민주시민들의 정당한 저항행위로 판명된 이후 1999년 본인(김명인) 등이 청구한 재심의 항소심에서 재판부는 계엄법 위반죄에 관해서는 무죄를, 반공법 위반죄는 선고유예를 선고하고 대법원에서는 이를 확정했습니다. 여전히 국가폭력의 본질을 제대로 인식하지 못하고 평생의 고통을 남겨주는 잘못을 저질렀던 것입니다."

이번 재판은 김 교수와 박씨에게 벌써 두 번째 재심입니다. 이

들은 1999년 5.18민주화운동등에관한특별법상 특별재심을 청구해 계엄법 위반 혐의에 대해서는 무죄를 받아냈습니다. 그러나 당시 법원은 '불온서적 보유'는 5.18 민주화 운동이나 전두환 정권 저지-반대 행위에 해당하지 않아 특별재심 대상이 아니라고 보고 반공법 위반에 대해서는 유죄 판단(선고유예)을 유지했습니다.

문재인 정부 출범 후 검찰은 과거 인권침해 사건에 대해 검사 직권으로 재심청구를 하고 '백지구형'이 아닌 '무죄구형'을 하겠다고 꾸준히 강조해 왔습니다. 재판부에 유무죄 판단을 떠넘기며 자신들의 자존심을 지키기보다는, 과거 국가의 잘못에 대해 반성하고 사죄하는 의미로 피해자의 무죄를 적극 주장하겠다는 취지입니다. 실제로 검찰은 '과거사 재심사건 업무 매뉴얼'을 마련하고 적극적으로 무죄구형도 실천하고 있지만, 아직도 피해자들의 멍든 가슴을 치유하기에는 한참 부족해 보입니다.

기자가 이날 구형을 미룬 이유를 묻자 서울중앙지검은 "해당 사건의 선고기일이 한 달 후로 아직 남아있는 상황이기 때문에 수사부서와 구형에 대해 협의 중"이라고 답했습니다. 피해자이지만 피고인으로 법정에 선 김 교수와 박씨는 "피고인의 항소를 기각해달라는 구형을 하지 않겠냐"며 씁쓸하게 웃었습니다.

김 교수는 "오늘 이 자리가, 저의 무죄가 마치 우는 아이 떡 하나 주듯이 마지못해 입증되는 소극적이고 시혜적인 자리가 아니라 국가의 야만적 폭력 행위를 적극적으로 증거하는 정의 회복의 자리이길 바란다"며 "그때 그 폭력을 행사 또는 방조한 모든 주체들이 어두운 과거를 올바로 성찰하고 반성함으로써 다시는 '인도에 반하는 범죄'가 되풀이되지 않기를 바란다"고 최후진술을 마쳤습니다.

이 사건 지금은?

결국 검찰은 김 교수와 박씨에 대해 각각 징역 1년에 자격정지 1년, 징역 8월에 자격정지 1년을 구형하며 '유죄' 입장을 유지했습니다. 서울중앙지검에 이유를 물어보니 "재심개시 사유가 있더라도 모두 무죄를 구형하는 것은 아니다. 재심 대상 사안의 법리와 증거 관계를 다시 검토해 사안별로 의견을 개진한다"라고 입장을 설명했습니다.

반면 2020년 9월 25일 1심 선고에서 서울중앙지법은 "피고인들의 고통에 깊이 동의한다"며 공식적으로 사과하고 무죄를 선고했습니다.

"피고인들이 당시에도 그렇고 그 이후에도 사회적으로 또 개인적으로 많이 고통스러웠을 것이고 이 과정(재심)에서도 힘들었던 점에 대해서는 깊은 (잠시 말을 멈춤) 동의를, 또 마음으로부터 응원을 보냅니다."

재판부는 "검사가 제출한 증거들은 증거능력이 없어서 증거로 쓸 수 없거나 증거능력이 부족하다"며 "달리 피고인들의 공소사실을 인정할 만한 증거가 없다"고 말했습니다. 고문을 통해 만들어진 진술이거나 조작되고 부풀려진 증거밖에 없는 기소였다고 판단한 것이죠.

가혹행위 정황이 인정되면서 검찰의 피의자 신문조서는 위법수집증거로 기각되었습니다. 피고인들이 원심 법정에서 죄를 인정하는 듯한 진술을 한 것에 대해서도 재판부는 "불법구금 상태에서 자백을 강요받았던 것으로 의심이 가는데 이러한 부분이 살펴지지 않았기 때문에 의미있는 진술로 볼 수 없다"고 판단했습니다.

설사 법정진술이 강압 없는 자유로운 상태에서 나온 것이라고 할지라도 피고인들이 학생운동이나 학술 목적으로 서적을 읽고 의견을 나눴다는 사실관계를 인정한 것일 뿐, 독재정권 비판을 넘어 북한을 이롭게 할 목적까지 인정한 것은 아니라고 짚었습니다.

이번 판결로 김 교수와 박씨는 40년 만에 '전과자' 딱지를 떼게 되었습니다. 그러나 여전히 이들은 몸과 마음에 깊이 남은 상처와 함께 살아가야 합니다. 마지막까지 피고인들이 유죄라고 낙인찍은 검찰의 태도를 이해할 수 없었습니다. "과거 수사기관의 폭력에 대해 깊이 사과합니다. 김명인 씨는 무죄입니다" 이 말 한마디가 그렇게 어려운 걸까요?

사법농단의 외풍을 넘어: '위안부 피해' 재판권

2021년 1월 10일

📑 '위안부' 손해배상소송 선고 (2021. 1. 8.)

재판장 "피고(일본국)에 의해 계획적 조직적으로 광범위하게 자행된 반인도적 범죄행위이며 국제 강행 규범을 위반한 것으로 판단됩니다. 이런 부분까지 국가면제를 적용할 수 없고 이 사건에서 우리 법원이 피고에 대한 재판권을 행사할 수 있다고 할 것입니다. 피고의 불법행위가 모두 인정되고, (원고들이) 불법행위로 인해 상상하기 힘든 극심한 육체적 정신적 고통에 시달리고 피고로부터 사과와 배상을 제대로 받지 못하는 제반 사정을 고려할 때 위자료는 적어도 원고들이 청구한 각 1억 원 이상이라고 보는 것이 타당합니다. 원고들의 청구를 모두 인용합니다. 주문. 피고는 원고들에게 1억 원씩 지급한다. 소송비용은 피고가 부담한다."

약 5분간의 선고가 끝난 후, 소송 당사자인 할머니들 대신 출석한 변호사가 재판부에게 감사의 뜻을 표하며 고개를 숙였습니다. '위안부' 피해에 관한 일본 정부의 배상 책임이 우리나라 법원에서 처음으로 인정된 순간입니다. 이 법원에 정식 재판이 접수된 지 약 5년, 민사조정 신청에 나선 것을 기준으로는 7년 5개월만입니다.

소송이 이렇게 길어진 데는 무엇보다 일본 정부가 소송 자체를 무효라며 거부한 탓이 컸습니다. 2013년 8월 고(故) 배춘희 할머니 등 12명의 '위안부' 피해자가 각 1억 원씩 배상을 요구하며 조정신청을 냈지만, 일본 정부는 재판부가 보낸 서류들을 반송하며 "응하지 않겠다"는 뜻을 노골적으로 드러냈습니다.

2년이라는 시간이 의미 없이 지났고, 그사이 소송을 시작했던 배춘희 할머니와 김외한 할머니가 세상을 떠났습니다. 남은 피해자와 가족들은 결국 정식 재판인 손해배상청구 소송에 나서겠다는 뜻을 밝혔고 2016년 1월 절차가 시작되었습니다. 이번에도 일본은 재판부의 요청을 일절 거부하며 기존 입장을 고수했습니다.

일본은 도대체 무슨 근거로 재판을 거부했을까요? 바로 '주권면제'입니다. 이는 '모든 주권 국가가 평등하다는 전제로 한 국가가 다른 국가에 대해 자국의 국내법을 적용한 법적 책임을 물을 수는 없다'라는 뜻의 국제관습법인데요. 이 원칙에 따라 '위안부' 피해에 대해서 대한민국의 법원이 주권 국가인 일본을 대상으로 재판권을 행사할 수 없다는 것이 일본 측 주장이었습니다.

또한, 지난 1965년 한일청구권협정을 들어 모든 청구권이 최종적으로 해결되었다는 주장도 내세웠습니다. 쉽게 말해 일제강점기 당시 입은 피해에 대해 개인이 일본 정부에 배상책임을 더는 요구할 수 없다고 한 것인데요. 이에 더해 소송이 진행 중이던 2015년 12월 박근혜 정권 당시 체결된 '위안부 합의'도 일본 측의 재판 거부 명분을 강화하는 수단이 되었습니다.

정리하면 주권면제 원칙에 따라 대한민국 법원에서 재판할 권리가 인정되지 않고, 위와 같은 합의들로 인해 개인이 재판을 청구할 권리 또한 소멸했다는 것이 이 소송에 대한 일본의 태도였습니다. 그런데 일본 정부만 이 같은 시각으로 '위안부' 손해배상 사건을 바라본 것은 아니었습니다.

📖 임종헌 전 법원행정처 차장 공소사실 中

사건 처리 방향에 대하여 '재판권 없음을 이유로 소 각하', '재판권 인정, 통치행위론에 의해 소 각하', '재판권 인정, 시효소멸 이유로 원고 청구 기각', '재판권 인정, 최근 위안부 협상에 의해 개인청구권 소멸되었음을 이유로 기각', '재판권 인정, 원고 청구 인용' 등 5가지 시나리오로 검토 … '법리상 재판권 인정될 여지는 적으나 재판권 인정할 경우에도 한국 정부의 대외적 신인도, 외교적 마찰, 경제적 파장 등을 고려하면 소멸시효, 일괄보상협정 등에 의해 개인 청구권은 소멸하였다고 판시함이 상당'하다고 기재

공소사실에 따르면 '양승태 사법부' 당시 임종헌 법원행정처 차장은 이 소송의 원고 승소 가능성에 부정적인 입장을 내비치며 재판의 진행 절차와 결론을 검토할 것을 하급자에게 지시했습니다. 당시 '위안부 합의'로 순항하던 한일 외교 관계가 이 사건의 결과에 따라 악화될 가능성을 염려하면서 우리 법원행정처가 직접 원고(위안부 피해자) 측의 주장을 기각할 각종 논리를 만들었다는 것이 검찰의 주장입니다.

　　이 지시에 따라 작성된 검토보고서에는 진행될 수 있는 5가지의 가상 시나리오가 담겼습니다. 대부분은 임 전 차장의 의중대로 부정적인 결론, 그러니까 소송 자체가 인정이 안 된다는 이유 등으로 피해자들의 패소가 예상된다는 내용이었습니다.

　　예를 들어 주권면제 등을 이유로 '소 각하 판결' 즉 재판권이 인정되지 않는다거나, 인정되더라도 최근 위안부 협상에 따라 개인 청구권은 소멸되었다는 이유를 들어 청구를 받아들이지 않는다는 판결이 나올 가능성이 높다는 내용 등입니다.

　　특히 시나리오마다 예상되는 파급 효과도 포함되었는데 여기서 이 소송의 부정적인 결론을 이미 예상한 게 아니냐는 의심을 키우는 대목들도 대거 등장합니다. "법리상 재판권이 인정될 여지는 적지만 재판권을 인정할 경우에도 한국 정부의 대외적 신인도, 외교적 마찰 등을 고려하면 일괄보상협정 등에 의해 개인 청구권은 소멸하였다고 판시하는 것이 상당하다"고 언급한 부분이 대표적입니다.

　　이 같은 법원행정처의 검토 내용이 실제 담당 재판부의 소송 진행에 직접적인 영향을 미쳤는지 여부는 입증되지 않았습니다. 하지만 당시 법원행정처가 피해자들의 청구를 배척할 논리를 미리 검토하고, 이미 부정적인 결론을 예상했다는 사실만으로도 소송을 청구한 피해자들이 마주한 장벽이 얼마나 높았는지는 가늠할 수 있을 듯합니다.

📖 📖 '위안부' 손해배상소송 설명 中 (2021. 1. 8.)

"피고가 된 국가가 국제공동체의 보편적인 가치를 파괴하고 반인권적 행위로 인하여 피해자들에게 극심한 피해를 가하였을 경우까지도 최종적 수단으로 선택된 민사소송에서 재판권이 면제된다고 해석하는 것은 불합리하고 부당한 결과가 도출된다. 즉, 어느 국가가 다른 국가의 국민에 대하여 인도에 반하는 중범죄를 범하지 못하도록 한 여러 국제협약에 위반됨에도 이를 제재할 수 없게 되고, 이로 인하여 인권을 유린당한 피해자들은 헌법에서 보장한 재판받을 권리를 박탈당하여 자신의 권리를 제대로 구제받지 못하는 결과를 초래하며, 헌법을 최상위 규범으로 하는 법질서 전체의 이념에도 부합하지 않는다."

이날 판결의 의의는 무엇보다 '위안부 피해'에 대해 일본을 상대로 재판할 권리가 우리나라 법원에 있다고 결론을 내린 점에 있습니다. '위안부'와 같이 국제 강행규범을 어긴 중대한 인권침해사

건에서, 헌법에 보장된 '재판받을 권리'가 국제관습법인 주권면제 원칙보다 우선한다고 본 것입니다.

특히 이 사건은 피해자들이 낸 민사소송이 다른 배상 및 사과의 길이 막힌 상황에서 낸 최종적 수단이라는 점을 고려할 때, 관습적으로 주권면제 원칙에 따라 재판권이 없다고 보면 불합리한 결과를 초래한다는 점을 명확히 지적했습니다. 주권면제는 배상과 보상을 회피할 수 있도록 기회를 주기 위한 제도가 아니라는 것입니다. 아울러 1965년과 2015년의 합의로 이 손해배상 사건에 대한 개인청구권까지 소멸한 것도 아니라고 덧붙였습니다.

이는 일본 측이 그간 재판을 거부해온 사유에 대한 반박이면서 당시 법원행정처가 검토한 방안과는 정반대 결론이기도 합니다. "재판권 없음을 이유로 소 각하 판결 불가피", "재판권 인정할 경우에도 개인 청구권은 소멸하였다고 판시함이 상당함"이라는 당시 검토보고서의 분석과 달리 재판부는 이 소송에서의 재판권과 청구권을 모두 인정했습니다. 당시 정부의 외교 현안 대응에 발맞춘다는 이유로 양승태 사법부가 검토했던 시나리오들이 얼마나 위험했는지 다시 생각하게 하는 결론입니다.

이날 선고 결과를 두고 "위안부 피해에 대해 일본 배상 책임을 입증한 역사적 판결"이라는 환영과 동시에 "주권면제에 대한 판단에 면밀한 검토가 필요하다"는 시각이 존재하는 것도 사실입니다. 향후 유사한 사건에서 다른 주권국가를 상대로 한 재판을 모두 우리나라 법원이 판단할 수 있는지에 대한 문제이기 때문에 더욱 신중할 필요가 있다는 것입니다. 이는 분명 차분히 살펴봐야 할 내용입니다.

하지만 우리나라 현대사에서 가장 아픈 역사에 대해 "재판할 권리가 없다"거나 "청구권이 소멸됐다"고 너무 손쉽게 결론지은 이들은 이날 판결의 의미를 좀 더 심각하게 받아들여야 하지 않을까요? 법원행정처에서 이러한 재판 검토보고서 작성을 지시한 것이 위법했는지에 대해서는 현재 1심 재판이 계속 진행 중입니다.

이 사건 지금은?

일본의 '위안부 피해'에 대한 법적 책임을 처음으로 인정한 판결이라는 의미가 무색하게, 선고가 나온 지 어느덧 1년 6개월이 훌쩍 지났지만 일본은 여전히 '무대응'으로 일관하고 있습니다. 손해배상 판결에 주권면제 논리로 침묵하는 일본은 이후 법원의 재산명시 결정(재산 내역과 변동 사항을 제출하라는 결정)에도 여전히 묵묵부답입니다.

역사적 사실인 '위안부 피해'를 법적 절차로 풀어야 하는지, 또 풀 수 있는지에 대해서는 법률가들 사이에서도 의견이 갈리고 있습니다. 그러나 애초에 역사적 책임을 회피하면서 피해자들이 이렇게 오랜 시간 법정을 들락거리게 만든 일본의 대응 방식은 여전히 너무나 뻔뻔하고, 비난받아 마땅하다는 생각이 듭니다. 동시에 법관으로서 법이 아닌 정치와 외교 문제로 이 사안을 바라보고 재판권을 애써 부정해 온 '양승태 사법부'는 지금은 어떤 생각을 할지도 궁금해집니다.

'법정의 주인'은 누구였나:
일제강점기 강제징용 피해자 손해배상소송

2021년 6월 13일

📄 **일제강점기 강제징용 피해자 손해배상소송 선고 中 (2021. 6. 7.)**

(오후 1시 58분 : 재판부 입정)

재판장 "판결문이 좀 길어서요. 결론만 말하고 판결문 보시면 될 것 같습니다. 기자들에게는 보도자료를 공보관실 통해 보내겠습니다. 개인의 청구권이 청구권협정에 의해 바로 소멸되거나 포기되었다고는 할 수는 없지만, 소송으로 이를 행사할 수는 없다는 결론입니다.

…(중략)…

주문 이 사건 소를 모두 각하한다. 소송비용은 원고가 부담한다. 소송 모두 각하입니다. 마치겠습니다."

(오후 1시 59분 : 재판 종료)

6년의 기다림에 대한 법원의 답을 듣는 데는 채 1분도 걸리지 않았습니다. 그 대답은 소송의 요건조차 채우지 못했다는 의미의 '소 각하'였습니다.

이 짧은 선고라도 법정에서 들을 수 있던 원고(강제징용 피해자 유족들)는 전체 85명 중 고작 10명 남짓이었습니다. 나흘 뒤 진행될 것이라고 알고 있던 선고의 일정이 당일 오전에 '기습' 변경되었으니 오고 싶어도 올 수도 없었을 유족들이 상당했을 것이라 짐작합니다.

선고는 짧았지만 판결의 파장은 길게 이어졌습니다. 선고 하루 뒤에 청와대 국민청원에는 이 사건 판결을 한 재판장에 대한 탄핵 청원글이 올라와 하루만에 20만 명의 동의를 받는가 하면, 여당을 중심으로 정치권에서는 "도대체 어느 나라 법원이냐"는 비판이 쏟아지기도 했습니다.

외부의 반응만 그런 것은 아니었습니다. 통상 타 재판부의 판결에 언급을 삼가는 법원 내부에서도 이번 강제징용 판결을 두고는 꽤 당황스럽다는 목소리가 상당합니다. 일선 법원 직원이 내부망에 "판결은 존중받아야 하지만 이 판결은 좀 심한 것 같다"는 글을 올리고 현직 법원장이 "난센스"라며 판결의 주요 근거를 반박하는 댓글을 남기는 이례적인 '판결 품평'도 있었습니다.

"법원의 판결이 존중받아야 한다"는 것은 구태여 설명할 필요 없이 법치주의 사회에서는 너무 당연한 말입니다. 그런데도 이번 판결이 존중받지 못하고 있는 이유는 무엇일까요?

"위와 같은 법리를 토대로 이 사건에 관하여 보건대, 식민지배의 불법성과 이에 터잡은 징용의 불법성은 유감스럽게도 모두 국내법적인 법해석이다. 일본국을 포함한 어느 나라도 자신들의 식민지배의 불법성을 인정하였다는 자료가 없고 국제법적으로도 그 불법성이 인정된 바가 있다는 자료가 없다. 그 당시 즉 서세동점(西勢東漸)[3]의 제국주의 시대에 강대국의 약소국 병합이 국제법상 불법이라는 주장은 오늘날 국제사회에서 실정법으로 인정받지 못하는 것이 현실이고 … 결국 강제징용 피해자들의 위자료청구권을 인정한 대법원 선고 2013다61318 전원합의체 판결 등은 국내 최고재판소의 판결이지만 위와 같은 식민지배의 불법성과 이에 터잡은 징용의 불법성을 전제로 하고 있는 바, 이와 같은 판결 등은 앞서 본 바와 같이 단지 국내법적 해석에 불과한 것으로, 이러한 국내법적 사정만으로 식민지배의 적법 또는 불법에 관하여 상호합의에 이르지 못한 채 일괄하여 이 사건 피해자들의 청구권 등에 관하여 보상 또는 배상하기로 합의에 이른 '조약'에 해당하는 청구권협정의 '불이행'을 정당화할 수는 없는 것이다. 따라서 대한민국은 여전히 국제법적으로는 앞서 본 바와 같은 청구권협정에 구속된다."

---

3 서양이 동양을 지배한다는 뜻으로 밀려드는 외세와 열강을 뜻함

판결 곳곳에 의아한 언급이 많지만, 가장 파장이 큰 대목은 "식민지배의 불법성과 이에 터잡은 징용의 불법성은 유감스럽게도 모두 국내법적인 법해석이다"일 것입니다. 강제징용이 국제법적으로 봤을 때 불법성이 인정되지 않는다는 내용 자체도 그렇지만, 3년 전 대법원이 다른 강제징용 피해자들에 대한 일본 기업의 배상 책임을 인정하며 확립한 판례와 정반대의 판단이기 때문입니다.

📖 **대법원 고(故) 여운택 등 강제징용 피해자 일본제철 상대 손해배상 소송 판결 中 (2018. 10. 30.)**

"구 일본제철의 원고들에 대한 행위는 당시 일본 정부의 한반도에 대한 불법적인 식민지배 및 침략전쟁의 수행과 직결된 반인도적인 불법행위에 해당하고, 이러한 불법행위로 인하여 원고들이 정신적 고통을 입었음은 경험칙상 명백하다. 청구권협정은 일본의 불법적 식민지배에 대한 배상을 청구하기 위한 협상이 아니라 기본적으로 샌프란시스코 조약 제4조에 근거하여 한일 양국 간의 재정적·민사적 채권·채무 관계를 정치적 합의에 의하여 해결하기 위한 것이었다고 보인다. … 따라서 '피징용한국인의 미수금, 보상금 및 기타 청구권의 변제청구(청구권협정 제5항)'에 강제동원 위자료청구권까지 포함된다고 보기는 어렵다."

당시 대법원 전원합의체는 판단에 참여한 대법관들의 다수 의견(7명)에 따라 강제징용 피해자들 개인이 입은 피해에 대한 손해배상청구권이 1965년 한일청구권협정으로 인해 소멸된 것은 아니라고 판단했습니다. 일본 기업의 강제징용은 "불법적인 식민지배와 직결된 반인도적인 불법행위"이고, 일제 시기 재정적-민사적 채권-채무관계를 해결하기 위한 정치적 합의인 청구권협정이 이뤄졌다고 해서 일제 시기의 불법 행위로 인한 개인의 위자료 청구권까지 소멸하는 것은 아니라는 게 주된 근거입니다.

대법관들이 장기간 합의해 내린 결론을 이번 강제징용 재판부가 정면으로 뒤집었습니다. 일제 강제징용이 불법이라는 것은 국내법적인 해석일 뿐 국제법상 인정되지 않고, 이에 따라 피해자 개인이 일본 기업을 상대로 소송으로 손해배상청구를 행사할 권한은 청구권협정에 따라 사라졌다고 본 것입니다. 3년 전 대법원 전원합의체의 소수의견과 결론적으로 동일하다는 설명과 함께 말이죠.

통상 대법원에서 확립된 판례는 향후 유사한 쟁점의 하급심 소송에서 판단 기준이 됩니다. 그러므로 사실상 완전히 같은 쟁점에 대한 판례를 따르지 않은 이번 재판부의 결정은 그 자체로 이례적입니다. 물론 대법원의 판례를 다른 사건에서 무조건 따라야 하는 것은 아니기에 이례적이라는 것 자체가 비판 대상은 아닐 겁니다.

문제는 판결을 통해 비춰진 재판부의 사건에 대한 인식입니다. 단어 그 자체에 인간의 자유를 억압하는 법질서 위반의 내용이 가득한 일제 '강점'기의 '강제'징용이 국제법적으로 불법성이 인정되지 않는다고 쉽게 결론을 낼 수 있는지 의문이 듭니다. 이 사안이 국내법이 아닌 국제법을 따라야 할 사안인지는 차치하고라도 말이죠.

🗐 판결 中 권순일 · 조재연 대법관의 반대의견 (2018. 10. 30.)

"개인청구권의 완전한 소멸까지는 아니더라도 '대한민국 국민이 일본이나 일본 국민을 상대로 소로써 권리를 행사하는 것은 제한된다'는 뜻으로 해석하는 것이 타당하다. 일제강점기에 일본이 불법적인 식민지배와 침략전쟁 수행을 위해 강제징용 피해자들에게 가한 고통에 비추어 볼 때, 대한민국이 피해자들에게 한 보상이 매우 미흡한 것은 사실이다. … 청구권협정으로 개인청구권을 더 이상 행사할 수 없게 됨으로써 피해를 입은 국민에게 지금이라도 국가는 정당한 보상을 하여야 한다. 대한민국은 피해 국민의 소송 제기 여부와 관계없이 정당한 보상이 이루어지도록 할 책무가 있으며 이러한 피해 국민에 대하여 대한민국이 소송에서 그 소멸시효 완성 여부를 다툴 것도 아니라고 본다."

더군다나 이번 재판부는 이 판결의 정당성을 찾으려는 듯 당시 대법원 전원합의체의 소수의견을 언급했지만, 사실 그 소수의견보다도 한참 후퇴한 판결로 보입니다. 당시 권순일–조재연 두 대법관은 "일본이 불법적인 식민지배와 침략전쟁 수행을 위해 강제징용 피해자들에게 가한 고통에 비추어 볼 때, 대한민국이 피해자들에게

한 보상이 매우 미흡한 것은 사실이다"라고 적었습니다. 일제강점과 강제징용이 법질서에 위반된다는 점은 인정하는 것이죠. 정확히는 '인정했다'기 보다는 사실이라고 보기에 법리적으로 따질 이유도 없었을 것으로 보입니다.

아울러 두 대법관은 당시 피해자들이 당한 고통에 비춰볼 때 그간 정부의 보상이 매우 미흡했다는 점을 명확히 짚으며 국가를 배상 주체로 언급하기도 합니다. 원고에게 (하지도 않을) 승소 판결을 했을 상황을 가정하고 더 나아가 이 판결이 확정될 시 일본기업으로부터 배상금을 강제집행하는 것은 위법하며 권리남용이라고까지 한 이번 재판부의 판단과는 사뭇 차이가 있습니다.

판결 구석구석 논란의 소지가 있지만 재판부의 고유 권한에 관한 것이니 넘어가더라도 정말 본질적인 문제는 이 판결을 선고하기까지의 과정에서 드러납니다. 앞서도 말했지만 이 사건 소송의 선고는 (2021년) 6월 7일 오전 9시 전까지만 해도 오는 11일 오후 2시로 예정되어 있었습니다. 그런데 7일 오전, 재판부는 돌연 당일 오후에 선고를 진행하겠다며 갑자기 일방적으로 일정을 앞당겼습니다. 판결문 작성에 시간이 걸리거나 재판부 간 합의에 이상이 있는 등의 이유로 선고가 미뤄지는 경우는 종종 있지만, 선고기일이 앞당겨지는 일은 거의 없습니다.

민사재판에 소송 당사자가 출석할지 여부를 선택할 권한은 스스로에게 있습니다. 이 사건의 원고 상당수가 재판이 열리는 서울에서 먼 곳에 거주하고 이동이 불편한 노인들이었습니다. 각자의 사정까지도 고려하면 강제징용 피해자와 유족들에게 재판에 참석할지 결정하도록 주어진 시간은 채 5시간도 안 된 셈이죠. 사실상 당사자의 재판 참여권을 박탈한 결정이라는 비판이 나오는 이유입니다.

📋 **일제강점기 강제징용 피해자 손해배상소송 판결 설명자료** 中 (2021. 6. 7.)

○ 이 법원은 헌법기관으로서 헌법과 국가 그리고 주권자인 국민을 수호하기 위하여 위와 같이 판결할 수밖에 없었음

○ 선고기일 변경은 당사자에게 이를 고지하지 않더라도 위법하지 않은 바(대법원 63다851, 62다567, 2001다14023 판결 등), 이 사건은 법정의 평온과 안정 등 제반 사정을 고려하여 판결선고기일을 변경하고, 소송대리인들에게는 전자송달 및 전화연락 등으로 고지하였음

○ 변론속행을 구하는 당사자들이 있으나 이 판결 결과는 민사소송법 제219조에 의하여 무변론 소 각하도 가능한 것이므로 받아들이지 않았음

선고기일 변경 사유는 더욱 황당합니다. 판결 선고 시에도 밝히지 않고, 이후 설명자료를 통해 알려진 그 이유는 바로 법정의 평온

과 안정 등 제반 사정을 고려했기 때문이라는 것입니다. 관심과 향후 논란을 의식한 듯 "당사자에게 이를 고지하지 않더라도 위법하지 않다"는 '세심한' 설명까지 덧붙였습니다.

기다리던 결과가 나오지 않으면 강제징용 피해자 측이 당장 소란을 일으키고 폭력으로 법정의 평온과 안정을 깰 문제적 존재라는 뜻인가요? 재판부가 느낀 두려움의 실체가 무엇인지 궁금한 지경입니다.

판사는 당장 법정에서 방청객이 목소리만 높여도 감치 명령을 할 권한이 있는데, 일어날지도 모르는 일을 이유로 선고를 기습적으로 앞당긴 것이 쉽게 이해가 가지 않습니다. 코로나19 상황에 따른 참석 제한이었다는 취지로 해석하더라도 이미 법정 안에서 좌석을 떼어 앉게 하는 등 조치를 하고 있는 점을 고려하면 설득력이 없기는 마찬가지입니다.

이유가 어찌 되었든 결국 이런 결정을 할 수 있던 이유는 이 법정의 주인은 재판부 자신이라는 인식 때문이 아니었을까 생각합니다. 특별히 악의 없는 행위였더라도 결국 소송 당사자가 아닌 자신들의 편의만 고려한 선택인 것은 분명하니까요.

그러나 법적 판단은 재판부의 몫일지 몰라도 이 재판의 당사자는 판사가 아니라 소송을 청구한 원고 강제징용 피해자 그리고 소송을 당한 피고 일본기업입니다. 재판 당사자에 대한 최소한의 인식과 존중이 있었다면, 법정의 평온과 안정이 우려되는 상황일지라도 이런 식으로 당사자들의 참석을 배제할 수 있었을지 의문입니다.

그 자체로 존중받아야 할 법원의 판결이지만 이번만큼은 그렇지 않은 현상이 벌어지는 일도 이와 무관하지 않아 보입니다. 판결이 존중받으려면 재판부가 먼저 '법정의 주인'을 존중해야 한다는 꾸짖음 아닐까요?

B컷의 B컷

법정 취재를 하다 보면 재판 일정이 미뤄지는 경우가 부지기수입니다. 오죽하면 "경찰은 때려 조지고, 검사는 불러 조지고, 판사는 미뤄 조진다"는 말까지 나왔을까요. 1970년대 정을병의 소설 「육조지」에서 나온 말로 수사-사법기관이 죄인을 대하는 태도, 혹은 죄인을 만드는 태도를 표현한 말입니다. 이런 악의 때문이 아니더라도 피고인이나 변호인의 사정으로, 때로는 검사나 판사의 사정으로 재판이 미뤄지는 경우는 어느 법정에서든 쉽게 볼 수 있습니다.

하지만 재판이 앞당겨지는 경우는 주변 법조인들에게 모두 물어보았으나 들어보지 못한 일이라고 합니다. 심지어 선고를 며칠 앞으로 남겨둔 당일 오전, 몇 시간 뒤 선고를 하겠다고 통보하는 경우는 수십 년 법원을 오가면서 처음 봤다는 말도 들었습니다.

'강제징용'에 대해 국내 법원이 재판을 할 수 있는지, 더 나아가 일본의 손해배상 책임을 인정할 수 있는지 등은 분명 법리적으로 따져볼 부분이 있는 사안입니다. 그러나 이와 별개로 그 판단에 당사자들이 불복해 '법정의 안정'을 깰까 봐, 당사자들에게는 통지가 닿기도 전에 기습 선고한 판사라니… 이런 일들이 법원의 신뢰를 깎고 국민들의 법감정과 괴리되는 이유가 아닐까 하는 생각이 듭니다.

법정에 선 노인:
50년 만에 지워진 '반공법 위반' 낙인

2021년 12월 19일

📄 **서울중앙지법 A씨 재심 재판 선고기일 (2021. 12. 8.)**

재판장 "재판부가 과거 기록과 재심 청구를 하면서 피고인이 주장한 내용을 면밀하게 검토해 진실을 밝히기 위해 노력을 했습니다. 그럼에도 재판부가 파악한 진실과 피고인이 역사적으로 경험한 진실이 다르거나 차이가 있을 수도 있을 것 같습니다. 피고인이 재심 대상 판결로 징역을 복역했고 그 후로 오랫동안 고통을 겪으셨을 것으로 생각이 듭니다. 이미 많은 시간이 지나버렸지만 사법부의 일원으로서 과거 판결에 대해 위로와 함께 사과의 말씀을 드립니다. 부디 명예를 회복하고 쌓였던 응어리를 벗어버리고 보다 자유롭고 떳떳하게 생활할 수 있기를 기원합니다. 선고를 마치겠습니다."

재판부가 무죄 선고에 덧붙여 과거 사법부의 잘못된 판결에 사과하자 70대 노인 A씨는 재판 내내 꾹 참아왔던 눈물을 터뜨리며 손으로 얼굴을 감쌌습니다. 1970년 10월 13일 영문도 모른 채 끌려와 꼭 같은 장소에서 '보안 사범'으로 전락했던 평범한 대학생이 51년 만에 백발의 노인이 되어 '주홍글씨'를 지워내는 순간입니다.

📋 서울중앙지법 A씨 재심 청구 2차 심문기일 (2021. 4. 30.)

검　사 "1970년에 이런 일을 겪으셨다고 하셨는데요. 1998년에 문민정부가 선출되면서 재심 청구 기회는 많았을 것으로 생각이 듭니다. 2020년에서야 재심 청구를 결정한 계기가 있습니까?"

A　씨 "사실 재심을 하고 싶지 않았습니다. 이미 다 끝난 일이니 감수하고 없는 일처럼 묻고 가려고 했습니다. 사실 이 내용은 제 주변 아무도 모릅니다. 심지어 처에게도, 아들에게도 자세히 말한 적이 없습니다. 이 재판에 나오는 것도 멀리 지방에서 버스를 타고 서울에 오고 있는 겁니다. 그런데 요즘 서서히 죽음이 가까이 오고 있다는 것을 느낍니다. 혼자 이것을 묻고 가려니 그 억울함이… 이 억울함을 묻고 가기에는 눈이 안 감길 것 같아서 재심 청구를 하게 됐습니다. 소란을 떨어 굉장히 죄송합니다."

1970년 어린 시절 일본으로 건너간 아버지가 보낸 학자금 몇 푼

과 편지 때문에 평범한 대학생에서 졸지에 '간첩'으로 몰리고 모진 고문 후 옥살이까지 한 A씨. 어떻게 사는지도 몰랐던 아버지가 재일본조선인총연합회(조총련) 소속이라는 이유로, 편지와 학자금을 받은 것이 반국가단체를 이롭게 할 목적으로 구성원과 통신하고 자금을 수수한 것이 되어 징역형까지 선고되었습니다. 이 억울함을 50년 가까이 혼자 간직해오던 A씨는 "이대로 세상을 떠나기에는 도저히 눈이 안 감길 것 같다"며 어렵게 재심을 청구했습니다.

📖 서울중앙지법 A씨 재심 청구 2차 심문기일 (2021. 4. 30.)

A 씨 "그때 주변에 '북한을 찬양하는 말을 했냐'거나 '아버지의 활동이 자랑스러운 듯 말을 했다고 한 적이 있냐'고 해서 그런 일은 없으니 계속 부인했는데 두 번 물어보지도 않고 양 팔목에 수건을 감고 포승줄로 저를 묶었습니다. 두 다리를 팔 안으로 집어넣으라고 해서 했더니 겨드랑이에 파이프를 집어서 들었습니다. 그런 상태로 책상 두 개 사이에 저를 걸쳐 놓았습니다. 그러고는 얼굴에 큰 수건을 덮고 물을 부으니 숨을 쉴 수가 없었습니다. '이거 죽는 거 아닌가' 생각했죠. 숨이 넘어갈라 하면 잠시 수건을 들어주더라고요. 잠시 헉헉 숨을 쉬면 이제 시인하라고, 안 하면 다시 (고문을) 시작했습니다.

재심 과정을 요약하자면 A씨 측은 그간 재판에서 당시 수사기관의 고문 등 가혹행위가 수시로 있었고 이에 견디지 못해 허위 자백한 내용이 피의자 신문조서에 담겼다고 주장했습니다. 수사관들이 "북한을 찬양하는 말을 했냐", "아버지의 활동이 자랑스러운 듯말을 한 적이 있냐"며 윽박지르고, 이를 부인하면 인정할 때까지 폭언과 구타 심지어 도구까지 이용해 고문했다고 A씨는 말했습니다.

아울러 경찰이 최초 A씨를 체포할 때 영장을 제시하긴커녕 받고 있는 혐의와 변호인 선임권조차 고지하지 않은 채 불법 체포했고, 보고서에 체포 시점을 허위로 작성한 점도 재심 청구의 이유로들었습니다.

📑 **서울중앙지법 A씨 재심 재판 판결 中 (2021. 12. 8.)**

"인사와 안부 수준을 넘어 반국가단체의 구성원과의 대면이나 그 목적수행을 위한 활동과 관련이 있다고 보기 어렵다. … 피고인이 아버지와 연락을 주고받으며 학비와 생활비를 받았을 뿐이고 반국가단체에서 활동하거나 아버지로부터 받은 돈을 반국가단체의 이익을 위하여사용하였다는 사정은 전혀 드러나지 않는다."

재심 재판부 또한 A씨가 가혹 행위를 당한 점은 입증이 부족하지만 불법 체포 등은 있었다고 판단해 재심 개시를 결정했습니다. 그리고 이어진 재심 재판에서 A씨가 아버지로부터 편지와 학자금

을 일방적으로 받았을 뿐, 반국가 단체에 이익이 되는 행위를 했거나 국가의 존립 혹은 안전을 해칠 위험성이 있었음을 인정하기 어렵다고 판단했습니다.

또한 재판부는 A씨의 아버지가 보낸 편지 내용이 "너 자신의 운명을 너 자신이 개척하기를 바란다" 등 아들에게 보내는 인사와 안부 수준일 뿐이고, 송금한 돈 또한 경제적으로 어려웠던 A씨가 대학 학자금과 생활비로 모두 사용했다는 점을 무죄의 근거로 들었습니다.

이렇게만 보면 재심이 일사천리로 진행된 것처럼 보이지만 사실 그 여정은 결코 순탄하지 않았습니다. 재심은 역사적 사건에 관해서만 이뤄지는 거창한 절차라고 알고 있던 A씨는 우연한 계기로 2018년 겨울 민변 공익인권변론센터의 문을 두드렸고 이후 2년 동안 변호인단과 함께 흩어져 있던 50년 전 일에 관한 기록을 모아가는 작업을 진행했습니다.

다른 역사적 사안들과 달리 정말 A씨만이 기억하는 일이었기에 당시 상황을 입증할 자료 자체도 많지 않았고, 여기에 수사 자료를 가진 검찰마저 중요한 기록 제출을 거부하여 재심 준비에는 난관이 많았습니다. 이에 A씨 변호인단은 소송까지 하는 등 험난한 과정을 거쳐야 했습니다. 마침내 이를 통해 확보한 경찰의 '체포보고서' 등 수사 기록에서 위법 정황이 드러나며 A씨는 그제서야 재심 청구에 이를 수 있게 되었습니다.

📋 **서울중앙지법 A씨 재심 재판 결심 (2021. 10. 22.)**

재판장 "검사의 의견은 무엇입니까?"

검 사 "양형부당으로 항소하였습니다만 법과 원칙에 따라 피고인에게 무죄를 구형하고자 합니다."

…(중략)…

재판장 "옛날 기록에 증거 목록이 따로 안 보이는 거 같은데요. 검찰에서 증거에 대한 의견은 어떠신가요?"

검 사 "당심에 이르러 재심 결정 절차에서 재심 청구인이었던 피고인 진술 그리고 지인의 진술에 의하면 이 사건 가혹행위의 실체는 있는 것으로 보입니다. 증거 능력이 없는 것으로 보입니다. … 헌법과 형법 원칙에 따라 무죄를 선고해주시길 바랍니다."

그랬던 검찰이 재심 재판을 거치며 보여준 변화도 뜻깊었습니다. 지난해 3월 재심 개시 여부를 결정할 심문기일 당시만 해도 공판에 나온 검사는 A씨의 주장을 "기각해달라"거나 변호인의 자료 제출 요구에 시큰둥한 태도를 유지했었습니다.

하지만 재판부의 재심 개시 결정에 불복 절차를 밟지 않고 지난해 10월 재심 결심에 이르러서는 "이 사건 가혹 행위는 실체가 있는 것으로 보인다"며 A씨에게 이례적으로 무죄를 구형하기도 했습니다. 비록 A씨가 수사기관에서 당한 고문과 폭행을 입증할 증거가

A씨의 기억 외에는 부족해서 재심 사유가 되지 못했지만, 이 재판을 지켜봐 온 검사의 판단을 바꾼 셈입니다.

📖 **서울중앙지법 A씨 재심 재판 결심 (2021. 10. 22.)**

변호인 "다니던 대학교도 더 이상 다닐 수 없게 됐죠?"

A 씨 "4학년 1학기 등록금까지 냈는데 경찰에 체포되고 조사 받으면서도 쉽게 풀려나지 못하겠다는 예감이 들었습니다. 그래서 제 친구 한 사람을 면회하게 해주면 제가 휴학계라도 내겠다고 부탁했지만 이뤄지지 않았고 이후에 제적 처분이 됐죠."

변호인 "피고인은 결국 반공법 국가보안법 위반 낙인이 찍혔는데 이걸로 기업 취직은 어려웠죠?"

A 씨 "대학에 다닐 당시만 해도 제가 여러 군데서 뭐 입사하게 해줄 테니 원서를 내라고 말도 받았었는데 (형을 살고 나오니) 시청에서 발부하는 증명서가 있는데 그걸 붙여서 원서에 내게 돼 있었어요. 그 증명서를 받으려 하니까 처벌 기록이 남아서 도저히 그게 불가능했기 때문에 취직은 할 수 없었습니다."

50년 만에 선고된 무죄도, 검찰의 달라진 변화도 A씨가 그간 겪은 고초를 모두 위로하기에는 턱없는 일임은 자명합니다. 엄혹했던 군부 시절 평범한 대학생에게 하루아침에 새겨진 '보안사

범'이라는 낙인은 꿈 많던 청춘의 삶과 일상을 완전히 파괴했습니다.

형기를 마치고도 수사기관의 관찰 대상이 되어 1년에 몇 번이고 경찰 정보과에 가서 누구를 만났는지, 무엇을 하고 지내는지 계속 써내야 했고 집에도 걸핏하면 정보경찰들이 찾아와 A씨를 감시했습니다. 어떤 기록을 떼도 따라붙는 '국가보안법 위반 사범'이라는 주홍글씨 때문에 취업은 생각도 못 했고, 떠밀려가는 대로 그저 "살아냈다"는 게 그의 말입니다.

현실적인 어려움보다 늘 그를 짓눌러왔던 것은 이러한 억울함을 어디에도 말할 수 없고 사과받을 수 없다는 사실이었습니다. 혹시나 과거 자신의 처벌 이력이 주변 사람들의 삶마저 흔드는 것이 아닐까 두려워 A씨는 그 마음을 혼자만 간직해왔습니다. 그러다 마무리를 앞둔 삶의 여정에 이 아픔을 묻고 가려니 도저히 눈을 편히 감을 수 없었다는 게 A씨가 재심 청구를 한 이유입니다.

그랬기에 어쩌면 무죄라는 법률용어만큼이나 A씨가 듣고 싶었던 말은 자신에게 그토록 잔혹했던 국가 권력의 사과였는지도 모르겠습니다. 평생 두려웠던 법정에 A씨가 스스로 다시 피고인으로 서기를 자처했던 이유기도 합니다. 재판장의 사과에 아무 말 없이 참아 온 눈물만 쏟아내던 A씨. 1년 3개월의 재심 여정은 여기서 마무리되었지만 재판부의 말처럼 이번 판결로 A씨가 앞으로의 생에서 명예를 회복하고 응어리를 벗어던지기를 바라봅니다.

궁금한 법 이야기: 재심

영화의 소재로 자주 다뤄지고 뉴스에서도 때마다 보도되는 재심 사건. 쉽게 접할 수 있는 데 비해 실제 재심이 진행되는 과정은 결코 쉽지 않습니다.

이미 확정된 종국판결을 법원이 다시 봐야 한다고 주장하려면, 앞선 법원의 판단에 '중대한 흠'이 있음을 A씨처럼 당사자가 직접 입증해야 하기 때문입니다. 다음은 형사소송법 제420조에 열거된 재심 사유입니다.

△원판결의 증거가 된 서류나 증거물, 증언, 감정 등이 확정판결에 의해 위-변조되거나 허위임이 증명된 경우 △무죄 등을 선고할 명백한 새로운 증거가 발견된 경우 △원판결이나 수사에 관여한 법관, 검사 등이 그 직무에 관한 범죄를 범한 사실이 확정판결에 의해 증명된 경우 △해당 형사법률이 헌법재판소의 위헌결정을 받은 경우

재심사유를 확보했다면 재심을 개시할 것인지를 결정하는 절차부터 밟게 됩니다. 여기서 재심개시가 가능하다는 판단이 나와야 다시 한번 무죄를 다퉈 볼 재심 본안 판단으로 들어갈 수 있습니다. 다른 형사 사건 만큼 촌각을 다투지 않아서인지, 오래된 수사 기록을 확인하는 일이 어려워서인지, 재심 사건은 재판 기일이 하염없이 늘어지는 경우가 허다합니다.

필자(김재완)는 이번 A씨 사건을 재심개시를 위한 첫 심문기일부터 50여 년 만에 무죄 판결이 선고된 순간까지 방청석에서 내내 지켜봤습니다. 과거 엄혹한 시절 이렇게 죄인으로 몰렸던 사람이 얼마나 많을까요. 실수로라도 억울함을 티냈다가 가까운 이들에게 불화가 옮겨갈까 혼자서 숨 죽였던 사람들은 또 얼마나 많을까요.

이 재판 결과가 아직 아픔을 간직하며 살아가고 있을 수많은 A씨에게 위안과 용기가 되었으면 좋겠습니다.

4장

순간포착, 법정에 이런 일이?

22년 전 현장에 남은 DNA, 골프 연습장 강간살인범을 붙잡다

2021년 3월 21일

📑 **서울중앙지법 '성폭력처벌법 강간등살인' A씨 공판 (21. 3. 15.)**

재판장 "다음 사건 A 피고인 나오세요. 자, 우리 재판부 판사가 바뀌어서 공판절차를 갱신합니다. 피고인은 재판받는 동안 진술하지 않거나 각 답변을 거부할 수 있고 이익 되는 사실을 진술할 수 있습니다. 주소나 기타 인적 사항 바뀐 거 있습니까?"

A 씨 "없습니다."

재판장 "검사님 공소사실 요지 말씀해주시죠."

검 사 "이 사건 공소사실은 피고인이 1999년 7월 성명불상자와 함께 흰색 자동차를 운전하던 중 당시 20살이었던 피해자가 A씨의 승용차를 잘못 알고 탑승했고 하차를 요구했지만 A씨는 성폭행하기로 마음먹고 하차 요구를 거부했습니다."

15일 서울중앙지법 소법정, 피고인의 이름이 불리자 법정 안 대기실에서 푸른색 수의 차림의 중년 남성 A씨(51)가 걸어 나옵니다. A씨는 백발에 안경을 낀 채 조용히 고개만 숙이고 있었습니다. 그가 받는 혐의는 피해자를 성폭행하고 살인했다는 '강간 등 살인' 혐의입니다.

　　죄명 자체로도 끔찍하지만, 궁금증을 불러일으키는 대목이 있었습니다. 바로 그가 재판받는 사건이 무려 22년 전인 1999년에 발생했다는 점입니다. 20년도 더 된 사건인데 왜 이제야 1심 재판이 진행 중인 걸까요?

　　사건은 22년 전으로 돌아갑니다. 1999년 7월 6일 새벽 1시 무렵 목격자의 신고로 서울 강남구 대치동의 한 골프 연습장에서 당시 20살이었던 피해자가 의식을 잃은 채 발견됩니다. 머리를 포함한 온몸은 상처투성이였고 하의가 벗겨져 있는 등 성폭행을 당한 흔적이 명확했습니다.

　　이 지역을 담당했던 서울 강남경찰서는 바로 수사에 나섰고 유일한 목격자인 골프 연습장 직원으로부터 몇 가지 단서를 포착합니다. 범인은 흰색 자동차를 타고 왔고, 범행 후 차를 타고 떠날 때 조수석에 사람이 있던 것으로 보아 일당은 최소 두 명 이상으로 추측된다는 것입니다.

　　이를 기초로 수사한 결과 피해자는 밤늦게 차를 기다리고 있다가 외관이 똑같은 흰색 차에 실수로 탔고, 이 차의 운전자와 같이 타고 있던 일행들이 피해자를 인적이 드문 골프 연습장으로 끌고 가 범행을 저지르고 현장을 곧바로 떠났다는 결론에 이릅니다.

하지만 이 범행을 누가 저질렀는지 규명하는 데는 끝내 실패합니다. 유일한 목격자는 당시 겁에 질려 차 안에 숨어있던 터라 범인의 얼굴은 물론, 인상착의도 제대로 보지 못했습니다. 당시는 CCTV조차 보편적으로 설치되어 있지 않던 때라 범인의 동선을 파악하는데에도 어려움을 겪었습니다.

유일하게 상황을 기억할 피해자는 끝내 의식을 회복하지 못하고 사건 발생 나흘 만인 10일 숨졌습니다. 이후 결국 범인을 특정할다른 단서를 찾지 못했고 이 사건은 '미제 사건'으로 분류돼 서울지방경찰청 캐비닛에 들어갑니다. 이때만 해도 잔혹한 범죄를 저지른 '그놈'은 영영 잡히지 않을 줄 알았습니다.

하지만 그로부터 17년이라는 시간이 흘러서 사건을 풀 실마리가 발견됩니다. 바로 그 어떤 진술이나 기록보다 명확한 증거인 'DNA'였습니다. 골프장 사건의 피해자 신체에서 채취한 범인의 DNA가 교도소에서 복역 중인 A씨의 것과 일치한다는 결과가 2016년 12월 나온 겁니다.

이는 2010년 'DNA법'으로 불리는 DNA 신원확인정보의이용및보호에관한법률 시행 덕이 컸습니다. 법 시행 후 강력범죄 사건 같은 경우 검찰은 교도소에 복역하는 수형자의 DNA 정보를, 경찰은 미제사건에서 채취한 DNA 정보를 각각 데이터베이스화하여 서로 일치하는 DNA가 있는지 정기적으로 교차 분석하는 시스템을 마련했습니다.

📑 **수원지법 '강도살인' 혐의 A씨 1심 판결 中 (2021. 3. 1.)**

"미리 준비한 청테이프로 손과 발을 묶어 항거불능케 하고 피해자의 바지 뒷주머니에서 지갑을 꺼내어 그 안에 있던 현금 10만 원, 신용카드를 빼앗아 이를 강제로 취했다. 계속하여 피해자에게 "비밀번호를 말하라"고 요구하며 무릎으로 피해자의 가슴과 목 부위를 누른 상태에서 주먹으로 배 부위를 수회 때리기도 했다. … 피해자로부터 신용카드 비밀번호를 알아내려 했지만 실패한 후 수사기관에 대한 신고를 지연하기 위해 청테이프로 피해자의 손과 발 외에 입과 눈을 막고 몸통을 묶어 피해자는 그 무렵 현장에서 경부압박으로 인한 질식으로 사망하여 피해자를 살해했다."

A씨는 당시 별도로 저지른 강도살인 혐의로 2003년 수원지법에서 무기징역을 선고받고 형이 그대로 확정되며 복역 중이었는데요. 그 수법도 1999년 사건과 놀랄 만큼 유사했습니다. 2001년 8월부터 2002년 6월까지 서울 강남 일대를 차로 돌아다니며 택시나 차를 기다리는 행인들을 태워 돈을 빼앗고 끔찍하게 폭행하는 일을 일삼아왔던 것입니다. 사건의 피해자만 10명이 넘고 이중 2명은 사망에 이르기까지 했습니다.

말 그대로 '묻지마 강도살인'을 반복적으로 저지르고 다녔던 셈인데요. 이러한 정보가 종합적으로 넘어오며 본격 재기 수사가 이뤄졌고 서울경찰청 주요미제사건수사팀은 2017년 초 A씨를 정식 피의자로 입건했습니다.

명확한 증거에도 A씨는 좀처럼 범행 사실을 인정하지 않았습니다. 심지어 사건이 발생하고 얼마 후 숨진 자신의 형이 범행을 주도한 것이라고 말하거나 "강제로 성폭행한 것은 아니"라는 식의 뻔뻔한 태도까지 보였다는 게 당시 사정을 잘 아는 관계자의 말입니다.

이에 경찰은 그 당시 목격자와 주변인들을 한 명씩 다시 불러 진술을 듣고 범행 당시 촬영된 사진들까지 면밀히 검토했습니다. 이 과정에서 A씨가 책임을 돌렸던 그의 형은 정작 범행이 일어난 시점에 서울에 있지 않았다는 것을 입증하게 됩니다. 경찰은 A씨가 이미 죽어서 아무 말도 할 수 없는 형에게 주된 책임을 떠넘기려 한 것으로 봤습니다.

이후 최종적으로 이 사건의 주범이 A씨인 것으로 결론 내린 경찰은 그해 7월 검찰에 사건을 넘겼고, 서울중앙지검은 3년에 걸쳐 증거들에 대한 감정을 진행하며 보완 수사한 끝에 2020년 11월 A씨를 성폭력처벌법상 강간등살인 혐의로 재판에 넘겼습니다. 사건이 발생한 지 21년하고도 4개월, 일수로는 약 7900일 만입니다.

여기까지 읽다가 의문이 생기셨을 겁니다. '1999년에 발생한 사건인데 20년이나 지난 지금 처벌이 가능한가?' 실제로 이 사건이 재판까지 오게 된 것은 매우 극적인데요. 사건 당시 법 기준으로 이 사건의 시효는 성폭력처벌법 상 강간등살인죄가 적용될 사건으로 본다면 15년(만료시점 2014년), 살인의 고의가 떨어지는 강간치사죄로 본다면 10년(만료시점 2009년)입니다. 어느 쪽으로도 현재 기준으로서는 시효가 끝난 것이죠.

하지만 법이 계속 바뀌며 진범만 잡는다면 처벌할 가능성이 생기게 되었습니다. 2010년 성폭력 범죄에 대해 유전자 등 죄를 증명할 과학적인 증거가 있는 때에는 공소시효가 10년 연장된다는 규정이 신설되었습니다. 그리고 2015년 7월 31일에 이 시점까지 시효가 만료되지 않은 사건을 포함해 '살인 범죄'에 대해 시효를 폐지하는 이른바 '태완이법'이 실시되었습니다.

결국 이 사건을 성폭행이 병행된 '살인'으로 본다면 두 차례의 법 개정을 거친 끝에 처벌이 가능했던 것입니다. 그렇게 검찰은 A씨에게 강간등 '살인' 혐의를 적용해 기소할 수 있었습니다.

📖 서울중앙지법 '성폭력처벌법 강간등살인' A씨 공판 (2021. 3. 15.)

재판장 "변호인이 동의한다고 한 서면 증거에 관해서 증거조사를 한 상태고 부동의한 부분에 대해서는 관련자들에 대해 증인신문을 하기로 검사님 입증 계획서를 내셨습니다. 그래서 오늘 검찰에서 신청한 증인 세 분을 신문하기로 한 날입니다. 세 분 모두 출석하셨나요? 출석하셨고… 피해자의 사생활 보호를 위해 증인신문은 비공개로 하려고 하는데 특별한 의견 있으십니까?"

검사 · 변호인 "동의합니다."

재판장 "관련 사건 핵심 부분과는 상관이 없다고 해도 노출될 염려가 있기 때문에 특별한 의견이 없으면 증인신문은 비공개로 하겠습니다."

재판은 성범죄 사건 특성상 피해자의 사생활 노출 우려를 이유로 A씨의 혐의 요지 설명 이후 대부분 비공개로 전환되었습니다. 이날은 수사 과정에서 조사를 받았던 주변인들의 증인신문이 있던 날입니다.

정확한 내용을 알 수는 없지만 A씨 측에서 증거들을 인정하지 않으며 증인신문이 이뤄진 점을 고려할 때 A씨는 여전히 혐의 상당 부분을 부인하고 있는 것으로 보입니다. 실제로 A씨는 검찰에 넘겨져서도 경찰 때와 마찬가지로 자신이 폭행하지 않았다는 입장을 고수하고 있는 것으로 알려졌습니다.

죄가 확정되지 않은 '피고인' 신분이니 원칙적으로는 어떤 주장도 할 수 있지만 드러난 증거와 그가 인정한 사실관계에 비춰보아도 먼저 보였어야 할 태도는 꽃다운 나이에 잔혹한 범행에 숨진 피해자에 대한 사과와 반성이 아니었을까요?

영영 알 수 없을 것 같던 사건의 진상. 공소시효의 우여곡절을 거쳐 17년의 시간 만에 DNA로 사건을 풀 실마리가 나왔고 4년에 걸친 경찰과 검찰의 수사 끝에 이제 법적 판단만을 남겨두고 있습니다.

이 사건 지금은?

결과적으로 이 사건은 '공소시효'의 벽을 넘지 못했습니다. '강간치사'는 이미 공소시효가 완성되었기 때문에 '살인'이 성립해야 하는데, 피고인이 피해자를 살인할 고의가 있었다고 단정할 만큼 증거가 충분치 않다는 것이 1심 재판부의 판단입니다. 사건의 실체를 밝힐 작은 실마리가 나왔음에도 법원의 유죄 판결을 이끌어내기까지는 지나간 세월에 현실적으로 어려운 부분이 적지 않은 것도 사실입니다.

검찰의 항소로 2심 재판이 진행될 예정인 가운데, 발생한 지 20년도 더 지난 사건이기에 당시 사건에 관련해 말해줄 증인과 물적 증거 모두 절대적으로 부족한 상황인 점은 변하지 않았습니다. 다만 이 사건 보도 후 SBS〈그것이 알고싶다〉에서도 '업동이와 DNA' 편으로 사건을 재조명했고, 이후 여러 관련자들이 수면 위로 떠오르며 사건의 실체에 근접할 만한 증언들이 조금씩 나오고 있습니다. 여전히 법적으로 유죄가 선고될 수 있을 것이라 단언하기는 어려운 상황이지만 재판을 거치며 조금은 더 사건의 실체에 근접한 결론을 기대할 수 있을 것 같습니다.

호날두 없는 '호날두 노쇼' 소송

2020년 6월 7일

📄 '호날두 노쇼' 소송 더페스타 측 법정 발언 (2020. 6. 4.)

"저희는 기본적으로 (호날두 45분 출전 관련) 기밀유지 조항이 있었고 연맹에서 엠바고를 걸어서 홍보할 수가 없었습니다. 원고(축구팬) 측이 말하는 홈페이지에 홍보했다는 내용은 유벤투스 선수 전원이 나오는 것을 말씀하시는 것 같은데 거기에도 호날두만 특별하게 표시된 것은 없었습니다."

역대 두 번째로 더운 해로 기록되었다는 2019년 여름, 찌는 듯한 더위만큼이나 우리를 열받게 했던 '호날두 노쇼' 사태 기억하시나요?

2019년 7월 26일 이탈리아 축구클럽 유벤투스가 내한했을 때

이 팀에 소속되어 있는 '축구스타' 크리스티아누 호날두가 최소 45분 출장한다는 계약을 어기고 경기를 1분도 뛰지 않아 전국민적 분노를 자아냈던 사건입니다.

어느덧 1년이 지나 이 사건은 한때의 해프닝이 되었지만, 이 경기를 관람한 축구팬들과 주최사인 더페스타 간 소송은 여전히 '현재진행형'입니다. 바로 이 경기의 티켓을 구매했던 축구팬들이 2019년 여름 주최사 더페스타에게 티켓값을 물어내라며 중앙지법에 손해배상을 청구한 사건입니다. 소송에 참여한 축구팬 숫자만 4767명, 배상요구액은 무려(!) 15억 원(1인당 약 32만 원)에 이릅니다.

4일 열린 이 소송의 두 번째 변론기일에서 더페스타 측의 법률대리인은 "호날두의 45분 출전은 계약상 기밀사항이었고, 따라서 광고한 적이 없다"라고 주장했습니다. 무슨 소리인가 싶은 분들이 많으실 겁니다. '아니, 호날두가 당시 경기에 45분을 출전하기로 계약했다는 것으로 모두 알고 있었는데 광고를 안 했다는 건 뭐고 심지어 기밀사항이었다고?'

더페스타의 설명을 정리하면 이렇습니다. 우선 유벤투스와 계약할 때 호날두가 부상 등 별다른 사유 없이 45분을 뛰지 않으면 위약금을 물어야 한다는 조항을 넣은 것은 사실입니다. 다만 이 사실은 유벤투스와의 계약상 기밀 사항이었고, 한국프로축구연맹(프로연맹)도 엠바고(특정 시점까지 보도 금지)를 설정해 공개적으로 알릴 수가 없었다는 게 더페스타 입장입니다.

그럼 어떻게 사람들은 호날두 출전이 확실하다는 사실을 알게 된 것일까요? 더페스타 측에서는 이런 사실이 언론보도를 통해 알려졌는데, 이 또한 호날두의 45분 출전 조항이 명시되어 있냐는 취지로 질문한 기자 한 명에게 더페스타측이 "그렇다"고 답했을 뿐, 광고나 홍보의 목적은 아니었다고 주장합니다. 자신들이 의도한 바는 아니었다는 설명입니다.

📋 '호날두 노쇼' 더페스타 상대 손해배상소송 법정 발언 (2020. 6. 4.)

판　사　"광고했다는 주장은 기자 한 명에게 알려줬을 뿐이라는 게 피고 측 주장인데 원고 측 입장은?"

원고(축구팬 측)　"(이 경기는) 대중 초미의 관심사였습니다. 피고(더페스타) 측은 일부 기자에게만 (호날두 출전을) 알렸다고 주장하지만 공식 홈페이지에도 나와 있습니다. 기자 한 명에게만 말했다고 주장하더라도, 그것도 광고했다고 봐야 한다는 입장입니다."

반면 축구팬 측 법률대리인은 당시 모두의 관심이 집중된 이 경기에 호날두의 출전계약은 모두가 알고 있었고, 결국 이 같은 계약을 맺은 더페스타에 책임이 있다고 주장합니다.

또한 기자 한 명에게 말했다는 주장도 결국 모두에게 알려졌으니 '광고'로 봐야 한다는 것입니다. 당시 더페스타 홈페이지에서도 이 경기에 출전하는 유벤투스 선수들을 확인할 수 있는데 호날두가 분명히 포함되어 있어 광고를 한 것으로 볼 수 있다고도 덧붙였습니다.

'호날두'의 경기인가 '유벤투스'의 경기인가

이 대목에서 궁금증이 하나 생깁니다. "대체 이 친선경기에서 호날두의 출전은 얼마만큼 중요한 것일까?" 호날두 한 명의 출전 여부가 이 경기를 보러 온 관중들에게 얼마나 영향을 주었는지도 이 재판에서 양측이 맞붙는 지점입니다.

이 소송의 쟁점은 결국 축구팬들이 티켓을 사면서 암묵적으로 맺어진 계약이 '호날두의 출전'이라고 봐야 하는지 아니면 '호날두가 속한 유벤투스의 출전'이라고 봐야 하는지입니다. 만약 전자라면 더페스타는 어쨌든 호날두를 출전시키기로 한 계약을 이행 못 했으니 책임을 질 여지가 커지는 것이고, 반대로 후자라면 호날두를 제외하고 유벤투스 팀의 나머지 선수들은 출전했으니 책임은 훨씬 가벼워질 수 있습니다.

📖 '호날두 노쇼' 더페스타 상대 손해배상소송 中 (2020. 6. 4.)

판 사 "계약서에 보면 크리스티아누 호날두가 출전하는 게 중요한 거냐 여부에 대해 계약서에서는 'first team player(팀내 최고 선수)'라고 적혀있는데요. 호날두 차지하는 비중이 어느정도인지는 계약서에 표시가 됐는데 이게 중요하지 않다고 볼 수 있을까요? 호날두가 상당

부분 뛰어야된다고 별도의 조항도 마련해서 명시하고 있는데….”

판사 또한 호날두와 관련해서만 특별하게 위약금 조항을 넣은 것을 보면 호날두의 출전 여부를 이 경기의 상당히 중요한 요소로 봐야 하지 않겠냐는 취지로 더페스타 측에 물었습니다. 더페스타 측은 “호날두의 돌발성 때문에 위약 조항을 넣은 것은 맞다”고 인정하면서도 이를 팬들에게 홍보한 적은 없다고 강조했습니다.

호날두의 출전을 위해 특정 조항을 추가하기는 했지만 어찌되었든 해당 계약은 유벤투스와의 계약이고, 유벤투스의 경기는 진행되었으며, 팬들은 유벤투스의 경기를 관람했기 때문에 자신들이 책임질 이유는 없다는 논리입니다.

어찌보면 더페스타도 벤치만 지킨 호날두에게 당한 피해자라고 볼 수 있겠지만 정작 소송을 야기한 ‘진짜 책임자’ 호날두는 (당연히) 찾아볼 수 없고 주최사와 관람객들 사이의 법리 공방만 치열하게 벌어지고 있습니다.

어떤 결론이 나든 양측 다 썩 개운치 않은 뒷맛만 남을 소송인 것은 분명해 보입니다. 재판부는 오는 8월 13일 다음 변론기일에서 당시 언론기사 등을 토대로 양측의 주장을 더 들어볼 계획입니다.

이 사건 지금은?

이 소송, 결론부터 말하면 더페스타가 일부 배상 책임을 지는 것으로 법적 절차는 모두 끝이 났습니다. 그렇다면 팬들은 티켓값을 돌려받을 수 있었을까요?

그렇지는 않은 듯 보입니다. 더페스타가 호날두 노쇼 여파와 맞물려 폐업했기 때문입니다. 팬들의 소송을 대리했던 법률사무소는 운영하는 블로그에 "더페스타 대리인 뿐 아니라 여러 경로를 통하여 현실적인 환불 가능성을 알아봤습니다. 결론적으로 환불은 불가능하다 입니다"라고 적어 놓았습니다. 호날두는 떠났고, 주최사는 망했고, 팬들은 티켓값을 돌려받을 수 없는 예고하였듯(?) 뒷맛이 개운치 않은 소송으로 끝이 난 셈이죠.

한편 호날두 노쇼 사태가 벌어진 지 약 3년 뒤인 2022년 6월 또 한 명의 해외 유명 축구스타가 우리나라를 찾았습니다. 바로 네이마르 주니오르 선수입니다. 네이마르는 훈련 중 입은 발등 부상에도 우리나라와의 친선 경기에서 전력을 다하며 국내 축구팬들에게 깊은 인상을 주었는데요. 이 경기 주최를 성사한 정재훈 매치 에이전트는 〈중앙일보〉와의 인터뷰에서 재밌는 경기 뒷이야기를 풀어놓았습니다.

정 에이전트는 네이마르에 대해 부상을 제외한 사유가 없을 때 45분 이상 출전하도록 하는 조항과 함께 한국에서 경기를 못 뛸 시에는 며칠 뒤 도쿄에서 열리는 일본과의 친선 경기에도 뛰지 않는다는 조건을 삽입했다고 말했습니다. '호날두 노쇼' 사태의 경험에 따른 '일종의 장치'라는 설명과 함께 말이죠. '호날두 노쇼'의 소송의 뒷맛은 개운치 못했지만 이후 축구스타의 '내한 이정표'가 된 것은 뜻하지 않은 의의가 아닐까 싶네요.

"예수 재림 믿어?":
고발인을 법정에 세운 전광훈 목사

2020년 8월 16일

📄 '공직선거법 위반' 전광훈 목사 공판 증인신문 中 (2020. 8. 11.)

변호인 "전광훈 처벌하고 구속하는 활동은 사업목적에 부합하지 않는데요?"

김용민 "부합합니다. 그러면 한기총이 반정권 투쟁하고 대통령 물러나게 하려는 건 한기총 목적 사업 중 어디에 해당합니까?"

변호인 "반정부 투쟁하고 대통령 물러나라고 하는 게 문제입니까?"

김용민 "그럴 수는 있습니다. 그런데 한기총의 이름으로 하면 안 되죠."

전광훈 목사 "정관에 그렇게 돼 있어. 정관도 안 봅니까?"

재판장 "피고인, 나중에 발언 기회 드립니다. 중간에 그러면 곤란해요."

지난 11일 서울중앙지법에서 전광훈 목사의 재판이 진행되었습니다. 총선을 앞둔 올해 초 특정 정당의 지지를 호소한 혐의를 받는 전 목사의 최근 재판에서는 증인신문이 이어지고 있습니다.

통상 형사재판에서는 혐의를 벗으려는 피고인, 피고인이 법의 심판을 받게 하려는 검찰 간의 팽팽한 법정 다툼이 벌어지는데요. 이 재판에서만큼은 피고인이 다투려는 대상도, 다툼의 양상도 다른 재판과는 다소 다릅니다. 전 목사 측이 기소 후 법정에서 내내 각을 세운 대상은 바로 법정 증인들입니다.

1일 재판의 증인신문에서 전 목사 변호인단의 질문 공세는 그 어느 때보다 거셌습니다. 이날 증인은 바로 '나는 꼼수다(나꼼수)' 멤버였던 김용민 씨였습니다.

전도사이기도 한 김씨는 기독교계 시민단체인 사단법인 평화나무 이사장을 맡고 있습니다. 바로 이 평화나무가 전 목사를 공직선거법 위반 혐의로 고발하여 경찰 수사가 이뤄졌고 전 목사는 결국 재판에 오게 되었는데요. 결과적으로 고발인(김용민 씨)이 피고발인(전광훈 목사) 재판의 증인이 된, 흔치 않은 상황이 된 것이죠.

어쩌다 고발인이 자신이 문제를 제기한 상대방의 재판에까지 나오게 되었을까요? 바로 전 목사 측이 이 사건의 수사 착수부터 공소제기까지 위법하다고 주장했기 때문입니다. 정부와 맞서 온 자신을 처벌하기 위한 평화나무와 경찰의 '표적수사'라는 건데, 고발인 조사 없이 수사를 착수했고 다른 사건보다 고발 직후 신속히 배당했다는 내용 등을 근거로 들고 있습니다. 그런 만큼 고발인 김씨를 불러 추궁할 필요가 있다고 재판부에 요청했습니다.

📄 **'공직선거법 위반' 전광훈 목사 공판 증인신문 中 (2020. 8. 11.)**

변호인 "건물 등기부 보니까 지하 1층에 지상 5층 건물 중 1층과 지하 1층 쓰는 것 맞아요?"

김용민 "네."

변호인 "월세는 얼마씩 내고 있죠?"

김용민 "그것을 왜 묻습니까?"

재판장 "잠시만요. 그게 고발 사건이랑 무슨 관련이 있죠?"

변호인 "운영 수익이 어디서 오는지 관계가 있습니다."

재판장 "아니 그러니까 그게 이 사건과 무슨 관계가 있어서…"

변호인 "평화나무 활동이 공익 활동이라는데 아니기 때문에 그 자금이 어디서 왔는지 알아보려고 합니다. 간단히 할게요. 피고인, 월세 말하기 싫어요?"

김용민 "말해야 할 이유를 모르겠는데요…."

위법 수사를 다투기 위해 김씨를 증인으로 신청하고서는 느닷없이 평화나무의 월세가 얼마인지를 묻는 변호인. 급기야 재판장까지 "이 사건과 무슨 관계가 있냐"며 제지하지만 변호인은 굴하지 않고 질문을 이어갑니다. 이후 증인신문에서도 질문의 소재만 달랐지

유사한 장면은 반복됩니다.

📑 **'공직선거법 위반' 전광훈 목사 공판 증인신문 中 (2020. 8. 11.)**

변호인 "김어준 씨와 친한데 김용민 씨도 비슷한 영향력을 이 정부에 미치는 거 아닙니까?"

김용민 "김어준이 있다고 김용민이 영향력이 어떻게 있겠습니까?"

변호인 "제 생각은 이렇습니다. 김어준, 김용민 같은 분. 현 정부에 영향력이 있는 것으로 보여집니다. 그래서 4.15 총선 승리하도록 앞장 선 것 같습니다."

김용민 "전광훈 목사가 구속된 것과 더불어민주당의 총선승리와 무슨 연관 관계가 있는지 모르겠습니다."

…(중략)…

변호인 "유시민이 총선 직전에 유튜브에서 범여권 187석 발언한 것은 왜 고발 안 합니까?"

재판장 "공소사실과 관련 없는 것 논쟁하지 말아주세요."

변호인 "이런 질문 안 할 수는 없습니다."

이 재판에 나온 증인은 김씨만이 아닙니다. 이전에 진행되었던 재판에서는 서울 종로경찰서의 일선 수사관부터 담당 과장까지 줄줄이 증인석에 섰습니다. 모두 전 목사의 각종 의혹에 대한 고발 및

수사의뢰 사건을 수사했던 경찰관들입니다. 피고인을 수사했던 이들을 상대로 마치 취조하듯 질문을 퍼붓는 변호인, 참다못해 폭발한 증인, 결국 제지에 나서는 재판장. 이 재판에서는 익숙해진 웃지 못할 광경입니다.

📑 '공직선거법 위반' 전광훈 목사 공판 종로서 안 모 경위 증인신문 中 (2020. 6. 29.)

변호인 "결국 무혐의 처분되고 말 사건을 증인이 고발인 조사도 없이 마음대로 수사해도 되는 겁니까?"

안 모 경위 "그게 무슨 말입니까. 처분 요지에도 증거불충분으로 혐의 없음으로 했잖아요.

변호인 "결국 혐의 없는 사건이잖아. 그러면 고발인을 불러서 먼저 조사하고 정보 상황 확보하고 수사해도 되는 건데."

안 모 경위 "아니, 변호사님…"

변호인 "왜 그랬냐고!"

안 모 경위 "아니 왜 반말을 하세요. 제가 듣고 다 답을 하잖아요. 좀 기다리세요."

재판장 "변호사님, 계속 반복되는 질문을 하고 계시는데, 아니라고 하지 않습니까."

다음 재판에 출석한 같은 경찰서의 전·현직 수사과장들은 피고인 측에게 "사건 관련 속기록 예산 낭비가 심하다"는 지적까지 들어야 했습니다. 계속 반복된 질문에 재판이 예정보다 한참 길어지거나 다음 차례를 기다리던 증인이 법정에 서보지도 못하고 발길을 돌리는 일도 있었습니다.

물론 전 목사 측의 위법 수사 주장 자체에는 문제가 없습니다. 오히려 수사 과정에서 실제로 문제가 있었다면 법정에서만큼은 피고인의 정당한 권리에 따라 적극적으로 사실 여부를 다투는 게 마땅한 일이죠. 재판에 제출된 증거만으로 실체적 진실이 드러나지 않는다면 고발인이든 경찰관이든 그 누구라도 증인으로 채택된 이상 법이 정한 의무에 따라 증인석에 서는 것도 당연합니다.

하지만 증인출석의 의무가 피고인 측으로부터 재판 내용과 상관없는 질문을 듣고 수모를 당하는 데 있는 것은 당연히 아닙니다. 사실상 전 목사를 고발하고 수사했다는 책임으로 법정에 나온 이들에 대한 피고인 측의 황당한 증인신문을 보고 있자면 저절로 눈살이 찌푸려집니다.

볼썽사나운 장면이 변호인의 증인신문에서만 벌어지는 것도 아닙니다. 이 재판의 당사자, 전광훈 목사는 한술 더 뜬 재판 태도를 보이고 있습니다.

지난 재판에서는 문재인 대통령을 증인으로 불러달라면서 "볼턴이 말한 발언에 대해 문 대통령이 어떻게 생각하는지 답변해야 한다"며 생뚱맞은 발언을 해 논란이 되었는데요. (참고로 전 목사는 문

대통령이 간첩이라거나 대한민국의 공산화를 했다고 발언해 명예훼손 혐의로도 기소되어 있습니다.) 11일 재판에서는 김씨와 변호인 간 설왕설래가 오가던 중 전 목사가 김씨의 답변이 마음에 안 들었는지 돌연 김씨를 지적하다가 재판장에게 제지당하는 진풍경도 벌어졌습니다.

결국 변호인의 증인신문이 끝난 뒤 증인에게 정식 질의할 기회를 얻은 전 목사. 그의 질문은 "예수님의 재림을 인정하냐"는 것이었습니다. 재판과 상관없는 정도를 넘어서 다소 황당하기까지 합니다.

📖 '공직선거법 위반' 전광훈 목사 공판 中 (2020. 8. 11.)

전광훈 목사 "마지막으로 한번 물어보겠습니다. 증인, 전도사라고 했죠. 예수님의 재림을 인정하십니까?"

김용민 "제가 답변해야 합니까?"

재판장 "안 해도 됩니다."

전광훈 "본인 신앙과 다른 사람을 무조건 공격하는 게 공직선거법 위반입니다. 그 전에도 저를 빤스목사라고 공격하고 많이 비판했는데 저도 많이 참았어요. 자신과 신앙이 다른 목사 무차별적으로 공격하는 행위 하지 마세요."

김용민 "(재림 질문에 관해) 부인한 적 없습니다."

전광훈 "마지막으로 말씀드리는 건, 제가 선배로 말씀드립니다. 저는 전도사 때 목사님들 눈도 못 쳐다봤습니다. 교회도 질서가 있는 겁니다. 이상입니다."

전 목사가 재판에 넘겨진 지도 벌써 5개월 째. 이 같은 증인신문이 이어지며 정작 기소된 혐의 자체에 대한 심리는 쉽게 속도를 내지 못하고 있는데요. 다행히(?) 재판 절차가 더 지연되는 것을 우려한 듯 재판장도 우선 다음 기일에 가능한 남은 증인을 모두 불러 신문을 마무리한 뒤 9월 말에는 판결까지 하겠다는 계획입니다. 말도 많고 탈도 많은 전 목사의 재판, 어떤 결론이 나올까요?

B컷의 B컷

사실 수사에 있어 범죄사실을 찾는 일 만큼이나 그 '과정'도 중요합니다. 아무리 나쁜 사람이어도 '수사'라는 가장 강력한 형태의 국가 공권력이 개인에게 행해지는 만큼 그 과정에서 협박 등 강압이라던가 절차적 요건을 위반한 압수 등이 있어서는 안 된다는 말입니다. 그래서 법리에 해박하거나 유명 변호인단을 쓰는 피고인들은 법정에서 경찰 또는 검찰 수사 과정의 위법 주장을 꽤 자주 내세웁니다. 그리고 간혹 이러한 주장이 인정되어 범죄 성립 요건을 따지기 전에 공소기각 판결(소송조건의 흠결이 있어 본안 심리 전 소송을 종결시키는 판결), 사실상 무죄가 되기도 합니다.

그렇다면 이 '수사 과정의 위법성'을 따져보기 위해 줄줄이 증인들을 세운 전광훈 목사의 주장은 인정되었을까요? 결론은 '아니오'입니다.

재판부는 "수사 개시의 경위, 혐의 범죄의 성격, 실제 수사 진행의 경과 등에 비춰보면, 피고인과 변호인들이 주장하는 사정들만으로는 수사기관의 업무처리가 현저히 이례적이었다거나 합리성을 도저히 긍정할 수 없는 정도에 이르렀다고 보기 어렵다"며 기각했습니다. 전 목사가 주장한 사정들에 비춰보아도 이 수사가 위법하지는 않다는 결론이죠. 최종적으로 혐의 자체에 무죄가 선고되기는 했지만, 법원의 판단을 기초해봤을 때 전 목사의 위법 수사 주장은 과했다는 것으로 확인된 셈입니다.

11년째 끝나지 않는 1심: '떼법'에 무기력한 법원

2020년 6월 14일

📖 **서울중앙지법 형사4단독 공판 中 (2020. 6. 10.)**

D 씨 "문을 폐쇄해 가지고 찾느라고 아휴. 이 재판이 아주 사람을 골병 들인다 카이. 법이 잘못 한 것을 가지고 국민을 힘들게 하고 있어."

재판부 "자 D피고인 오셨으니 다시…"

D 씨 "국가가 잘못했으면 잘못했다고 사과해야지!"

재판부 "판사가 바뀌어서 공판절차 갱신하고 있는데요. 피고인 생년월일이랑 직업이 어떻게 되나요."

D 씨 "48년 0월 0일. 나이 70넘어 놀고 있지 뭐. 원래 장사하는데 코로나 때문에 하지도 못한다."

지난 10일 오후 3시 피고인 A, B, C, D에 대한 재판이 시작된

후 한참 지난 시각, 140cm가 채 안되어 보이는 키에 깡마르고 허리가 굽은 여성(D씨)이 법정 문을 열고 성큼성큼 걸어 들어와 피고인석에 앉았습니다. 앞서 재판부에 언성을 높이고 있던 다른 피고인들은 D씨의 카랑카랑한 투덜거림에 반가운 듯 웃었습니다.

햇수로 11년째, 만으로도 10년 3개월간 진행 중인 1심 형사재판의 한 장면입니다. '지연된 정의는 정의가 아니다'라는 말이 있듯, 법원은 할 수 있는 한 가장 신속하게 재판하려 노력해야 합니다. 피고인의 자유를 제한할 소지가 큰 형사재판은 더욱 그러할 텐데 무려 11년이라니, 2010년 3월에 기소된 사건이 어쩌다 2020년 6월까지 계속되고 있는 걸까요.

피고인 A, B, C, D의 혐의는 공무집행방해, 옥외광고물등관리법 위반, 명예훼손, 도로교통법 위반 등입니다. 2008년 9월부터 2010년 10월까지 3년간 주기적으로 대검찰청 정문 앞이나 서울중앙지검 서문 앞 인도에서 확성기를 매달고 매우 큰 소리로 가곡을 틀어놓고 시위를 했습니다. '특정 대법관이 법무부 장관과의 학연으로 A씨 사건의 증거를 조작했다'는 식으로 사법기관의 잘못된 수사-판결로 피해를 봤다는 현수막을 내걸기도 했습니다.

서초동 법원-검찰청 인근을 지나가 본 분들이라면 한번쯤 보았을 풍경입니다. 지금도 이 일대에서는 매일 비슷한 일이 반복되고 있는데 당시 검찰은 이들이 한번 집회를 시작하면 하루종일 3회 이상, 1회당 1시간 이상 70데시벨 이상의 '음향폭력'을 행했다고 기소했습니다.

공권력에 맞설 방법을 알지 못하는 소시민이 해당 기관 앞에서 시위하는 것을 모두 불법이라 하거나 부담스럽게만 여겨서는 안 될 것입니다. 그러나 이날 법정에서도 '음향폭력'에 준하는 상황이 이어졌습니다.

B씨는 재판이 시작하기 전부터 고래고래 소리를 지르며 문제를 제기했습니다. "10년째 재판을 하는 게 말이나 되냐", "도대체 어느 나라가 이따위로 하냐" 등 간간이 욕설도 섞여 있었습니다. 법원 경위들도 어쩌지 못하고 있는 사이 B씨 만큼 지긋한 연배의 경위가 나서서 "형님이 참으시라"며 가까스로 진정시켰습니다. 그리고 재판이 시작되자 B씨는 좀 전까지 흥분한 상태와 달리 각종 법률용어를 익숙하게 쓰며 본인의 변론을 직접 진행했습니다.

📖 서울중앙지법 형사4단독 공판 中 (2020. 6. 12.)

B 씨 "…법률에 따르면 결론적으로 폭행 및 협박을 해야 공무집행방해가 된다는 것입니다. 검찰 증거 목록에 있는 집회 신고서와 접수증을 제시합니다. (합법적 집회였다는 취지) 오히려 헌법에서 보장된 집회를 하는데 검사가 직권을 남용해서 압수수색영장을 발부한 상황입니다."

법정 안에서는 '고성방가 시위'가 통하지 않습니다. 실제로 B씨

는 법정 안 소란으로 2010년 5월 한 차례 감치를 당하기도 했습니다.

그 이후 피고인들이 내린 결정은 재판부 기피였습니다. A-B-C 씨가 돌아가며 무려 10차례에 걸쳐 재판부 '기피'와 '기피 기각결정에 대한 즉시항고', '재항고'(대법원)를 진행한 겁니다.

형사소송법 제18조는 법관이 피고인과 친족 관계이거나 사건 관계가 있어 불공평한 재판을 할 염려가 있는 때 검사나 피고인이 법관을 기피할 수 있도록 정하고 있습니다. 기피신청이 들어오면 결정이 나올 때까지 소송 진행이 정지됩니다.

이 경우에도 기피신청이 접수될 때마다 길게는 반년 이상 재판이 멈췄습니다. 결과적으로 모두 기각되었지만, 신청이 들어올 때마다 서울중앙지법의 형사합의 재판부 한 곳이 기피신청 사유가 타당한지 심리해야 했습니다.

서울중앙지법의 한 판사는 "중앙지법 판사들 사이에서도 유명한 사건"이라며 "기피신청을 몇 번까지 할 수 있다는 제한이 없으니 피고인들을 막을 수도 없어서 판사들도 답답했을 것"이라고 말했습니다.

실제로 10년간 이 사건을 거쳐 간 담당 판사 수만 10명 가까이 되고 공판도 이미 58회나 열렸지만, 매번 정기인사 때 새 판사가 다시 사건을 맡아 갱신절차를 반복하고 있는 상황입니다. 기피신청이 일종의 '떼법'으로 이용되고 있는 겁니다.

법원 역시 속수무책이긴 마찬가지입니다. 국민의 사법 불신이 커지며 재판 당사자들의 기피신청은 매년 늘어나고 있지만, 이에 대한 대응책이 10년 이상 마련되지 않은 상황이기 때문입니다.

10번의 기피신청 중 담당 재판부인 형사4단독 판사가 '소송 지연 목적의 기피'로 보고 직접 기각결정을 내린 경우는 3번뿐이었습니다. 이 경우에는 신청인이 항고를 하더라도 재판을 계속 진행할 수 있습니다. 그런데도 지금까지 적극적으로 변론절차를 마무리 짓고 선고까지 가려고 노력한 담당 판사가 없었던 겁니다.

이에 개별 판사들도 '불편한 사건'에 대한 소송지휘를 다소 소극적으로 한 것 아니냐는 비판이 나옵니다. 피고인들이 법원의 권위를 무시하기 일쑤였지만 고령이라는 점이 껄끄러웠을 것이고 그렇게 세간의 주목을 받는 사건도 아니니 이런 골치 아픈 사건은 자꾸자꾸 뒤로 밀렸으리라 짐작해 봅니다.

재판, 특히 개인의 자유까지 구속시킬 수 있는 형사 재판이 신중하게 진행되어야 한다는 대원칙에는 누구도 이의를 제기할 수 없습니다. 하지만 피고인들이 법의 허점을 파고들어 고의적으로 재판을 지연시키고 있음이 분명한데도 제도의 미비만을 내세우며 10년 가까이 1심조차 마무리 짓지 않는 법원의 무사안일한 태도는 아쉬울 수밖에 없습니다.

이 사건 지금은?

기사를 쓰고 2년이 지난 2022년 8월, 아직도 재판은 끝나지 않았습니다. 이 사건이 법원에 접수된 2010년 3월 31일부터 만으로 12년 5개월 동안 1심 재판이 계속되고 있는 것입니다.

보통의 형사재판이라면 어떨까요? 2021년 사법연감(2020년도 재판 기준)을 찾아봤습니다. 이 사건처럼 형사공판사건 1심, 단독 재판(법관 1인), 피고인 불구속 사건인 경우 평균 처리기간이 159.4일이었습니다. 통상 불구속 피고인의 재판은 구속 피고인보다는 여유 있게 진행되는데, 그럼에도 평균 6개월 이내면 충분히 끝난다는 겁니다. 중범죄를 다루는 합의부 사건인 경우에도 평균 처리기간은 194.2일로 6개월보다 조금 더 걸리는 정도입니다.

취재 과정에서 이 사건이 보도가치가 있는지에 대해 고민이 많았습니다. 법원이 일부러 재판을 지연시키고 있다고 보기 어렵고, 피고인들이 '재판부 기피'라는 방어권을 사용하는 것이 부적절하다고 할 수도 없으니까요.

다만 매우 경직되고 융통성 없어 보이는 사법절차라는 것이 의외로 빈틈이 많고 얼마든지 희한한 모양으로 진행되기도 한다는 점을 보여드리고 싶었습니다. 재판에서 '을'의 위치인 피고인이 이렇게 사법절차를 이용할 수 있다면 '갑'인 판사와 검사는 더 자신의 입맛대로 할 수 있다는 말도 되지 않을까요?

난민신청서 보지도 않고 '불허':
난민신청 졸속심사

2021년 1월 3일

📑 **서울행정법원 '체류기간 연장 등 불허가처분 취소' 소송 판결문**
  (2020. 9. 10.)

"난민인정신청서만 살펴보더라도 원고가 박해 경험이나 이란 정부의
주목 가능성에 관해 새로운 주장을 하고 있다는 사실을 쉽게 확인할
수 있습니다. 그런데 피고(서울출입국·외국인청장)는 그러한 조사를 전혀
하지 않은 채 출입국관리정보시스템에 요약 기재된 사유만 확인하고
서 '사정변경 없는 난민 재신청자'에 해당한다고 보고 원고의 체류자격
변경을 불허했습니다."

본국에서의 박해와 전쟁 등으로부터 어렵게 탈출해 도착한 나

라에서 난민 신청을 했는데, 딱 하루 만에 '불허' 당했다면 믿으시겠습니까? 부끄럽게도 2020년 우리나라에서 발생한 사건입니다.

법원은 법무부 산하 서울출입국-외국인청의 그러한 처분에 대해 위법성과 하자를 인정하며 '취소'를 넘어 아예 '무효'라고 판결했습니다. (행정소송에서 처분행위의 '무효'는 쉽게 인정되지 않을뿐더러 난민에 대한 처분과 관련해서는 사실상 처음인 듯합니다.) 난민 인정 절차에서 도대체 무슨 일이 벌어지고 있는 걸까요?

이란 출신인 A씨는 1993년에 처음으로 한국에 입국해 지내면서 기독교로 개종했습니다. 이후 종교 문제로 본국에 돌아가기 어려워지자 2003년 첫 번째 난민인정신청을 했는데, 약 3년간의 심사 끝에 받아들여지지 않았습니다. 이란 정부가 A씨의 개종 사실을 알고 박해할 수 있다는 우려가 충분히 증명되지 않는다는 이유였습니다.

2009년 이란으로 돌아간 A씨는 10년 후인 지난해 1월 단기방문 (C-3) 체류자격으로 다시 한국에 입국해 4월 10일 난민인정신청을 했습니다. 다음날인 11일에 A씨는 난민신청자가 받는 기타(G-1) 체류자격으로 체류자격 변경 신청을 했는데, 그 당일에 바로 난민 인정 신청에 불허 처분이 나왔습니다. '사정변경 없는 재신청자여서 불허함'이라는 한 줄 사유가 전부였습니다.

이 같은 결정이 가능했던 배경에는 법무부의 '난민인정 심사-처우-체류 지침'이 있었습니다. 법무부의 비공개 내규에 불과한 해당 지침에서 '사정변경 없는 재신청자'는 보다 빠르고 선제적으로 난민 심사에서 탈락시키는 것을 실무자들에게 허락한 것입니다.

이는 최근 5년간 한국에 난민신청자가 약 10배 늘어난 데 비해 심사 인력이나 여건은 개선하지 않으면서 법무부가 내놓은 미봉책이었습니다. 난민 심사 시스템 전반을 돌아보고 확충하는 대신, 각종 요건들을 마련해 난민 심사 대상을 예전처럼 줄이려는 것이었죠.

대놓고 졸속심사를 할 수는 없으니 법무부가 내세운 명분은 난민 재신청자에 대해서는 '중대한 사정변경이 있는지 여부'를 먼저 따져보겠다는 것이었습니다. 그러나 실상은 역시나 '졸속심사'였습니다.

A씨의 담당자는 신청서를 자세히 살펴보지도 않고 A씨가 이전과 같은 종교 문제로 난민신청을 했다는 이유만으로 출입국관리시스템에 '동일사유 재신청, 기독교로 개종'이라고 적었습니다. 체류업무담당자는 이 한 줄짜리 기재 내용만 보고 '사정변경 없는 난민 재신청자'라며 A씨의 체류자격을 불허했습니다. 단 하루 만에 일어난 일입니다.

📖 **서울행정법원 '체류기간 연장 등 불허가처분 취소' 소송 판결문**
(2020. 9. 10.)

"피고(서울출입국·외국인청장)의 불허 처분으로 달성하려는 공익과 그로써 처분 상대방이 입게 되는 불이익의 내용과 정도를 비교형량하지도 않았습니다. 따라서 그 처분은 피고가 행정청으로서의 기본적인 사실조사 의무를 전혀 이행하지 않은 채 이뤄졌고 체류자격 변경허가에 있어 출입국관리법이 피고에게 폭넓은 재량을 부여한 취지를 몰각해 재량권을 불행사한 경우에 해당해 그 하자가 중대하고 외형상으로도 명백합니다."

A씨의 2차 난민인정신청 사유가 종교 문제인 것은 1차 신청 당시와 같았지만, 10년 사이 본국에서의 상황이 많이 바뀌어 있었습니다. A씨가 이란에 돌아간 후 주변인들이 A씨의 개종 관련 증거를 경찰에 제출해 체포-구금되기까지 한 것입니다. A씨는 지인의 도움으로 겨우 탈출해 한국에 들어올 수 있었고, 이러한 점을 자세히 신청서에 적었습니다. 본국으로 돌아갈 경우 박해받을 가능성이 10년 전에 비해 매우 분명해진 것이죠.

법원은 A씨가 10년 만에 재입국해 난민인정신청을 한 만큼 중대한 사정변경이 발생했을 가능성이 매우 높은데도 담당 기관이 별도로 조사조차 하지 않은 점을 꾸짖었습니다. 또 해당 불허 처분으로 달성하려는 공익과 A씨가 입게 될 불이익을 비교형량 할 만한 충분한 시간은커녕 체류업무 담당자에게 관련 자료조차 제공되지 않았다고 지적했습니다.

A씨의 사건은 다행히 난민 인권 단체의 도움과 법원의 이례적인 '무효' 판단으로 잘 해결되었지만, 이 같은 황당한 사건이 앞으로 더 많아질 수도 있을 것 같습니다. 법무부가 문제의 '재신청자 부적격' 규정을 아예 난민법에 도입하겠다고 밝혔기 때문입니다.

지난달 28일 법무부가 입법예고한 난민법 일부개정안에는 '과거 난민인정 신청에 대해 부적격 결정 또는 난민불인정 결정을 받은 사람이 재신청한 경우'에 원칙적으로 난민 인정 심사 부적격 결정을 하도록 하는 조항이 신설되었습니다. 예외적으로 재신청자가 중대한 사정변경이 있다는 사실을 소명한 경우에만 부적격 판정을 피해갈 수 있는 것입니다.

여기에 더해 '명백히 이유 없는 신청'일 때에는 일반 난민신청과 동일한 심사-불복 절차를 보장하지 않고 난민불인정 결정을 하도록 간소화 절차도 마련했습니다. 법무부가 인정하지 못하는 난민 신청 사유란 체류연장 목적-사인간의 분쟁-경제적인 이유 등입니다.

🗒 **난민인권네트워크 32개 단체 공동성명 (2020. 12. 28.)**

"이번 개정안은 대부분의 난민신청자를 남용적인 신청자로 낙인찍고 거부해온 기존의 행정관행에 법적 근거를 마련해준 겁니다. '재신청'한 난민들은 서류로만 심사해서 원칙적으로 기각하겠다는 것이고, 법무부가 잘못 이해한 기준에 따라 거부해 온 대부분의 난민신청에 대해서도 '명백히 이유 없다'고 낙인찍고 빨리 추방하겠다는 겁니다."

"체류연장 목적, 경제적인 이유, 사인 간의 분쟁 등의 사정이 있다는 사실은 난민과 난민이 아닌 사람을 구분할 아무런 근거가 되지 못합니다. 핵심은 '박해의 위험이 있는지'입니다. 한국 정부는 해외에서 어떤 일이 일어나고 있고, 어떤 박해의 위험이 있는지를 판단할 체계적인 정보와 자료, 심사역량이 없다 보니 난민신청자 개인을 의심하는 식으로 심사하고 있습니다."

법무부는 "체류연장 방편으로 난민제도를 남용하는 사례를 막겠다"며 이번 개정안을 밀어붙이고 있지만, 난민 신청자들과 국내-외 인권단체들이 느끼는 현실은 매우 다릅니다. 법무부 입장에서는 밀려드는 난민 신청에 질려 '가짜 난민' 선별에 치중하고 있지만, 전 세계적으로 봤을 때 한국의 난민신청 건수는 이제야 경제 규모나 민주주의의 수준이 비슷한 다른 국가들과 비슷해지고 있는 상황입니다.

그러나 난민인권센터에 따르면 2019년 한 해 한국에서는 1만 5452건의 난민신청 중 고작 79명에게만 난민 지위가 부여되어 난민인정률이 0.4%에 그쳤습니다. 법무부가 이번 개정안을 추진하면서 독일과 미국, 캐나다 등에도 비슷한 제한규정이 있다고 제시했는데, 이들 국가의 난민인정률은 30~50% 수준입니다.

A씨에 대한 졸속심사로 '처분 무효'라는 부끄러운 결과를 받아들고도, 법무부가 독일-미국-캐나다의 난민심사 인력과 틀, 난민에 대한 인도적 처우가 아닌 '신속 심사' 규정부터 베끼겠다고 나선 것이 매우 아쉽습니다.

A씨의 판결문을 받아본 법무부와 출입국 당국이 '반인권적'이라는 비판에서 벗어나려면, 이 문제에 관해 깊게 생각해 보아야 할 것입니다.

B컷의 B컷

사회에서 가장 취약한 사람을 대하는 태도를 보면 우리 사회의 성숙도를 알 수 있다고 하죠. 난민에 대한 정책과 사회적 태도가 바로 리트머스지가 아닐까 합니다.

이런 소동이 있고 나서 얼마 지나지 않아 아프가니스탄에서 무장단체 탈레반이 정부를 붕괴시키면서 발생한 난민을 우리나라도 수용했습니다. 한국에 오기를 희망하는 사람 전부는 아니고 아프간 현지에서 한국 대사관이나 바그람 한국병원, KOICA(한국국제협력단) 등에서 근무한 380여 명입니다.

법무부는 이들을 '특별기여자'라는 용어로 지칭했습니다. 한마디로 우리 국가와 국민에 도움을 준 '착한 외국인'이라는 뜻입니다. 박범계 당시 법무부 장관은 특별기여자들이 입국할 때부터 공항에 마중을 나가 아이들에게 인형을 전달하고, 이후에도 수차례 관련 보도자료를 내는 등 '착한 외국인'들을 보호하는 이미지를 부각하는 데 많은 노력을 기울였습니다. 하지만 이 과정에서도 이들에 대한 기본적인 인권 보호와 배려는 찾아보기 힘들었습니다.

특히 박 전 장관은 임신 8개월 당시 입국했던 아프간 난민 산모가 국내에서 출산하자 직접 병원에 축하 방문을 해서 신생아를 안고 사진을 찍은 후 언론에 배포했습니다. 코로나19로 가족의 면회도 조심스럽던 시기였는데 말이죠.

한국인 산모라면 친인척도 아닌 '모르는 사람'이 위생복도 갖춰 입지 않은 채 생후 5일된 신생아를 안고 사진을 찍겠다고 요구했을 때 어떤 반응을 보였을까요? 신생아를 안은 정치인 출신 장관의 양옆으로 아직 몸을 추슬러야 할 산모와 아이 아빠가 손을 공손히 모은 채 서 있는 모습이 눈살을 찌푸리게 했습니다.

같은 시기 법무부 산하 화성외국인보호소에서는 이른바 '새우꺾기' 가혹행위가 발생해 법무부가 진상파악을 진행 중이었습니다. 보호소에 머무르던 모로코 출신 난민신청자 A씨가 자해 등의 위험 행위를 한다는 이유로 공무원들이 A씨의 손과 발을 뒤로 꺾어 수갑을 채우고 다시 손발을 포승줄로 연결해 배만 바닥에 닿은 자세로 4시간 이상 결박한 사건입니다.

권위주의 정부 시절 고문 등에서 사용하던 새우꺾기 자세에 대해 이미 대법원과 국가인권위원회가 불법적 고문이라고 결론 내렸는데도 2021년에 이 같은 일이 자행된 겁니다.

처음 가혹행위가 언론을 통해 알려졌을 당시 법무부는 "해당 외국인의 자해 방지와 안전을 위한 불가피한 조치였다"고 해명했다가 결국 "인권침해가 맞다"고 시인했습니다.

난민신청서를 보지도 않고 불허한 일, '특별기여자'를 환대하고 법무부 장관이 출산 축하 방문 소식을 널리 홍보한 일, 보호 대상

외국인에게 고문에 준하는 가혹행위를 한 일은 난민에 대한 차별적 태도 혹은 반인권적 시선이라는 측면에서는 일맥상통하는 듯합니다. 국제사회에 소개하기 부끄러운 한국의 민낯입니다.

법관의 자유판단이 잘못되었다면?:
신안군 염전노예 사건

2021년 2월 7일

📄 **A씨의 석명 신청에 대한 국가 측 답변서 (2020. 11. 23.)**

[처벌불원서의 진위여부를 확인하기 위한 절차 및 그에 대한 판단이
상이한 이유]

1. 형사소송법에 처벌불원서의 작성 경위에 대하여 진위를 확인
   할 수 있는 첨부서면 등의 제출에 관하여 명시적인 규정은 없습
   니다.

2. 따라서 처벌불원서의 진위여부에 대해서는 법관의 자유판단에 맡
   겨져 있다 할 것이고, 이는 법관 또는 사건마다 달리 판단할 수도
   있다 할 것입니다.

3. 이 사건 처벌불원서에는 피해자의 서명·무인 등이 있고, 변호인이
   제출하였다는 점에서 그 진정성립을 인정할 만한 서면이라고 판단
   하였을 것입니다.

법관의 자유판단이 명백히 잘못되었을 때, 당사자는 어떻게 구제받을 수 있을까요? 법관이 법대로 판단하지 않고 어떻게 자유판단을 한다는 것인지 의문부터 드는 분도 있을 텐데요.

세상만사 모든 일을 구체적인 법으로 정해둘 수 없으니 법은 간결합니다. 법을 적용하는 법관이 그 법조항의 과거 적용 사례(판례)나 입법의 취지 등을 토대로, 양심에 따라 독립적으로 헌법의 여러 가치에 부합하게 판단을 내리죠. 법조항 자체나 판례의 공백이 큰 영역이라면 법관의 '자유판단-자유심증-재량판단'이 더욱 발휘될 겁니다.

위에 언급한 처벌불원서에 대해서도 그 진위여부 판단은 '법관의 자유판단에 맡겨져 있다'고 합니다. 판사의 잘못된 판단에 대한 손해배상을 청구한 국가배상소송에서 국가 측 소송수행자가 보내온 답변 내용입니다.

지적장애인이 쓴 처벌불원서 검증 없이 가해자 '공소기각'한 판사

지적장애 2급인 A씨는 이른바 '신안군 염전노예' 사건의 피해자입니다. 자신의 이름 외에는 한글을 읽지 못하고 생년월일은 알지만 주민등록번호 전체를 외우진 못하죠. A씨를 약 13년간 무임금으로 착취한 염전주를 처벌하기 위한 형사소송이 진행 중이던 때 가해자 측은 A씨를 찾아가 '처벌을 원치 않는다'고 인쇄된 문서(처벌불원서)에 이름과 주민번호를 적고 지장을 찍게 했습니다.

가해자 측 변호인은 이를 법원에 제출했고, 재판부는 아무런 검증 없이 3일 만에 선고를 내렸습니다. A씨의 처벌불원서가 제출되면서 '반의사불벌죄'인 근로기준법 위반 혐의는 공소기각으로 처벌할 수 없게 되었습니다. 영리유인-준사기 혐의는 유죄였지만 처벌불원서 덕분에 가해자는 집행유예로 풀려났습니다.

이상한 점은 당시 재판을 진행한 광주지법 목포지원 형사1부가 A씨 외의 다른 염전노예 피해자들이 쓴 처벌불원서는 거의 인정하지 않았다는 겁니다. 심지어 피해자가 직접 법정에 나와 처벌을 원치 않는다고 증언한 경우에도, 피해자의 지적장애를 이유로 처벌불원 의사를 단언하기 어렵다고 판단했습니다.

장애가 있는 경우는 물론이고 아동-청소년이나 지속적인 폭력, 경제상황 등으로 취약한 피해자들이 쓴 처벌불원서는 그 진위여부를 엄밀히 따져야 하기 때문이죠.

📑 **서울중앙지법 A씨 국가배상소송 결심 중 A씨 측 의견진술**
(2021. 1. 15.)

최정규 원곡법률사무소 변호사 "비장애인을 전제로 했을 때도 재판부의 처벌불원서 확인절차가 문제가 있다고 계속 말씀을 드렸는데요. 더 나아가 원고(A씨)가 지적장애 2급의 장애인이라는 점에서 재판부가 비장애인과 동일한 검증절차를 거친 것은 장애인 간접차별의 성격이 있습니다. … 기본적으로 법원은 지적장애인 명의의 처벌불원서가 제출됐을 때 그것이 진짜 지적장애인의 의사인지 철저히 검증해야 한다는 겁니다."

법관의 자유판단이 잘못된 경우를 바로잡기 위해 우리 사법체계는 3심제를 두고 있습니다. 염전노예 사건도 2심을 맡게 된 광주고법에서 잘못을 일부 바로잡았습니다. "피고인(염전주)은 당심에 이르도록 피해자(A씨)와 합의에도 이르지 못했다"며 1심이 인정한 '처벌불원서'가 효력이 없다고 배척한 것이죠.

그런데 처벌불원서 때문에 공소기각된 혐의에 대해 검찰도 제대로 항소하지 않으면서, 2심 재판부가 이를 유죄로 돌이킬 방법이 없었습니다. 1심 재판부의 잘못된 판단과 검사의 직무유기가 더해져 A씨를 노예처럼 부린 가해자를 제대로 처벌할 수 없게 된 것입니다. 그런데 법원과 검찰 어느 쪽도 이 같은 초보적이지만 위중한 실수 혹은 오판에 대해 내부 징계는커녕 반성조차 이뤄지지 않았습니다.

A씨 측은 국가배상소송을 제기하면서 당시 1심 판사들을 증인으로 불렀지만 증인신청조차 기각되었습니다. 가까스로 법원으로부터 받은 서면답변에는 △처벌불원서의 진위 확인에 관한 명시적인 규정이 없음 △진위여부는 법관의 자유판단 영역 △피해자 서명-무인(손가락 도장)이 있고 (가해자의) 변호인이 제출해 진정성립을 인정했을 것이라는 내용이 전부였습니다. 일부 답변은 추측을 한 듯한 뉘앙스마저 풍기고 있어 해당 판사들이 직접 진술한 내용인지조

차 불분명합니다.

A씨의 처벌불원서가 부실한 판단을 받게 된 배경에 대해 일각에서는 당시 가해자의 변호인이 목포지원장을 마치고 개업한 전관 변호사인 점을 지적하기도 했습니다. 즉 '전관예우' 때문 아니냐는 의심인데, 대중의 관심이 쏠려 법원이 진상 파악에 나서거나 검찰이 수사에 착수하지 않는 이상 일반인들이 진상을 확인할 방법이 없습니다.

물론 판결이 마음에 들지 않는다고 무턱대고 법관의 자질이나 부정한 결탁을 의심하는 건 적절치 않고, 도리어 사법신뢰를 훼손하는 행위가 될 수도 있습니다. 그러나 법관에 대한 견제와 감시가 원활히 이뤄지지 못하는 것은 사실입니다.

법관징계법상 최고의 징계수위는 '정직 1년'인데, 2015년 사채업자에게 억대 금품을 받은 최민호 판사가 이 징계를 받았습니다. 1956년 법관징계법이 만들어진 이후 처음이라고 하더군요. 그동안은 정직 1년 징계에 처해질 만한 문제 판사가 전혀 없었던 것일까요?

또 지난 4일에는 헌정사상 처음으로 국회가 법관을 탄핵소추 했습니다. 법관징계법의 최고 징계수위가 '정직 1년' 뿐이고 면직이나 해직, 파면을 두지 않고 있는 것은 독립성이 강하게 요구되는 법관의 신분을 보장하면서도, 국회가 탄핵으로 견제해 균형을 맞추라는 취지입니다. 그런데 국회마저 감시와 견제할 책임을 방기하면서 법관은 마치 신과 같은 지위에 올랐습니다. 국민의 손으로 뽑은 대통령도 탄핵되는 시대인데 말입니다.

그나마 사법농단 사태는 이탄희 판사가 사표를 던지면서 진상
파악이 이뤄질 수 있었습니다. 그러나 법원의 자체 조사와 검찰 수
사에서 각종 재판개입 행위가 드러났을 때도 판사들은 자유판단-
자유심증-재량판단에 따라 결정한 것일 뿐이라고 항변했습니다.

📖 **임성근 부장판사 1심 판결문 중 피고인 측 변론요지** (2020. 2. 14.)

"피고인(임성근)의 직권남용(재판개입)의 상대방인 판사들은 피고인의
말을 들은 후 그 취지에 공감해 재판부 합의를 거치거나 주변 판사들
과 상의한 후 독립해 판단한 것입니다."

법원이 사법농단 연루자에게 준 징계 수위 중 가장 높은 것은
'정직 6개월'입니다. 그마저도 서너명에 불과하고 나머지는 견책이
나 몇 개월 감봉, 대부분은 불문하거나 늦은 징계로 시효가 지나 처
벌하지 못했습니다.

정치적 파장이 크고 언론의 관심이 집중된 '사법농단' 판사들에
대한 처분도 이처럼 쉽지 않은 것이 현실입니다. 하물며 일반 시민
들이 관련된 비교적 '평범'하고 '일상'적인 사건에서 부도덕하거나
무능한 판사들의 잘못을 지적하고 책임을 묻기란 불가능에 가깝습
니다.

공정한 재판받을 권리를 침해하는 법관들을 법원이 앞으로도 자정하지 못한다면, 무언가 대책이 필요해 보입니다. 우리나라와 법체계가 다르긴 하지만 프랑스, 독일, 오스트리아 등의 법관징계법에는 해임, 파면을 비롯해 직급강등, 근무지 이동 등 여러 중징계가 규정되어 있습니다.

법원의 자구책이 마련되지 않는다면 국회의 법관 탄핵을 조금 더 쉽게 하는 법개정도 고려해볼 수 있겠습니다. 빈번한 탄핵이 사법독립을 흔들 것이라는 우려도 상당하지만 현재까지 법관 탄핵이 사실상 유명무실한 제도였다는 점을 감안한다면 '빈번한 탄핵'에 대한 우려는 과장이라는 반론도 만만치 않습니다.

A씨의 국가배상소송을 심리하는 서울중앙지법 민사항소8-2부(이순형 부장판사)는 오는 16일 국가(법관)의 책임을 인정할 것인지 판결을 선고합니다. A씨 사건에서는 볼 수 없었지만, 앞으로는 판사들이 직접 법정 증언대에 나와 (혹은 상세한 판결을 통해) '자유판단'의 근거를 설명하는 모습을 볼 수 있었으면 좋겠습니다. 그것이 국민에게서 심판자의 지위를 잠시 넘겨받은 법관들이 해야 할 최소한의 도리 아닐까요?

이 사건 지금은?

2021년 2월 16일 항소심 재판부도 날조된 처벌불원서를 검증하지 않는 등 부실재판을 한 법관들에 대한 책임을 인정할 수 없다고 판단했습니다. 결국 A씨의 국가 손해배상 청구는 원심과 마찬가지로 기각되었습니다. 문제의 법관들을 법정에 불러 사실관계만이라도 확인하자는 원고 측 주장도 결국 받아들여지지 않았습니다.

짧은 선고가 끝난 후 A씨 측 변호사를 만났습니다. "재판부의 논리대로라면 법관의 자유판단 영역 안에서는 국가배상 책임을 질 수 없다는 것이다. 그런데 사람이라면 누구나 실수나 잘못을 할 수 있고 판사라고 다르지 않다. 특히 큰 권한을 부여받은 판사라면 그만한 책임을 져야 하는 것 아니냐"라고 허탈해했습니다.

특히 이번 판결문에서는 같은 판사끼리 제식구 감싸기를 하는 듯한 모습도 보여 속이 더 쓰렸습니다. 소송을 당한 판사(피고) 측이 주장하지 않은 내용을 재판부가 대신 언급하거나 증인신문도 없이 당시 상황을 추정-평가한 대목이 판결문 곳곳에 많았기 때문입니다.

3년간의 2심 진행 과정에서 피고(광주고법 소송수행 담당 공무원) 측이 제출한 답변서는 2건에 불과합니다. 합쳐서 4페이지 분량으로, 중요 서술 내용만 따지면 10줄이 채 되지 않습니다.

그런데도 판결문에는 "당시 재판부가 시간-상황상의 제약으로 원고(A씨)의 진의를 직접 확인하기 어려워 제출된 처벌불원서의 기재만 보고 확인한 것으로 보인다"는 등의 추단하는 내용이 상당수 담겼습니다.

또 "피고인의 구속기간이 불과 1개월 정도 남은 시점이었고 … 당시 재판부가 맡은 다른 사건들의 일정과 법정 사용 가능성 등 여러 사정을 고려해 내린 결정이라면…" 등 재판에서 등장한 적 없는 사정들도 일일이 열거했습니다.

피고가 판사가 아니라 다른 공무원이었다면, 사실관계 조사 없이 이렇게 '상상으로' 쓸 수는 없었을 거라는 생각이 들었습니다. 당시 재판부가 다른 재판 일정으로 바빴다거나, 가해자의 구속기한 만료가 다가와 변론을 재개하기 어려웠을 것이라는 사정 등은 피고 측이 전혀 주장한 적 없는 내용이니까요.

최 변호사는 "해당 판사들을 증인으로 불러 그들이 법정에서 어떤 사정이 있었다고 해명했다면 패소하더라도 납득했을 것"이라며 "판결문을 보고 재판부가 피고(법원)측 변호사처럼 느껴졌다"고 말했습니다.

또 재판부는 판결문에 '당시 목포지원 형사1부에서 변론을 종결한 후에 처벌불원서가 제출되었기 때문에, 재판부가 해당 문서의 진위를 검증해야 할 의무는 없었다'고 적기까지 했습니다.

변론 종결 후라도 중요한 증거-참고자료가 제출된다면, 판사가 변론을 재개하거나 검사 측에 의견을 물어 선고를 연기하는 등의 조치를 취하는 일을 기자로서 법정에서 수없이 봐왔는데, 너무나 이상한 대목이었습니다. 처벌불원과 합의가 다르다고 지적한 대목은 말장난처럼 느껴지기도 했습니다.

가장 문제라고 느꼈던 것은 'A씨가 잘못된 재판으로 인해 실제로 정신적 고통을 당했다고 볼 증거가 없고 일반인의 경험칙으로도 납득하기 어려울 것'이라고 쓴 대목입니다. A씨가 지적장애인이어서 부당한 일을 당했더라도 억울함을 알지 못할 것이라는 겁니다.

　판사에게 재판의 오류를 지적한다는 것이 얼마나 어려운지, 인권의 보루라고 불리는 사법부마저 지적장애인에 대해 얼마나 차별적인 인식을 가지고 있는지 여실히 보여준 사건이었습니다.

5장

법정에 끌려온 '라떼의 추억'

고개 떨군 공무원: 환경부 선배에게 "사표 내달라"

2020년 7월 26일

📑 '환경부 블랙리스트' 공판 중 김 모 전 환경부 운영지원과장
　증인신문 中 (2020. 6. 29.)

검　사　"증인이 사표 제출을 직접 요구한 남○○, 이○○은 환경부
출신들로 선배에 해당하지 않나요? 특히 남○○는 온실가스TF 팀장
이어서 증인과 (함께 일했던) 특별한 관계죠?"

증　인　"네."

검　사　"선배들에게 사표 제출을 요구했는데 그때 기분이 어떠셨어요?"

증　인　"하⋯." (크게 한숨)

검　사　"난감하다거나 억지로 한다거나 이런 느낌이셨습니까?"

증　인　"뭐⋯ 즐겁게 수행할 수 있는 그런 마음은 아니었고 불편하고
어려운 마음이었습니다."

이른바 '환경부 블랙리스트' 사건의 실행자였던 환경부 중간 간부급 공무원은 법정에서 한참 고개를 숙인 채 말을 잇지 못했습니다. 그는 김은경 전 환경부 장관 체제에서 산하기관 임원 인사 실무를 해 온 인물입니다. 자신이 전임자에게 넘겨받은 일은 과거부터 관례적으로 해오던 것이라고 말하면서도 딱히 바람직하거나 유쾌한 일이라고 여기지는 않은 듯했습니다.

지난달 29일 서울중앙지법에서 열린 김 전 장관 공판에 증인으로 나온 환경부 김 모 전 운영지원과장은 산하 공공기관 임원 인사 업무가 자신의 '통상적인 업무'였다고 증언했습니다.

그 통상적인 업무는 단순히 산하 공공기관 임원 인사의 절차를 챙기는 것을 넘어 적극적으로 청와대와 환경부, 산하기관 사이에서 연락창구 역할을 하는 일이었습니다. 특히 김 전 과장의 전임인 정 모 전 과장은 일을 넘기면서 가장 중요한 업무가 산하 공공기관 임원 교체라고 못 박았고, 김은경 전 장관도 김 전 과장에게 '최우선 과제'라는 취지로 당부했습니다. 2017년 김 전 장관이 부임하자마자 (산하기관) 인사 교체가 진행되었어야 하는데, 그간 여러 사정으로 늦어진 상황이었다는 겁니다. 김 전 과장은 자신에게 '해당 기관장 및 임원들을 접촉하는 미션'이 주어졌다고 표현했습니다.

🗒 김 모 전 환경부 운영지원과장 제1회 검찰 진술조서

검　사　"'해당 기관장 및 임원들을 접촉하는 미션'은 무엇을 두고 하는 말인가요?"

김 전 과장 "쉽게 말해서 교체대상자에 대해서는 '당신은 교체대상자라는 것이 장관님 뜻입니다'라는 통보를, 연임 여부가 중요한 사람들에 대해서는 '당신은 비연임 대상이라는 것이 장관님 뜻입니다'라는 것을 통보하는 것입니다. 사실 사표를 낼지 안 낼지는 상대방 뜻이지만 그런 메시지를 전달하는 입장이나 이를 받는 입장 모두 곤란하기는 마찬가지입니다."

김 전 장관과 신미숙 전 청와대 균형인사비서관은 2017년 12월부터 2019년 1월까지 이전 정권에서 임명된 환경부 산하 공공기관 임원 15명에게 사표 제출을 요구한 혐의 등으로 기소되었습니다. 그중 13명이 실제로 사표를 제출했습니다.

다만 피고인들은 상당수 인사의 임기가 이미 지났거나 임기 만료를 앞둔 상황에서 의사를 조율한 것일 뿐이어서 '블랙리스트'라는 것은 어불성설이라고 주장합니다. 이에 대해 검찰은 연임이 가능한 상황이었던 임원들에게 사표 제출을 종용하고, 물러나지 않을 경우 표적감사를 하는 식으로 직권을 남용했다고 보고 있습니다.

어느 산하기관 인사가 교체 대상으로 지목되면 장관이 아닌 김 전 과장 등 실무진이 직접 찾아가 완곡하게 사표 제출을 요구했습니다. 알아서 응한 사람도 있었지만 몇몇 인사는 "나갈테니 다른 자리를 알아봐 달라"며 거래를 시도하기도 했습니다.

이런 식으로 수도권매립지관리공사, 한국순환자원유통지원센터, 한국환경산업기술원, 한국환경공단, 국립공원공단 등 평범한 구직자들은 쉽게 접하기 어려운 이른바 '신이 숨겨둔 직장'에 전직 환경부 인사들이나 정권 창출에 기여한 공로자들이 채용되었습니다.

해당 공공기관의 보직들은 엄연히 공개채용으로 진행됩니다. 그러나 청와대가 내정한 인사에게는 미리 김 전 과장 같은 환경부 직원들이 직접 연락을 해 채용과정을 안내하고 차질이 없도록 챙겼습니다.

📖 '환경부 블랙리스트' 공판 중 김 모 전 환경부 운영지원과장
　　증인신문 中 (2020. 6. 29.)

(검사가 김 전 과장의 제8회 검찰 신문조서 제시하며 아래 진술이 정확하냐고 질문)

"BH(청와대)에서 잘 지원해주라는 의미로 추천 후보자 연락처를 주는 것입니다. 통상 저희가 (산하기관 임원) 공모 일정이 잡히면 BH에 일정을 정리한 서면을 보냅니다. 그러면 공모 무렵에 (청와대에서) 저나 다른 팀장에게 전화를 해 후보자 연락처를 알려주면서 '우리 후보자 잘 좀 도와달라'고 했습니다."

증　인 "거의 매번 반복되는 일이고요. 프로세스입니다. (청와대 추천자) 개인별로 다 매번 연락처를 전달받았고 (청와대에서) 잘 지원해드리라고 (저에게) 당부했습니다."

이후 환경부에서는 청와대에서 받은 번호로 해당 후보자에게 전화를 걸어 각종 서류 접수를 돕고 면접 질문 자료를 사전에 챙겨 주는 등의 지원 활동을 했습니다. 물론 해당 보직에 지원한 '평범한' 다른 후보들에게는 해당되지 않는 사항입니다.

이러한 과정에서 대통령 임명 보직뿐 아니라 장관 임명 보직에 대해서도 청와대 승인 없이는 절대 일을 진행할 수 없었다고 김 전 과장은 거듭 증언했습니다.

이날 김 전 과장의 증언 내용은 이러한 행위가 형법상의 죄가 되는지의 여부를 떠나 새 정권이 들어선 후 정부 기관들의 '물갈이'가 진행되는 방식을 세세하게 보여줍니다. 김 전 과장 증인신문 이후 계속된 공판에서도 김 전 과장과 비슷한 업무를 수행한 환경부 직원들이 증인으로 나와 그러한 관행에 대해 이야기 했습니다.

광범위한 민간인 그룹을 상대로 불이익을 계획-실행했던 박근혜 정부 시절 문화-예술계 블랙리스트와 비교하면, 검찰이 이번 사안에 무리하게 '블랙리스트' 딱지를 붙인 것 아니냐는 지적도 있습니다. 그렇지만 과연 청와대를 주축으로 정부부처가 앞으로도 이러한 방식의 인사를 하겠다고 떳떳하게 말할 수 있을지 생각해보면 고개가 갸웃거려집니다. 김 전 과장은 증인신문을 마치며 깊은 한숨과 약간의 눈물로 그 답을 대신하는 듯했습니다.

이 사건 지금은?

2021년 2월, 1심 법원은 김은경 전 환경부 장관에게 징역 2년 6개월의 실형을 선고하고 법정구속했습니다.

재판부는 사표를 제출한 공공기관 임원 13명 중 12명에 대해 김 전 장관의 직권남용 혐의가 인정된다고 판단했습니다. "신분 또는 임기가 보장되는 산하 공공기관 임원들에게 정당한 사유 없이 사표 제출을 요구한 것은 직권남용에 해당한다"는 겁니다.

후임인사 과정에 대해서도 "내정자들에 대한 지원지시는 임원추천위원회(임추위) 위원으로 참여한 환경부 실·국장의 자유의사를 제압하고 혼란하게 하기 충분하다. 위력에 의한 업무방해에 해당한다"며 유죄로 판결했습니다.

신미숙 전 비서관의 경우 후임인사 관련 혐의에 대해서만 공모가 인정되어 징역 1년 6개월에 집행유예 3년을 선고받았습니다.

정권이 교체되면 (공공기관 임원들이) 사표를 제출하는 것은 관행이라는 김 전 장관의 주장에 대해 법원은 "공공기관운영법이 시행된 이후에 이 사건과 같은 계획적이고 대대적인 사표 징구는 찾아볼 수 없다"고 선을 그었습니다. "설령 이전 정부에서 (같은 일이) 있었다고 하더라도 이는 명백한 범행이자 타파해야 할 불법적인 관행"이라고 지적했습니다. 적폐청산을 강조한 문재인 정부에서 더욱 통하기 어려운 변명이었던 듯합니다.

2심에서 김 전 장관은 징역 2년, 신 전 비서관은 징역 1년에 집행유예 3년으로 감형되었고, 대법원에서도 그대로 확정되었습니다.

약 1년 6개월 간 수감생활을 한 김 전 장관은 2022년 8월 광복절 특사로 가석방되었습니다.

한편 올해 대선 이후 문재인 정부 블랙리스트 의혹은 환경부를 넘어 산업통상자원부와 과학기술정보통신부, 통일부 등으로도 번지고 있습니다. 단순히 '전 정권 때리기'를 위한 수사가 아니라 부당한 인사관행을 바로잡는 수사가 될 수 있을지 지켜볼 일입니다.

재판은 연극?:
승승장구하는 채용비리 피고인과 증인들

2020년 8월 9일

📖 **서울서부지법 하나은행 채용비리 공판 中 (2020. 2. 12.)**

변호인 "초반 검찰 조사와 재판 과정에서 잘못된 진술이 있었습니다.
… 채용 추천을 받았고 중간에 은행장에게도 보고했다는 부분인데요.
… 은행의 채용 기준을 제시하고 총 채용 인원을 확정하는 것은 은행
장의 전결이지만 채용 과정상에서는 인사부장의 전결로 합니다."

공들여 쓴 자기소개서에 각종 필기시험, 2~3차례 걸친 실무면
접-합숙면접에 임원면접까지…. 공정할 수밖에 없다고 믿었던 대
형 시중은행들에서 발생한 채용비리, 기억하시지요? 2018년 6월 대
검찰청은 각 지방검찰청 수사를 통해 우리-하나-KB국민-부산-
대구-광주 총 6개 시중은행에서 조직적인 채용비리 695건이 확인

붙임	OO은행 명문대 출신 지원자 면접점수 조작 관련

□ 임원 면접이 종료된 후 인사부가 명문대 출신 지원자(7명)의 면접 점수
를 올리고 합격권내 기타 대학 출신 지원자(7명)의 점수를 내리는 방법
으로 합격–불합격을 조작

　　예 서울대 출신 임○○ : (원점수) 2.00 → (조정점수) 4.40 ↑2.40(不→합)

　　　한양대(분) 출신 이○○ : (원점수) 4.80 → (조정점수) 3.50

　　　　　　　　↓1.30(합→不)

´16년 신입행원 채용 임원면접 점수 조정 현황

순번	성명	출신학교	임원면접점수			합격 여부	
			조정전(A)	조정후(B)	차이(B-A)	조정전	조정후
1	AAA	서울대	2.00	4.40	2.40	不	합
2	BBB	서울대	2.60	4.60	2.00	不	합
3	CCC	연세대	3.80	4.40	0.60	不	합
4	DDD	고려대	3.20	4.60	1.40	不	합
5	EEE	고려대	3.75	4.80	1.05	不	합
6	FFF	고려대	4.25	4.60	0.35	不	합
7	GGG	위스콘신대	3.90	4.40	0.50	不	합
1	HHH	한양대(분)	4.80	3.50	△1.30	합	不
2	III	카톨릭대	4.80	3.50	△1.30	합	不
3	JJJ	동국대	4.30	3.50	△0.80	합	不
4	KKK	명지대	4.25	3.50	△0.75	합	不
5	LLL	숭실대	4.20	3.50	△0.70	합	不
6	MMM	건국대	4.00	3.50	△0.50	합	不
7	NNN	건국대	4.00	3.50	△0.50	후보	不

되었다고 발표했습니다. 당시 총 40명을 기소했는데, 그해 10월에 신한은행 채용비리도 확인되어 조용병 회장을 포함한 8명이 추가로 재판에 넘겨졌습니다.

이후 은행별로 채용비리 재판이 진행 중입니다만 1심에서 대부분 징역형의 집행유예나 벌금형이 선고된 상황입니다. 꼭 실형만이 답이라고 할 수는 없지만 불공정한 채용으로 많은 취업지원자들이 정신적-물질적 피해를 입고 사회 전반의 충격도 컸다는 점을 고려하면 아쉬운 결과죠.

📄 **대검찰청 반부패부 '은행권 채용비리' 중간수사 결과 발표**
　(2018. 6. 18.)

"채용청탁이 있었던 특정 지원자를 위하여 서류전형, 필기시험, 면접전형(실무자면접, 임원면접) 과정에서 수회에 걸쳐 중복적으로 점수를 조작해 합격시킨 경우가 대부분 은행에서 확인됨."

더욱 황당한 점은 당시 인사팀 실무자들과 채용의 총 책임자였던 은행장들이 사퇴하거나 문책을 당한 것이 아니라 오히려 승승장구하며 자리를 지키고 있다는 점입니다. 특히 함영주 하나은행장은 지난해에 이어 올해도 하나금융지주 부회장에 연임했고 조용병 신한은행장은 신한금융지주 회장 자리에 올랐습니다. 함께 기소된 실

무자들은 물론이고, 기소되지는 않았지만 재판에 증인으로 나오는 당시 인사업무 관계자들도 눈치를 보게 되는 상황인 셈이죠.

특히 아직도 1심 재판이 진행 중인 하나은행의 사례를 눈여겨 볼 필요가 있겠습니다. 금융권을 통해 확인한 내용을 종합하면 피고인 강 모 인사부장(현 본부장)과 송 모 인사부장(현 본부장), 같은 부서에 있던 박 모 인사팀장(현 팀장), 오 모 차장(현 부장)은 채용비리가 발생했던 2013~2016년 전후로 승진했고 기소된 후로도 모두 자리를 지키고 있습니다. (이들 중 일부만 현업에서 배제된 상태이고 함 부회장은 올 상반기 중에도 은행 내부 직무 이동발령이 나는 등 활발히 근무 중입니다.)

당시 같은 부서에서 일했던 이 모 차장(현 부장)과 김 모 대리(현 과장)는 2018년 채용비리가 사회적으로 큰 문제가 된 후로 승진했습니다. 이들은 기소되지는 않았지만 최근 공판에서도 계속 이름이 거론되는 중요 관계자들입니다. 특히 김 대리는 30대 초반임에도 과장으로 역대 최연소 승진한 것으로 알려졌습니다. (하나은행 직급은 행원(행원-대리)-책임자(과장-차장)-관리자(부장-지점장 등)로 나뉘는데, 40대 대리가 매우 흔할 만큼 책임자급 승진이 어려운 조직입니다.)

실제로 재판에서는 실무자들이 은행과 은행장에게 유리한, 자신에게는 불리할 수도 있는 방식으로 진술을 하고 있습니다. 올해 2월 서울서부지법 공판에서 피고인 측은 '각 채용단계별 필기나 인-적성 시험, 합숙면접 단계의 합격자에 대해서는 은행장의 의견이 들어가지 않고 강 본부장 책임으로 진행됐다'는 취지로 진술했습니다. 증인들의 진술도 비슷합니다.

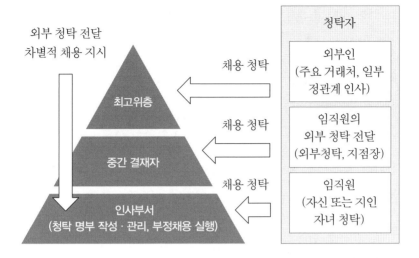

은행 채용비리 구조도

외부 청탁 전달
차별적 채용 지시

채용 청탁

최고위층

채용 청탁

중간 결재자

채용 청탁

인사부서
(청탁 명부 작성·관리, 부정채용 실행)

청탁자

외부인
(주요 거래처, 일부
정관계 인사)

임직원의
외부 청탁 전달
(외부청탁, 지점장)

임직원
(자신 또는 지인
자녀 청탁)

📑 **서울서부지법 하나은행 채용비리 공판 증인신문 (2020. 7. 10.)**
(2015~2016년 채용 합숙면접관 담당 A 인사부 차장)

변호인 "합숙면접 조에서 2등을 한 지원자 A씨의 경우, 서류면접
상 스펙 점수 미달로 송 부장이 사정(조정)을 통해 합격 처리했는데 왜
합숙면접 결과와 서류면접 결과의 차이가 이렇게 많이 났다고 생각하
나요?"

증 인 "서류심사관이 무성의했거나 편협한 시각으로 임한 것이 아닌
가 생각했습니다. … 면접관의 점수가 존중돼야겠지만, 은행에서 특별
히 필요한 인재들을 채용하기 위해 사정할 수 있다고 봅니다."

A 차장은 2017년 금융감독원에서 감사를 나왔을 때 '추천리스트'라는 것의 존재를 처음 알았으며, 면접관이 아닌 인사부에서 점수를 변경 및 사정(조정)한 것을 알고 매우 놀랐으나 그러한 조정에 큰 문제가 없다는 취지로 답했습니다. A 차장도 올해 관리자급인 부장으로 승진했습니다.

하나은행 외에도 조용병 회장이 재판을 받고 있는 신한은행 채용비리 사건이나, 채용비리 당시 은행장이었던 윤종규 KB금융지주 회장이 현직에 있는 KB국민은행 사건의 상황도 크게 다르지 않아 보입니다.

어느 부장판사 출신 변호사는 "기본적으로 재판부가 피고인이나 증인들이 처한 상황과 진술의 신빙성까지 종합적으로 따져 유무죄를 판단할 것"이라고 말했습니다.

일반인의 눈에는 이번 재판이 마치 규모가 큰 '연극'처럼 비춰질 지도 모르겠습니다. 어떤 20대는 영문도 모른 채 탈락해 계속 취업시장을 전전해야 했는데, 정작 그 장본인들은 법정과 직장에서 "그리 큰 잘못은 아니었다"고 입을 맞추고 있는 상황이니까요. 연극의 결말이 부디 납득할 수 있는 수준이기를 바랍니다.

B컷의 B컷

금융권 채용비리가 발생한 2013~2016년은 필자(정다운)와 친구들이 한창 취업을 준비하던 시기였습니다. 서울 4년제 대학을 나오고 우수한 어학 성적에 영양가 있는 인턴십−수상 경력 등 스펙이 완벽한 친구들도 시중은행 취업에서 우수수 떨어지는 것을 보며 문턱이 정말 높다고만 생각했습니다.

'지점 실적에 도움 되는, 있는 집 자식들은 잘 뽑는다더라'라는 말들이 떠돌았지만 크게 신경쓰진 않았습니다. 요즘이 어떤 시대인데…라고 막연히 생각하거나, 그런 채용이 이뤄지더라도 공채가 아닌 다른 특별채용 절차를 통할 것이라고 믿었습니다.

기자가 된 후 이런 대규모 채용비리를 알게 되고서야 그때 우리가 너무 순진했다는 것을 깨달았죠. 그런데 실무자들은 점수조작 행위를 누가 시켜서가 아니라 <u>스스로</u> 했다고 주장합니다. 자신의 가족이나 지인의 부탁을 받아 한두 명, 서너 명이 아니라 수십 명을 말이죠.

은행 측은 조직적인 채용비리 혐의는 물론이고 인사 담당자 1인의 개인 비위조차 성립하기 어렵다는 태도로 똘똘 뭉쳐 대응했습니다. 함영주 부회장은 올해 3월 하나금융지주 회장으로 꼭대기에 오르기도 했죠. 양심을 지키기보다는 회사에 협조한 인사팀 관계자들이 결과적으로 '옳은 선택'을 한 것이 되어버렸다는 점이 무섭게 다가옵니다.

솜방망이 처벌에 계속되는 차별채용

2021년 1월 24일

📄 **서울서부지법 하나은행 채용비리 판결문 (2020. 12. 9.)**
　(업무방해 · 남녀고용평등법 위반 혐의)

"하나은행 신입직원 공채에 응시한 지원자의 남녀 비율은 대략 55:45
로 큰 차이가 없습니다. 그런데 '합격 예상인원 배분'에 따라 결정된
합격자 남녀 비율은 2013년 상반기 9(남):1(여), 2013년 하반기 8:2,
2014년 7:3, 2015년 4:1, 2016년 4:1 등으로 지원자 성비와 큰 차이
가 납니다."

"2013년 상반기 채용 서류전형 합격자의 합격권이 서울 남성그룹은
1060위, 서울 여성그룹은 49위 부근에서 형성됐습니다. … 거의 대부
분 경쟁그룹과 전형단계에서 여성 지원자들의 커트라인이 남성 지원
자들의 커트라인보다 상당히 높게 나타나, 여성 지원자들이 불리한 평
가를 받게 됐습니다."

하나은행 2013년 하반기 채용자 남녀비율 (단위:명)

구분	남	여	합계	비율
채용계획	80	20	100	4:01
총 지원자	7535	5895	1만3430	1.3:1
서류전형 합격자	1600	399	1999	4:01
최종 합격자	104	19	123	5.5:1

취업준비생들을 공분케 했던 금융권 채용비리 사태에 대한 법적 처벌이 막바지를 향해 가고 있습니다. 지난달에는 하나은행 채용비리 책임자들에 대한 1심 선고가 있었는데요. 성적 미달인 '특별추천자'를 합격시킨 비리 부분보다 성차별 채용 부분에 집중해 살펴보려 합니다. 이미 여러 차례 보도된 내용이지만 다시 봐도 '이게 실화냐'라는 말이 나올 것입니다.

하나은행의 신입사원 공고에는 성별을 분리해 모집하겠다는 내용이 없었습니다. 그런데 내부적으로는 지침이 정해져 있었죠. 매해 많게는 9:1, 통상 4:1 비율로 남성을 더 많이 뽑자는 것이었습니다.

물론 은행도 기본적으로 사기업이기 때문에 이윤의 극대화를 추구하면서 기업의 운영상 필요에 따라 신입직원 채용 규모나 방식, 조건 등을 자유롭게 설정할 수 있습니다. 그러나 그 자유가 불합리한 차별과 배제까지 허락하는 것은 아닙니다.

하나은행 측은 행원과 책임자급 여성 비율을 장기 인력수급 계획에 따라 현재보다 낮추려는 내부 목표가 있었기 때문에 여성 지원자들을 적게 합격시킬 필요가 있었다고 주장합니다. 그러나 해당 계획안에 따르더라도 현재 66.7%인 행원A 직급 여성 비율을 43.6%로, 42.2%인 책임자급 여성비율을 30%로 낮추는 수준입니다. 2013년부터 2016년까지 채용에서 매번 9∶1, 4∶1 수준으로 여성 지원자를 차별한 근거가 되기에는 궁색해 보입니다. 특히 관리자급 여성인력 비중은 7.8%에 불과해 오히려 20%까지 높이는 것이 목표였습니다.

📄 **서울서부지법 하나은행 채용비리 판결문** (2020. 12. 9.)
(업무방해 · 남녀고용평등법 위반 혐의)

"그 밖에 (하나은행 등) 피고인들이 주장하는 여성 행원들의 여신 업무 비선호 현상, 격오지 영업점의 남성 행원 배치 필요성 등이 '직무의 성격에 비추어 특정 성이 불가피하게 요구되는 경우'에 해당한다고 보기 어렵습니다. 여성을 직무에서 배제하고 그 대신 남성을 채용할 만한 합리적인 사유가 아닙니다."

사기업에게 채용의 자유가 있다고 하더라도 여성보다 남성을, A대학 출신보다 B대학 출신을 우대 선발하려면 명백하고 불가피한 사유가 있어야 한다는 취지입니다. 단순히 '남성 직원이 업무에서 잘 버티고 영업도 잘 하더라'는 막연한 평가나 통계 정도로는 차별

이 정당화 될 수 없습니다.

하나은행의 2013년 상반기 신규채용 합격자 101명 중 여성은 8명(7.9%)에 불과합니다. 2013년 하반기 신규채용에서는 합격자 104명 중 19명(15.4%), 2014년 신규채용에서는 130명 중 24명(18.5%), 2015년은 450명 중 75명(16.7%), 2016년은 150명 중 30명(20%)만이 여성입니다. 매년 여성 지원자가 극히 불리한 위치에 놓였습니다.

이번 하나은행 판결문에 따르면 앞서 살펴본 다섯 번의 채용에 서류를 낸 응시생은 4만 9651명입니다. 이 중 45%를 여성이라고 보더라도 2만 2343명에 달합니다. 여성 지원자 합격률은 0.7%, 남성 지원자 합격률은 2.8%로 4배 차이가 납니다.

법원은 채용 절차에 관여한 인사팀 관계자들에게 징역형의 집행유예와 벌금형을 부과하고, 하나은행에 대해서도 벌금 700만 원을 선고했습니다. 특별한 이유 없이 남성 지원자보다 4배 이상 불리한 조건 때문에 떨어진 여성 지원자가 수백 명일 텐데 회사가 받은 처벌은 너무 가볍다는 생각이 듭니다.

그러나 이마저도 현행 남녀고용평등법에 따라 부과할 수 있는 최대 수준의 벌금입니다. 남녀고용평등법 제37조에서 사업주가 근로자를 모집하거나 채용할 때 남녀를 차별한 경우 '500만 원 이하'의 벌금형에 처하기 때문입니다. 그나마 하나은행은 다년간 그러한 행위를 한 점이 인정돼 경합범 가중으로 벌금형이 700만 원으로 오른 겁니다.

피해를 본 당사자들이 손해배상을 받기도 어렵습니다. 대대적인 수사 과정에서 출신 학교에 따른 차별이나 '은행 내-외부 관계자 채용 추천' 때문에 특정인에게 부당하게 밀렸다는 점이 확인된 소수의 피해자들만 법원에서 손해배상을 인정받을 수 있는 상황이기 때문이죠.

내가 '광탈'한 이유가 다른 지원자보다 스펙이나 실력이 모자라서인지, '여자여서'인지 대부분의 탈락자들은 알지 못합니다.

은행 신규채용

자료: 심상정 의원실
2015-2016년 기준 / 단위: %

	남	여
KEB하나은행	81.6	18.4
신한은행	74.9	25.1
IBK기업은행	67.5	32.5
KB국민은행	65.5	34.5
우리은행	64.0	36.0

다행히 피해가 특정되어 소송을 하더라도 아직 우리 법원에서는 '정상적으로 채용되었을 경우의 이익'까지 보전해주지는 않는 것으로 보입니다.

"원고(채용비리 피해자)가 2차 면접 결과 최고득점자에 해당한다고 하더라도 그와 같은 사정만으로 원고와 피고(금융감독원) 사이에 당연히 고용관계가 성립한다고 보기 어렵습니다. 따라서 원고가 지급받을 수 있었던 미지급 임금 상당액의 재산상 손해배상 청구는 받아들일 수 없습니다."

"위자료 청구에 대해서는 … (금감원 채용비리) 불법행위로 인해 원고가 직업 선택 및 수행을 통한 인격권 실현 가능성에 큰 타격을 입게 되는 등 정신적인 고통을 받았다고 봄이 상당합니다. 따라서 원고의 정신적 고통에 대한 위자료를 지급할 의무가 있습니다."

금융감독원 채용비리 사건 1심 재판부는 채용비리 피해자인 A씨에게 금감원이 8000만 원의 위자료를 지급하라는 판결을 내렸습니다. 정신적 손해에 대한 금액치고는 상당한 수준이지만, 정상 채용 시 얻었을 이익에 대한 배상은 이뤄지지 않았습니다. A씨와 비슷한 상황을 겪은 또 다른 채용비리 피해자 B씨는 일부 사정이 다르다는 이유로 1000만 원의 위자료만 인정됐습니다. 각 지원자들의 사정과 재판부의 판단에 따라 기관-회사의 책임이 들쭉날쭉할 수밖에 없는 구조인 셈이죠.

그렇다면 해외 법원에서는 이런 사건을 어떻게 다루는지 살짝 들여다보겠습니다. 일반평등대우법(포괄적 차별금지법)이 있는 독일의 경우, 적극적-고의적인 차별행위를 한 회사는 그 피해자가 차별을 당하지 않았다면 얻었을 이득을 배상할 책임이 있습니다. 이 배상 책임에는 채용 지원자가 지원하기 위해 사용한 비용이나 차별 이후 정신과 상담료, 법률상담료 등이 포함되며, 차별을 당하지 않고 정상 채용되었다면 법률상 하자 없이 해고를 할 수 있는 때까지 받을 수 있었을 임금까지 포함된다는 게 학계 다수설이라고 합니다.[4]

이렇게 보니 금감원과 하나-우리-국민-광주-부산-대구 은행 등 금융권을 비롯해 대학과 지자체, 공기업 등 한국에서 노골적이고 광범위한 차별-비리 채용이 계속되는 이유가 짐작됩니다. 벌금도 손해배상도 솜방망이. '그깟 차별' 좀 해도 충분히 괜찮기 때문 아닐까요?

이 사건 지금은?

서울서부지법은 2022년 3월 11일 함영주 하나금융그룹 회장의 업무방해 혐의에 대해 무죄를 선고했습니다. 장기용 전 하나은행 부행장은 징역 6개월에 집행유예 2년을 선고받았지만, 일부 업무방해

---

4 황수옥, 「간접차별금지 실효성 강화를 위한 구제방법과 절차」, 산업관계연구 제27권 제2호, 한국고용노사관계학회, 2017, 113-140.

혐의만 유죄가 인정되었고 남녀고용평등법 위반에 대해선 무죄 판단이 나왔습니다.

법원은 함영주 회장이 일부 지원자들에 대한 추천 의사를 인사부에 전달한 사실은 인정했지만, 합격권이 아니었던 지원자들이 합격할 수 있도록 하지는 않았다고 봤습니다. 남녀고용평등법 위반에 대해서는 "하나은행의 남녀차별적 채용 방식이 적어도 10년 이상 관행적으로 지속된 것으로 보인다"며 "은행장들의 의사결정과 무관하게 시행되어 함영주 회장이 어떤 영향을 미쳤다고 보기 어렵다"고 설명했습니다.

결과적으로 합격권에 있었던 사람이라면 부정청탁이 있었더라도 문제가 없다는 것, 또 10년 이상 오래된 성차별 관행이라서 당해 임원들에게는 책임이 없다는 결론입니다. 그렇다면 이 책임은 누구에게 물어야 할까요? 최근 우리 사회의 공정 감수성을 흔드는 문제들에 대해 기존의 형사법 절차는 제대로 힘을 쓰지 못하는 모습입니다.

"악플 피해" vs "미투고발 위축":
사실적시 명예훼손죄 존폐 논란

2020년 9월 13일

📖 '사실적시 명예훼손죄' 헌법재판소 공개변론 (2020. 9. 10.)

이영진 헌법재판관 "악성 댓글에 시달려서, 무분별한 신상털기로 ○○
○가 목숨을 끊었다는 기사도 있었습니다. ⋯ (사실적시 명예훼손죄가 폐
지된다면) 이러한 사건이 더 많아지지 않을지 우려하는 사람들이 많
은데 이때 피해자들을 구제할 수 있는 적절한 대안을 생각할 수 있는
지요."

'사실적시 명예훼손죄'의 위헌성을 따지는 헌법재판소 공개변
론장에서 지난해 성범죄 피해 소송 진행 중 세상을 떠난 한 여성 가
수의 이름이 호명되었습니다. 만약 이 죄목이 없어진다면 굳이 밝히

고 싶지 않은 병력(病歷), 범죄 피해, 전과, 성적지향, 가정사 등이 낱낱이 공개되더라도 처벌할 수 없지 않느냐고 물은 것입니다.

2018년 '미투 운동' 국면에서 성폭력 피해자들을 명예훼손죄로 고소해대는 가해자들 때문에 이 위헌 논의에 불이 붙기 시작한 것을 생각하면 아이러니한 풍경이기도 합니다. 사실적시 명예훼손죄가 폐지되면 안된다는 쪽도, 폐지되어야 한다는 쪽도 성폭력 피해자 보호를 근거로 든 것이니까요. 전자는 성폭력 피해 사실이 명백한 '낙인'으로 작동하는 사회의 모습을, 후자는 법에 기댈 수 없어 '미투' 밖에는 답이 없었던 현실을 드러내 씁쓸했습니다.

이처럼 무엇이 명예를 침해하는 사실인지에 대한 판단은 모호하고, 인터넷과 SNS 등의 발달로 명예훼손으로 인한 피해 규모와 회복 가능성을 가늠하기도 어렵습니다. 또 민사상 화해나 조정, 합의가 이뤄지기보다는 형사고소가 남발되는데다 법적 절차를 뒤로 하고 사적제재를 하는 수단으로도 명예훼손이 활용되고 있습니다. 사실적시 명예훼손죄에 대해 첫 판단을 내리게 될 헌재의 어깨가 무거운 상황입니다.

이번 위헌심판을 청구한 A씨의 사연 자체는 위의 사례와 전혀 별개입니다. A씨는 자신의 반려견에 대한 동물병원 수의사의 진료 행위가 잘못되었다는 점을 공표하려다, 도리어 자신이 처벌받을 수 있음을 알고는 이번 헌법소원을 냈습니다.

형법 제307조 제1항은 '공연히 사실을 적시하여 사람의 명예를 훼손한 자는 2년 이하의 징역이나 금고 또는 500만 원 이하의 벌금에 처한다'고 규정하고 있습니다. 다만 제310조에서 해당 행위가 '진실한 사실'이고 오로지 '공공의 이익'에 관한 것이라면 처벌하지 않도록 제한을 두었습니다. 만약 A씨가 해당 병원의 위법한 진료 행위를 객관적으로 입증할 수 있다면 공공의 이익에 관한 것이어서 공표하더라도 처벌받지 않을 가능성이 큽니다. 그러나 '불필요한 수술을 권한다'는 식의 막연한 평가이거나 의사의 업무와 관계없는 불륜 사실을 알린 경우, 또는 유명 학자가 사회적 인식이 좋지 않은 특정 종교를 믿는다는 점을 알린 경우 등은 그것이 '사실'이어도 명예훼손죄에 해당할 수 있습니다.

특히 2018년 미투 운동이 활발히 전개되면서 성폭력 가해자들이 오히려 피해자를 사실적시 명예훼손죄로 고소하는 일이 잇따랐습니다. 최근에는 양육비를 지급하지 않는 부모의 신상을 공개한 '배드파더스' 관계자가 정보통신망법상 명예훼손죄로 기소되기도 했습니다. (재판부는 '공공의 이익'이 인정된다며 무죄를 선고했습니다.)

청구인 측 법률대리인은 "(허위가 아닌 사실을 말해도) 명예훼손 범죄라는 개념을 갖고 시작하기 때문에 말이 안 된다"며 "범죄에 대한 입증 책임은 처벌해야 할 검사가 져야한다"고 말했습니다. 우선 적시된 사실이 진실일 때는 원칙적으로 범죄를 구성하지 않도록 하고, 공공의 이익과 무관하게 피해자의 명예를 훼손할 목적일 때만 그 점을 검사가 입증해 예외적으로 처벌할 수 있다는 겁니다.

그러나 청구인 측 참고인으로 나온 김재중 충북대 법학전문대학원 교수는 '같은 편(?)'인 대리인의 입장에도 다소 한계가 있다고 지적했습니다. 사실적시 명예훼손죄가 문제라는 입장 내에서도 '일부 위헌론'과 '전부 위헌론'이 나뉜 셈이죠.

📄 '사실적시 명예훼손죄' 헌법재판소 공개변론 (2020. 9. 10.)

김기영 헌법재판관 "청구인 측 대리인은 '사실의 적시가 공공의 이익과 무관하게 오로지 피해자의 명예를 훼손할 목적이라는 점이 검사의 엄격한 증명에 의해 입증된다면 형사 처벌될 수 있다'고 전제하고 있는데요. 참고인은 여기에 대해 어떤 의견을 가지고 계십니까."

김재중 충북대 교수 "그렇게 (검사로부터) 판단을 받는다는 것 자체가 결국은 개개인이 (사실을 말하더라도) 명예훼손죄로 언제든 처벌될 수 있는 불안정한 지위로 만들기 때문에 (완전) 폐지가 정답이라고 생각합니다."

입증책임을 검사가 지더라도 공공의 이익을 위한 비판인지 혹은 맹목적 비난인지에 대한 판단은 여전히 어렵고, 징역형 처벌이 유지된다면 표현의 자유는 위축될 수밖에 없다는 겁니다.

또 비판과 비난을 완벽히 분리할 수 있는 것인지도 확실하지 않습니다. 예를 들어 특정 사업주에게 임금체불 당한 사실을 공표한 사람에게는 다른 피해자 발생을 막고자 하는 공익적 목적과 체불임금을 조금이라도 빨리 받고자 하는 개인적 목적이 둘 다 있을 수 있습니다.

심지어 공공의 이익이 전혀 없는 '비난'이라고 할지라도, 허위가 아닌 '사실'로 인해 깎여나갈 명예라면 형사처벌까지 동원하며 보호할 만한 가치가 있는 것인지를 두고 의문이 제기됩니다.

📖 '사실적시 명예훼손죄' 헌법재판소 공개변론 (2020. 9. 10.)

김재중 충북대 교수 "진실한 사실 적시에 의해 손상될 가능성이 있는 명예가 있었다면 그 명예는 과장된 것 아닐까요. 그릇된 평가, 이를 허명(虛名)이라고 하죠? 이런 과장된 평가를 우리 헌법이 보호해줘야 한다는 것이 입법적으로 정당화될 수 없다고 생각합니다. … 또 형벌이 (그 보호를 위한) 적합한 수단이 될 수 없습니다. 악의적으로 허위사실을 적시한 경우는 당연히 처벌돼야겠지만 '사실적시'를 징역형으로 형사처벌 하는 것은 너무 과도합니다. … 차라리 민사적 손해배상이나 반박문 게재, 인터넷의 경우 정보통신 서비스업 제공자들에게 게시글 삭제 요청 등의 방식을 취하는 것이 가능하다고 봅니다."

그러나 반대 측 입장인 법무부는 이러한 주장에 대해 명예훼손죄는 피해자 사생활 보호의 기능도 한다고 주장합니다. 누군가의 내밀한 정보가 무차별적으로 공개되었을 때의 피해는 돌이키기 어렵고, 민사상 손해배상 같은 사후적 구제방안 보다는 형벌처럼 예방효

과 있는 조치가 필요하다는 겁니다.

특히 법무부 측 참고인으로 나온 홍영기 고려대 법학전문대학원 교수는 "단순히 다른 사람을 비방하거나 험담하는 것까지 표현의 자유 침해라고 말하는 것이 아니다"라며 "어떤 사람을 사회로부터 낙오-소외시키고 대화의 마당에서 완전히 배제-축출시켜버리는 것을 막자는 것"이라고 강조했습니다.

📖 '사실적시 명예훼손죄' 헌법재판소 공개변론 (2020. 9. 10.)

홍영기 고려대 교수 "며칠 전에 제가 몸담고 있는 학교의 학생 한 명이 디지털교도소에 언급되는 바람에 목숨을 잃는 사건이 있었습니다. 아마 어떤 사람들은 '디지털교도소에 올라왔다는 사실 자체가 과거에 잘못한 일이 있다는 것 아니겠냐'라고 반문할 것입니다. 또 사실적시 명예훼손죄의 비범죄화를 주장하는 많은 사람들은 이 죄와 관련해 께름칙함을 느끼는 사람이라면 그 적시된 사실에 자기가 감추고 싶은 진실이 있다는 것 아니냐고도 합니다. 그런 것을 허명(헛된 명성)이어서 보호해줄 필요가 없다고 하는데, 이렇게 단순하게 생각해도 될까요? 진실을 감추고자 하면 그건 부끄러운 것이고, 부끄럽지 않을만한 것이면 다 드러내도 되는 그런 단순한 사회에 우리가 살고 있지 않습니다."

홍 교수 말대로 최근 명예훼손을 활용한 사적제재가 횡행하고 있습니다. 디지털교도소(적시된 내용이 사실인 것에 한해)는 물론이고 특정 판결을 내린 법관의 사적 정보 등이 청와대 청원에 올라오기도 합니다. 그러나 이에 대해서는 공권력이 먼저 기본권을 지켜주는 데 무책임했기 때문에 무력한 개인들이 스스로 기본권 구제를 위한 최후의 수단을 사용한 것이라는 반박도 가능할 것 같습니다.

사실적시 명예훼손을 형벌로 다스리지 않는 것이 국제적인 추세이기도 합니다. 이미 2015년 유엔 자유권 규약 위원회와 2011년 유엔 표현의 자유 특별보고관이 대한민국 정부에 사실적시 명예훼손죄의 폐지를 권고하기도 했습니다. 우리나라와 비슷한 규정이 있더라도 실제 처벌까지 시행되는 나라는 거의 없습니다. 국내에서도 이 규정을 고치기 위한 법안이 국회에서 여러 차례 발의되기도 했고요.

이날 2시간가량 진행된 공개변론에서는 청구인이나 법무부 측 법률대리인들이 준비해 온 다소 뻔한 답변보다 양측의 논지를 꿰뚫고 날카로운 질문을 하는 헌법재판관들이 더욱 인상적이었습니다. 현대 사회에서 갈수록 존재감이 커지고 있는 기본권인 '표현의 자유'(알권리 등)와 '명예'(인격권-사생활의 비밀 등)가 정면충돌한 중대한 사안이기 때문이겠죠. 여기에 '사적제재'라는 변수까지 개입되면서, 재판관들이 어떤 판단을 내릴지 주목됩니다.

이 사건 지금은?

2021년 2월 25일, 헌법재판소는 형법 제307조 제1항의 '사실적시 명예훼손'에 대해 "헌법에 반하지 않는다"며 합헌 판단을 내렸습니다. 해당 조항이 청구인들의 표현의 자유를 침해하지 않고 인격권을 보호하기 위한 정당성도 인정된다고 판단했습니다.

헌재는 "오늘날 사실 적시 매체가 매우 다양해지면서 명예훼손적 표현의 전파속도와 파급효과는 광범위해지고 있고 일단 훼손되면 완전한 회복도 어려워 이러한 명예훼손적 표현행위를 제한해야 할 필요성이 더 커지게 됐다"고 설명했습니다.

해외의 경우 명예훼손적 표현행위에 대해 형사처벌이 아니더라도 징벌적 손해배상 등의 제도를 통해 비슷한 효과를 낼 수 있지만, 국내에는 아직 처벌만큼 예방적 효과가 있는 수단이 없다는 점도 근거가 되었습니다.

다만 이번 합헌 판단은 재판관 5대 4 의견으로 가까스로 나온 결과입니다. '일부 위헌' 의견을 낸 재판관 4명(유남석-이석태-김기영-문형배)은 '진실한 것으로서 사생활의 비밀에 해당하지 않는 사실적시'까지 처벌하는 것은 헌법에 반한다고 지적했습니다. 형법 제307조 제1항(명예훼손)의 존재 의의는 인정하면서도, 표현의 자유에 대한 제한은 '최소한'으로 이뤄져야 한다는 입장입니다.

특히 현재 사실적시 명예훼손죄는 친고죄가 아닌 반의사불벌죄여서 피해 당사자가 아니라 제3자가 공적인물-공적사안에 대한 감시와 비판을 봉쇄할 목적으로 고발을 하는 '전략적 봉쇄소송'의 양상을 띠고 있다는 점도 지적했습니다.

사실적시 명예훼손죄는 2016년에도 헌재에서 위헌 심판을 받은 적이 있습니다. 당시에는 7대2로 합헌 판단이 유지되었는데, 5년 만에 위헌 의견이 4명으로 늘었습니다. 앞서 간통죄나 낙태죄, 양심적 병역거부 등 여러 사안들이 수차례 헌법심판을 받은 끝에 변화한 사회 분위기를 반영해 결론이 바뀐 바 있습니다.

이번 판결이 이뤄지고 얼마 지나지 않아 사실적시 명예훼손죄에 대한 헌법소원이 또 제기된 상태입니다. 명예훼손죄는 계속 남을 수 있을까요? 그 결과는 헌법재판관들이 아니라 이 글을 읽는 여러분의 인식이 어떻게 변해가느냐에 달렸습니다.

법원은 왜
'솜방망이 처벌' 비난에 시달리는가?

CBS법조팀은 2020년 말부터 1년 가까이 2019년 서울중앙지법 1심 형사사건 중 형법 제53조(정상참작감경)가 적용된 판결 925건(피고인 1020명)을 분석했습니다. 작량감경이 얼마나 빈번하게 사용됐는지, 작량감경이 적용되는 합당한 근거들이 존재하는지, 그리고 근거나 기준이 있다면 그것이 '국민들이 공감하는 정의'에 부합하는지 면밀히 살폈습니다.

지금까지 우리는 수많은 법정의 모습을 살펴봤습니다. 여러분의 기억에 가장 남는 장면은 무엇인가요?

이 책에도 담겨있듯 법원 출입기자들은 사법부에 대해 여러 각도에서 날 선 비판을 많이 하지만, 가장 자주 쓰는 말은 아마도 '솜방망이 처벌'이라는 표현일 겁니다. 독자분들께서도 아마 신문 지면이나 방송을 통해 많이 들어 익숙하실 텐데요. '솜방망이 처벌', 무거운 처벌이 불가피해 보이는 피고인에게 상대적으로 가벼운 처벌을 내렸다는 의미입니다. 판사들이 가장 싫어하는 단어이기도 합니다.

사실 '솜방망이 처벌'이라는 것은 매우 주관적인 개념입니다. 어느 정도의 범죄가 '중대한 범죄'인지, 어느 정도의 형량이 '무거운 처벌'인지 사람마다 그 기준이 다를 수밖에 없습니다. 그럼에도 우리나라 국민 다수가 법원의 가장 큰 문제점 중 하나가 '솜방망이 처벌'이라고 생각한다면 이걸 단순한 개개인의 시각차로 치부하기는 어려울 것입니다. '솜방망이 처벌'이 더욱 문제가 되는 것은 바로 '유전무죄 무전유죄'와 연계될 때입니다. 권력이 있고 재력이 있는 사람들이 중한 죄를 저질렀는데도 생각보다 가벼운 처벌을 받는다는 인식이 사람들에게 각인되는 순간, 사법부는 권위를 잃게 되고 사회적 불만과 불안은 커질 수밖에 없기 때문입니다. 국제기구나 여론조사 기관이 신뢰도 조사를 할 때마다 우리 사법부가 좋은 점수를 얻지 못하는 가장 큰 이유이기도 합니다.

그렇다면 우리 사법부는, 판사들은 이런 비난과 상황을 모르고 있을까요? 그렇지는 않을 겁니다. 판사들도 신문을 보고, 뉴스를 듣고, 사람들을 만납니다. 취재기자들이 만난 판사 다수도 이런 문제점을 분명히 인식하고 있습니다. 그럼에도 계속해서 논란이 끊이지 않는다면 그 원인을 판사 개개인보다는 제도와 시스템에서 찾는 것이 정답일 것입니다. 끊이지 않는 '솜방망이 처벌' 논란, 그 원인이야 복합적이겠지만 CBS법조팀은 그 중에서도 우리 사법부만이 가지고 있는(사실상 전 세계에서 '유일'하다고 해도 과장은 아닐 것 같습니다) '작량감경' 제도를 꼽아봤습니다.

법조인이 아니라면 '작량감경'이라는 단어 자체가 생소한 게 당연합니다. 거칠게 말하면 판사 마음대로 형량을 감경해줄 수 있도록 만들어 놓은 법조항입니다. 얼마나 깎아줄 수 있을까요? '최소한 이 형량 이상은 선고하라'고 정해놓은 법정형 하한의 절반을 깎아줄 수 있습니다. 법에 정해진 대로라면 최소 7년 이상 형을 살아야하는 피고인이더라도 판사가 마음만 먹으면 3년 6개월만 살도록 해줄 수 있는 겁니다. 대단한 권한이죠. 심지어는 감옥살이를 해야만 하는 피고인을 풀어줄 수도 있습니다. 법정형 하한을 절반으로 깎아 3년 이하로 만들고 집행유예를 선고하면 이런 마법 같은 일이 가능해집니다. 절반이나 깎아주는 데 어떤 조건도 필요 없나요? 네, 그렇습니다. 판사가 형량을 줄여야겠다는 필요성만 느꼈다면 됩니다. 근대적 사법제도가 시작된 이후 찾아보기 힘들 만큼 파격적인 제도라는 평이 나오는 이유입니다.

법정형 하한을 절반이나 낮추는데 판결문에는 왜 그런지 이유 설명도 없는 경우가 대부분입니다. 수천억 원 대의 횡령 혐의로 기소된 재벌 회장에 대해 재판부가 별다른 설명 없이 형량의 반을 깎아버리고, 심지어 실형이 불가피한 피고인을 집행유예로 풀어주기까지 한다면 많은 사람들이 동의하지 못하는 것은 당연합니다. 사회적 관심이 쏠린 사건 중 도무지 결과를 납득하기 어려운 사건들 상당수에는 이 '작량감경'이 작용되고 있습니다.

더 큰 문제는 이런 파격적인 제도가 올바르게 시행되고 있는지 감독하는 시스템도 전무하다는 점입니다. 전국에 있는 3천여 명에 달하는 판사들이 사심 없이 '작량감경' 제도를 운용한다고 '믿는 것' 외에는 방법이 없습니다. 전제조건도, 설명도, 평가도, 감독도 없이 제도가 건전하게 운용될 가능성이 얼마나 될까요?

CBS법조팀이 '작량감경' 제도에 문제의식을 가지게 된 이유입니다. 그리고 작량감경이 올바르게 운용되고 있는지를 판단하기 위해서는 '평가'가 선행되어야 한다는 데 의견을 모았습니다.

판사가 마음만 먹으면 징역 7년이 집행유예가 된다

우리나라 형법은 각 죄목별로 최소나 최고형량을 규정하고 있지만 그게 양형의 전부는 아닙니다. 같은 죄목이라 하더라도 개별 범죄의 사정이나 조건은 천차만별이죠. 더구나 우리나라 사법체계의 목적은 죗값은 치루되 범죄자들에게 다시 사회에 돌아갈 수 있는 최대한의 기회를 부여하는 것입니다. 그러다 보니 조건만 충족된다면 형량을 깎아줄 수 있는 여러 방법을 갖춰놓고 있습니다.

대표적인 것이 '법률상 감경'과 '작량감경'입니다. 법률상 감경과 작량감경은 중복으로도 적용될 수 있는데요. 우선 법률상 감경은 특정 조건을 만족하면 형을 줄여줄 수 있는 조항입니다. 자수 감경, 미수 감경 등이 법률상 감경에 속합니다. 작량감경이 적용될 수 있는 조건은 바로 '판사 재량'입니다. 쉽게 말해 판사가 필요하다는 판단만 내리면 피고인에게 적용된 형량을 '반토막' 낼 수 있는 것입니다. 이렇게 판사 마음대로 형량을 깎을 수 있는 권한은 우리나라 형법 제53조에서 보장하고 있습니다.

📖 **형법 제53조(정상참작감경)**

범죄의 정상에 참작할 만한 사유가 있는 경우에는 그 형을 감경할 수 있다.[1]

형법 제53조는 단 한 줄에 불과합니다. 다른 법령에 줄줄이 달리는 하위 항목조차 없습니다. '정상에 참작할 만한 사유'라니, 매우 모호하다고 느끼실 수 있습니다. 정상에 참작할 만한 사유인지 아닌지를 판단하는 기준은 무엇일까요?

답은 간단합니다. 기준은 판사 개개인의 판단입니다. 한 문장의 법이 갖는 위력은 대단합니다. 좀 과장해서 말한다면, 판사가 판결을 내리는 날 이유 없이 기분이 좋아 피고인의 형량을 반으로 감경했다 해도 법적으로는 전혀 문제가 없습니다.

작량감경을 위한 변명

작량감경을 비판하기 전에 먼저 작량감경을 위한 변론부터 하겠습니다. 작량감경을 폐지해야 한다는 주장이 심심치 않게 등장하는데, 과연 작량감경이라는 제도가 없어져야만 하는 악습일까요?

애초에 법을 만들 땐 전혀 예상하지 못한 이례적이고 불합리한 상황을 조금이라도 교정하기 위해 판사의 재량권이 필요한 순간이 많습니다. 문제는 제도가 아니라 제도가 운영되는 방식입니다. 구체적 사례에서 작량감경 적용에 앞서 충분한 심리가 진행됐고, 이를

---

1 기존 제53조(작량감경) "범죄의 정상에 참작할 만한 사유가 있는 때에는 작량하여 그 형을 감경할 수 있다"라는 법조항이 2020년 8월 형법 개정 뒤 이렇게 바뀌었습니다. 기존 '작량감경'이라는 용어가 '정상참작감경'으로 바뀌었으나 전반적인 내용은 동일하기에 이 책에서는 편의상 기존에 많이 써왔던 작량감경이라는 용어를 사용합니다.

토대로 판결문에도 일반인이 수긍할 만큼 설득력 있는 근거가 제시됐다면 판사의 재량권 사용 자체를 비판할 이유가 없습니다.

많은 판사가 우리나라 법체계상 아직 작량감경이 불가피하다고 입을 모읍니다. 특히 우리 형법의 형량과 하한선이 지나치게 높아 각 범죄 간 형량의 균형을 맞추기 힘들다고 토로하는데요. 어느 현직판사는 "우리 형법이 '눈에는 눈, 이에는 이'를 지향하지 않는다"며 "무조건 형을 높이는 것이 사회질서를 유지하는 데 결코 도움이 되지 않는다"고 지적합니다. 일부 판사들은 정치권이 특정 범죄 이슈가 발생할 때마다 특별법을 만들고 집행유예를 선고하지 못하도록 법정형 하한선을 올리는 반복된 행태에 "포퓰리즘으로 법을 망친다"며 비판하기도 합니다.

작량감경, 한국과 일본에만 있다

작량감경이라는 제도를 알아보기 위해 자료 수집에 나섰지만 쉬운 일은 아니었습니다. 어렵게 찾아낸 오래된 논문을 통해 작량감경이 일본 형법에서 기원한 것이며 전 세계적으로 일본과 우리나라에만 있는 제도라는 사실을 알 수 있었습니다.

현대 주요국의 사법제도를 둘러봐도 오로지 판사의 재량만으로 사유조차 밝히지 않고 형량을 반토막 낼 수 있는 '화끈한' 사례를 찾기란 쉽지 않습니다. 많은 나라가 형량 감경에 있어서 어느 정도 판사의 재량을 인정하는 요소들을 갖추고 있지만 동시에 다양한 조건과 제한을 동반합니다. 예를 들어 독일과 스위스는 판사의 판단에 따라 형벌을 감경할 수 있도록 하되 반드시 '법률에 의거한 구체적 근거'를 명시하도록 규정합니다.

세계 주요국가 가운데 현재까지 이런 독특한 제도를 운용하고 있는 국가는 한국과 일본뿐이라는 것이 법학계의 정설입니다. 애초에 작량감경은 일본이 근대 국가를 형성하는 과정에서 만들어진 독특한 제도인데 한국이 일본법 체계를 그대로 들여오는 과정에서 함께 도입된 것으로 추정됩니다. 1953년 제정된 대한민국 형법 제53조와 1907년 제정된 일본 신형법 제66조는 쌍둥이법이라 할 만큼 흡사합니다.

한국과 일본 형법 속 작량감경

한국 형법 1953년 9월 18일 제정	일본 신형법 1907년 4월 24일 제정
제53조(작량감경) 범죄의 정상에 참작할 만한 사유가 있는 때에는 작량하여 그 형을 감경할 수 있다.	第六十六条(酌量減軽) 犯罪の情状に酌量すべきものがあるときは、その刑を減軽することができる。 제66조(작량감경) 범죄의 정상에 참작하여야 할 사유가 있는 때에는 그 형을 감경할 수 있다.

20세기 초, 유럽의 제도를 적극적으로 받아들였던 일본은 서구 법체계에서 찾아보기 힘든 제도를 왜 만들어낸 것일까요? 메이지 (明治) 유신 직후 급속도로 천황제 국가로 변모하던 일본이 천황의 사면권 일부를 판사들에게 나누어주어 국민들의 형량을 낮춰주는 시혜를 베풀도록 했다는 해석에 무게가 실립니다.[2]

그런데 제도를 만든 일본에서조차 작량감경 규정은 거의 사문화된 것으로 알려졌습니다. 현재 작량감경이라는 제도가 실제로 살아 숨 쉬고 있는 국가는 한국이 유일한 셈입니다. 법조계에서는 그 이유를 격동의 근–현대사에서 찾습니다.

'유신헌법'의 박정희 정권, '정의사회 구현'을 내세운 전두환 정권이 정치적 반대파와 사상범, 대중 다수에게 가혹한 형사처벌을 남발했습니다. 군사독재 시절 검–경에 의한 합법적 폭력이 계속되자 사법부가 작량감경이라는 재량권으로 나름의 방어를 해 왔다는 설명입니다.

---

2 일본의 구형법전은 "천황은 실수를 범하지 아니하고 천황은 일본국민에게 시혜를 베푸는 존재"라는 사고방식에 젖어 있어서 천황의 긴팔에 속한 법관의 법 왜곡행위에 대해 아무런 처벌규정을 두지 아니하였다. 그래서 그런지 일본의 법관은 피고인에 대해 작량감경의 형식으로 법정형 이하로 감형을 할 수 있게 함으로써 천황의 국민인 피고인에게 시혜를 베풀고 이는 일본 천황의 긴팔로서 일본 국민에 베풀어 왔던 천황의 시혜 방식으로 당연시 여긴 것으로 보인다. (허일태, 「현행법상 작량감경제도의 문제점과 개선방안」, 형사법연구 vol.22, no.2, 한국형사법학회, 2010, 281-304.)

작량감경의 기준과 사후감독이 필요하다

작량감경과 같은 판사의 재량권이 필요하다 해도, 현재 작량감경 행사가 바람직하게 이뤄지고 있다고 단언하기는 힘듭니다. 다음 사례들만 봐도 그렇습니다.

사건 1	60대 남성A는 2018년 새벽 함께 술을 마시던 60대 여성을 갑자기 추행하며 성폭행을 시도했다. 여성이 강하게 저항하자 뺨을 여러 차례 때리고 바닥에 쓰러트려 제압하면서 "죽일 수도 있다"고 협박했다. 성폭행은 미수에 그쳤지만, 여성은 전치 3주의 부상과 함께 극심한 정신적 고통에 시달리게 됐다. 이 사건이 발생한 시점에 A는 이미 다른 준강간미수 사건으로 집행유예 기간 중이었다.
판결	유죄. 징역 3년, 집행유예 5년
선고이유	피고인이 '뒤늦게나마' 범행을 인정하고 '반성하는 태도'를 보이고 있으며 강간이 미수에 그쳤다. A가 앞서 수차례 폭행과 준강간 범죄를 저질렀지만 '실형을 선고받은 전력'이 없었다. 피해자와 합의했으며 피해자가 처벌을 원치 않고 있다.

사건 2	40대 여성B는 2019년 새벽 버스에서 돌연 운전기사의 얼굴을 주먹과 발로 때리고 할퀴는가 하면 버스 핸들을 수차례 흔들다 경찰에 붙잡혔다. 당시 버스는 시속 30km 속도로 운행 중이어서 대형 사고로 이어질 수도 있었다. 기사에게 "(버스가) 서울대를 가느냐"고 물었지만 "방향이 다르다"는 말을 듣고 화가 났다는 것이 폭행 이유였다. B는 신고를 받고 출동한 경찰의 뺨을 때리기도 했다. 4차례 폭력 혐의로 벌금형을 받은 전력이 있고 이 중에는 유사한 운전자 폭행 사례도 있었다.
판결	유죄. 징역 1년 6월, 집행유예 2년
선고이유	일용직으로 생계를 유지하며 고시텔에 거주하는 등 '어려운 경제상황'이 범행에 영향을 미친 것으로 보인다. 공판에서 범행을 '자백' 했다.

사건 3	20대 여성C는 2020년 새벽 대구시의 한 도로를 달리다 음식물 쓰레기 수거 차량을 추돌해 쓰레기 수거 작업을 벌이던 50대 환경미화원을 숨지게 했다. 동승자 2명도 크게 다쳤다. 사고 당시 C의 혈중 알코올농도는 0.116%, 면허 취소 수준의 만취 상태였다.

판결	유죄. 징역 3년 6월(1심) → 징역 2년 6월, 집행유예 4년(2심)
선고이유	모든 피해자와 합의했고 초범이며 반성하고 있다. 1심 양형은 너무 무거워 부당하다.

세 개의 사건은 각각 강간미수, 폭행, 음주운전으로 사건 유형이 모두 다르지만 작량감경으로 집행유예를 받았다는 공통점이 있습니다.

사건 1의 피고인 A는 피해자를 폭행하며 강간을 시도했는데 미수에 그쳤습니다. 앞서 이미 강간을 시도한 혐의로 선고받은 집행유예 기간 중에 범죄를 저지른 것인데요. 판사는 '뒤늦은 반성'과 '실형을 선고받은 전력이 없었다'는 이유로 A를 풀어줬습니다.

사건 2처럼 대중교통수단 운전자를 폭행하는 것은 죄질이 무겁습니다. 자칫 대형 인명사고로 이어질 가능성이 크기 때문입니다. 게다가 피고인 B는 이미 4차례나 폭행 전과가 있고, 그중에는 이번과 유사한 운전자 폭행 사건도 있었습니다. 그러나 판사는 '어려운 경제 사정'과 '자백'을 이유로 집행유예를 선고했습니다.

사건 3은 음주운전으로 사망자가 발생했습니다. 1심 재판부는 실형을 선고했지만 항소심 재판부는 '피해자들과 합의'했고 '초범'이라는 점을 들어 1심의 양형이 과하다고 판단했습니다.

문제는 감경의 '근거'입니다. 제 발로 수사기관을 찾아가 범죄를 고백한 것이 아니라 당장 감옥행을 앞두고 한 자백을 자백이라고 볼 수 있을까요? 그게 진정한 반성일 수 있을까요? 앞서 비슷한 범행을 저지른 적이 있는데도 단지 실형이 선고되지 않았다고 형을 줄여주는 것은 정당한가요? 어려운 경제적 사정이 있는 범죄자라면 모두 집행유예의 대상이 될 수 있을까요?

법원은 현재 3천여 명에 달하는 판사들이 적절한 근거를 적용해 형량을 감경하고 있다고 자신 있게 이야기하지 못합니다. 그러나 판사들이 재량권을 악용할 가능성은 더더욱 인정조차 하지 않습니다. 비슷한 범죄도 어느 판사에게 재판을 받느냐에 따라 형량이 크게 차이가 나는 일이 생기는데, 그 양형 판단에 아무런 설명이 뒤따르지 않습니다. 법원과 판사에 대한 국민의 신뢰를 시험하는 일이 계속 발생하고 있는 것입니다.

2019년 서울중앙지법 재판부의 작량감경 형량 '630.5년'

CBS법조팀은 작량감경의 실태를 알아보기 위해서 2019년 우리나라에서 가장 큰 1심 법원인 서울중앙지법에서 작량감경이 적용된 판결을 전수 조사했습니다.[3] 당해 형법 제53조가 적용된 판결문 925건(피고인 1020명)을 전수 조사-분석했는데요.[4] 분석 결과 나

---

3 통계·분석에 법무법인 케이에스앤피 법과인간행동연구소의 김상준 대표변호사와 홍성범 과장의 도움이 컸습니다. 이 기회를 빌려 감사드립니다.
4 조사 당시 2020년 판결문도 분석하려 했지만 2020년 초부터 코로나19 유행으

온 숫자들이 의미심장합니다.

2019년 1년간 작량감경 적용으로 깎인 형량은 총 630.5년이었습니다. 이는 판결문 중 처단형이 정확히 기재된 523명에 대해서만 계산한 것으로, 전체 피고인 1020명으로 추론하면 1년간 1000년이 넘게 감형된 셈입니다.

사람들이 가장 의문스럽게 생각하는 것은 작량감경의 '근거'와 '기준' 입니다. 서울중앙지법에서 판사들이 가장 많이 거론한 작량감경 사유는 '경미한 범죄 전력(넓은 범주의 초범)'이었습니다.[5] 1년 이상의 징역-금고형에 처해지는 중범죄를 저질러 합의부에 배당된 피고인 450명 중 349명(77.6%)이 동종 전과가 없거나 실형까지 살지는 않았다는 이유로 작량감경 대상이 되었습니다.[6] 그러나 합의부가 동종 전과가 없거나 실형을 받지 않았다는 이유로 작량감경한 349명 중에서 전과가 전혀 없는 초범은 187명(53.6%)으로 절반 수준에 불과했습니다. 134명(38.4%)은 현재 저지른 범죄와는 성격이

로 법원이 정상적으로 운영되지 않아 일반성을 부여하기 어렵다는 판단에 제외했습니다.

5 판결문에 등장하는 피고인의 수는 1020명이지만 피고인에게 적용한 유리한 양형이유는 복수이므로 이를 모두 합산했습니다. '초범', '아무런 전과가 없는', '범죄전력이 없는', '벌금형을 넘는 형사처벌 전력이 없는', '집행유예 이하의 범죄전력이나 동종 전과가 없는' 등 전과와 관련된 표현은 편의상 모두 '초범'으로 분류했습니다.

6 서울중앙지방법원 재판부는 크게 '단독재판부'와 '합의재판부'로 나눠집니다. 단독재판부는 1명의 판사가 판결을 내리지만 합의재판부는 3명의 판사가 합의해 결론을 도출합니다. 합의부에는 사형, 무기 또는 1년 이상의 징역이나 금고형을 선고할 수 있는 사건 등이 배당되기 때문에 상대적으로 더 중대한 범죄혐의를 다룬다고 봐도 무방합니다.

다른 범죄 전력이 있었고, 28명(8%)은 심지어 같은 범죄를 저질렀던 적이 있는데도 유리한 양형이유로 반영됐습니다. 동종 전과가 수두룩한 상습범만 아니라면 대개 '중고 초범'으로 봐주는 셈입니다.

단독재판부에서 심리한 피고인 570명 중에서는 285명(50%)이 같은 이유로 작량감경을 받았습니다. 그나마 경미한 범죄들의 특성상 초범은 기소조차 되지 않거나 약식재판으로 벌금형을 선고받는 데 그쳐 이미 걸러진 수치입니다.

'유리한' 양형이유 분포

※ 피고인(1020명) 1인에게 적용된 복수의 양형이유를 모두 반영

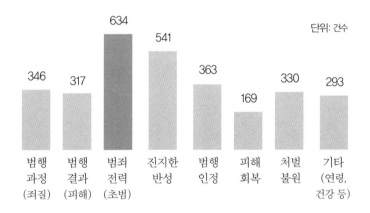

단위: 건수

범행 과정 (죄질)	범행 결과 (피해)	범죄 전력 (초범)	진지한 반성	범행 인정	피해 회복	처벌 불원	기타 (연령, 건강 등)
346	317	634	541	363	169	330	293

무엇이 동종 전과? 판단 기준도 판사마다 제각각

동종 전과를 판단하는 기준이 없어 판사마다 초범 판단이 각기 다른 것도 문제입니다. 어떤 판사는 '불법 촬영-성매매'와 '강간

죄'를 같은 성범죄 군으로 보지만, 다른 판사는 불법 촬영-성매매가 신체를 대상으로 한 성폭력범죄가 아니라는 점에서 강간죄와 동종 전과로 묶지 않습니다. 성범죄나 사기-횡령-뇌물-조세 등 합의부에 배당되는 중범죄 피고인들의 경우 동종 전과 여부가 실형과 집행유예를 가르는 매우 중요한 기준임에도, '동종'의 범위와 '전과'의 정도에 대한 판단 역시 판사 개개인의 재량에 맡겨져 있는 것입니다.

'범죄전력 없음' 인정 여부에 따른 실형 비율 비교

※ 2019 서울중앙지법 중범죄(합의부) 1심 판결 대상

54.1%
(820명)

47.8%
(215명)

42.4%
(148명)

66.3%
(67명)

①   ②   ③   ④

① 전체 유죄 피고인(1515명)
② 작량감경 적용 피고인(450명)
③ '범죄전력 없음'이 작량감경 사유로 인정된 피고인(349명)
④ '범죄전력 없음'이 작량감경 사유로 인정 안 된(동종 전과 有) 피고인(101명)

범죄의 종류에 따라서도 범죄전력을 판결에 반영하는지 여부가 달라집니다. 살인범에 대해서는 초범이 감형 이유로 등장하지 않지만, 성범죄 등 다른 중범죄에서는 초범이라는 점이 감형 이유로 빈번히 등장합니다. 아무리 성범죄가 중하더라도 살인범과는 차등을 둬야 한다는 생각 때문일까요? 이런 차이의 이유를 설명하는 판사는 없습니다. 이런 사례들은 죽음만큼 고통스러운 경제적-정신적-사회적 피해를 일으킨 중범죄일지라도 '살인만 아니면 초범은 봐준다'는 잘못된 인상을 줄 수도 있습니다. 중요한 판단의 근거가 베일에 싸여 있기 때문에 법원에 대한 막연한 불신도 커지는 것 아닐까요?

작량감경 치트키 '진지한 반성'

서울중앙지법 재판부가 작량감경을 적용할 때 가장 많이 제시한 유리한 양형 이유 중 두 번째는 바로 '진지한 반성'입니다. 조사 대상 중 541명(53%)에게 '진지한 반성'이 유리한 양형이유로 적용됐습니다. 우리 사법부는 감형을 하는 데 있어 자신이 저지른 죄에 대한 반성을 중요시합니다. 그런데 어디까지가 '진지한' 반성이고 어디까지는 '진지하지 않은' 반성일까요?

특수공무집행 방해치상	30대 남성 D는 편의점 야외 테이블에서 술을 마시던 중 자신의 지갑이 없어졌다며 편의점 점원에게 CCTV를 요청하다 거절당하자 112에 신고를 했다. 출동한 경찰관들을 상대로도 욕설을 하다가 진열대에 있던 10cm 길이의 과도를 집어 들어 위협하던 중 경찰관에게 상해를 입혔다.
선고 형량	징역 1년 6월, 집행유예 2년
양형 이유	• 범행 인정. 진지한 반성 • CCTV 열람을 요구했으나 거부당하자 화가 나 범행(술에 취한 우발적 범행) • 경찰관의 상해 정도는 크지 않음 • 피고인을 대신해 어머니가 피고인의 잘못에 대해 경찰관에게 사죄 • 집행유예 이상 형으로 처벌받은 전력 없음

위 사건에서 구속된 피고인 D를 대신해 다친 경찰관에게 누차 사과한 것은 그의 어머니였습니다. D는 10년 전에 공무원의 직무집행을 방해하는 범죄를 저질러 징역형의 집행유예를 받은 전과자이기도 했습니다. 그런데도 재판부는 "피고인이 이 사건 범행의 대부분을 인정하면서 자신의 잘못을 반성하는 태도를 보인다"라며 작량감경을 적용해 피고인 D의 형량을 반으로 깎았습니다. 과연 D 본인의 '진지한 반성'은 확인된 걸까요? 판사들은 어떻게 그 반성의 진

정성을 평가하는 것일까요?

형사재판에서 '진지한 반성'은 작량감경의 주요 사유이자 집행유예까지 이끌어낼 수 있는 강력한 '치트키'인 셈입니다. 피고인이 마음만 먹으면 언제든지 가능하다는 점에서 더욱 매력적입니다. 대부분의 피고인이 '진지한 반성'을 인정받기에 매달릴 수밖에 없는 이유이기도 합니다.

성폭력처벌법위반 (13세미만 미성년자 준강제 추행)	40대 남성 E는 새벽 4시경 찜질방에서 가족과 함께 자고 있던 11살 여아를 발견하고 옆에 누운 뒤 여아의 반바지 속으로 손을 넣어 허벅지와 엉덩이 밑을 수회 쓰다듬었다.
선고 형량	징역 2년 6월
양형 이유	• 피고인은 자신의 잘못을 깊이 반성하고 있다.

피고인 E는 앞서 같은 유형의 범죄를 2번 저지른 전과가 있는 상습범이었습니다. 4년 전 같은 찜질방에서 잠든 아동을 성추행해 징역 2년을 선고받았고, 비슷한 준강제추행 범죄로 징역 4월을 선고받기도 했습니다. 성폭력처벌법에 따르면 E는 최소한 징역 5년의 실형을 선고받아야 했지만 재판부는 '피고인이 반성하고 있다'는 이유 한 줄을 근거로 2년 6개월로 감형했습니다. 피해 여아와 부모

가 E를 용서하거나 합의하지도 않았을 뿐더러, 그가 다른 어떤 방식의 반성을 하고 있는지도 판결문만 봐서는 알 도리가 없습니다.

실제 재판 현장에서는 피고인이 제출하는 반성문이 진지한 반성임을 입증할 근거의 전부인 경우가 다반사입니다. 반성에 얼마나 진정성이 있는지, 다시 범죄를 저지를 소지는 없는지 등을 두고 따로 기일을 배정해 신중하게 심리하는 재판부는 찾아보기 힘듭니다. 상당 경우 '진지한 반성'이 큰 의미 없이 유리한 양형이유의 서두를 장식하는 액세서리로 쓰이는 것 같습니다. 피고인이 범행 자체를 인정하는지와 거기서 나아가 진지하게 반성하고 있는지는 별개의 판단 영역임에도, 판사들이 '피고인은 범행을 인정하고 반성하고 있다'고 관행적으로 쓰는 것은 아닌지 의심스러운 부분입니다.

기계적인 '진지한 반성' 인정이 거꾸로 피고인 인권을 침해할 여지가 있다는 지적도 나옵니다. 판사 출신인 한 변호사는 "재판에서 범행을 부인하는 것은 피고인의 권리다. 그런데 범행을 인정하고 반성했다고 해서 자동으로 감형조건이 된다면 권리를 행사하지 말라고 압박하는 것과 마찬가지"라고 꼬집었습니다.

반면 가수 정준영의 경우[7]처럼 범행을 부인하는데도 진지한 반

---

7 가수 정준영과 최종훈은 지난 2016년 강원도 홍천과 대구 등지에서 술에 취한 여성을 집단으로 성폭행한 혐의 등으로 구속되어 재판에 넘겨졌습니다. 정준영은 지난 2015년 말 연예인들이 참여한 SNS 대화방에서 여성들과 성관계한 사실을 밝히고 몰래 촬영한 영상물을 전송하는 등 11차례에 걸쳐 불법 촬영물을 퍼뜨린 혐의도 받았습니다. 1심은 정준영에 징역 6년을 선고했고 2심은 진지한 반성을 이유로 징역 5년으로 형량을 낮췄습니다. 대법원은 지난 2020년 9월 항소심 재판부의 원심을 확정했습니다.

성을 인정해 작량감경한 사례도 다수 있습니다. 대체로 "범행은 사실이 아니지만 피해자가 괴롭다니 어찌되었든 미안하다"는 식의 주장이 받아들여진 것입니다.

형사재판 경력이 10년 이상인 한 부장판사는 "1심은 유무죄를 따지기 바빠 양형 심리를 거의 하지 못하고 매번 비슷한 문구를 적는 게 현실"이라며 "2심 역시 공판검사가 적극적으로 가중사유를 주장하지 않는 한 피고인의 합의 시도 등을 기계적으로 반영해 감형하는 경우가 많다"고 토로했습니다.

기준이 애매하다고 해서 '진지한 반성' 자체를 양형에서 아예 뺄 수 있는 상황도 아닙니다. 형벌은 범죄자에 대한 응보뿐 아니라 해당 범죄에 대한 경각심을 불러일으키고(일반예방) 범죄자가 다시 범죄에 빠지지 않도록 재사회화하는 것(특별예방)을 목표로 합니다. 이러한 목적에서 범죄자의 '진지한 반성'은 형벌의 수위를 결정할 때 중요한 잣대가 될 수밖에 없습니다.

고등법원의 한 부장판사는 "재판 과정에서 판사가 피고인에게 뭘 잘못했다고 생각하는지, 원인이 무엇인지 등을 집요하게 묻고 그 과정에서 사건을 마주하게 해야 한다"며 "그런 과정도 없이 집행유예로 다시 사회에 나가니 피고인 본인은 벌을 받았다고 여기지도 않는다"고 지적했습니다. 피고인의 재사회화를 위해서라도 '진지한 반성'을 심리하는 기준이나 방법이 더욱 연구되어야 한다는 것입니다.

결코 평등하지 않은 작량감경, 커지는 법정 빈부격차

'유전무죄-무전유죄'가 세기말 법정 드라마의 키워드였다면, 이제는 조금 다릅니다. '유전집유-무전실형'이 대세라고 볼 수 있죠. 법정은 가장 공평하고 공정해야 할 공간이지만 때로는 가장 적나라한 빈부격차와 신분 차별이 행해지는 곳이기도 합니다. 사법부 관련 기사에서 자주 등장하는 전관예우[8]만 해도 그렇습니다. 우리나라 법정에 서는 당사자들이 변호사를 선임할 때 가장 신경 쓰는 단어가 '전관'입니다. 재판을 담당하는 판사들과 같이 일한 경험이 있는 변호사들을 찾아 그들을 선임하는 데 돈을 아끼지 않는데요. 변호인과 판사 사이의 사적 관계가 작량감경 같은 판사의 막강한 재량권 발휘에 영향을 미칠 것이라 기대하는 것입니다.

시사에 관심 있는 분이라면 재벌 회장이 피고인인 형사사건에서 '징역 3년, 집행유예 5년'이라는 형량이 도돌이표처럼 반복되는 것[9]을 보셨을 겁니다. 그들의 죄질이 가벼운 것도 아닙니다. 220억 원대 배임과 1100억 원대 조세포탈, 800억 원대 횡령과 1100억 원대의 배임, 1조 5000억 원대 분식회계도 한결같이 '징역3년, 집행

---

8   전관예우(前官禮遇)란 행정관청, 법원 등의 공공기관이 해당기관에서 근무하다 퇴직한 공직자, 특히 고위직을 지낸 전직 공직자를 전 동료이자 선배로서 예우하고, 그에 따라 전직 공직자가 공공기관 업무에 계속 영향력을 미치는 현상을 말합니다. 민간에서 이러한 영향력을 기대하고 전직 공직자를 고용하거나 일을 의뢰하는 현상까지도 포함합니다.
9   이건희 삼성그룹 회장, 정몽구 현대·기아차 회장, 최태원 SK그룹 회장, 박용성 두산그룹 회장, 조양호 한진그룹 회장(직책은 선고 당시) 등이 징역 3년, 집행유예 5년을 선고받았습니다.

유예 5년' 처벌을 받았습니다. 이러다 보니 법조계 내부에서는 '3-5법칙'이라는 자조 섞인 농담이 떠돌기도 했습니다. 집행유예는 징역 3년 이하의 형이 선고됐을 때만 가능합니다. 만약 법정형이 3년을 넘는 중범죄 혐의를 받고 있다면 집행유예 여부는 전적으로 법관의 재량에 의한 작량감경을 받느냐 안 받느냐에 달려있다고 해도 과언이 아닙니다.

또한 2019년 서울중앙지법 형사 1심 판결 중 작량감경이 적용된 피고인 1020명 중 511명(50.1%)이 사선변호인을 선임한 것으로 나타났습니다. 국선변호인을 선임한 피고인은 254명(24.9%), 변호인 없이 홀로 재판한 피고인은 255명(25%)으로 각각 사선변호인 선임의 절반 수준에 그쳤습니다. 특히 중범죄(합의부) 사건에서는 사선변호인 선임 비율이 67.1%에 달했습니다.

작량감경 여부에 따른 피고인 '사선변호인' 선임 비율

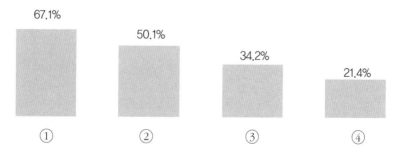

① 2019년 서울중앙지법 중범죄(합의부) 작량감경 피고인
② 2019년 서울중앙지법 작량감경 피고인
③ 서울중앙지법 2015~2019년 평균
④ 전국 법원 2015~2019년 평균

(계속)

		사선	국선	미기재 (나홀로 소송)	총계
2019년 서울 중앙지법 작량감경 적용	합의	302건	147건	1건	450건
		67.1%	32.6%	0.2%	100.0%
	단독	209건	107건	254건	570건
		36.7%	18.8%	44.6%	100%
	총계	511건	254건	255건	1020건
		50.1%	24.9%	25.0%	100%
2015~ 2019년 서울 중앙지법	총계	3만 179건	2만 6604건	3만 1344건	8만 8127건
		34.2%	30.2%	35.6%	100%
2015~ 2019년 전국법원	총계	27만 4759건	41만 6819건	59만 3839건	128만 5417건
		21.4%	32.4%	46.2%	100%

※ CBS노컷뉴스, 2020 국정감사 대법원 제출 자료(더불어민주당 최기상 의원실 요청)

너무 당연한 얘기를 문제 삼는다고 꼬집는 분도 있으실 겁니다. 중한 범죄일수록 변호사 선임 비율이 높을 수밖에 없고, 변호인이 적극적으로 조력한 만큼 작량감경이 적용될 가능성이 커지는 것은 지극히 자연스러운 흐름이니까요. 그런데 변호사가 사선인지 국선인지에 따라 집행유예 비율에도 차이가 있었습니다. 작량감경이 적용된 피고인 중에서도 사선변호인을 선임한 쪽의 집행유예 선고율(60.7%)이 국선변호인 쪽의 집행유예 비율(51.2%)보다 높았습니다.

최소 수백만 원에 달하는 비용을 지불하고 사선변호인을 선임할 수 있는 피고인은 작량감경에 보다 가까이 있고, 그에 따라 집행유예를 선고받을 가능성도 크다는 추론이 가능합니다. '당연하다'

고만 생각하기 어려운 문제 아닐까요?

최근 유튜브 등 개인미디어가 발달하면서 '관심의 빈부격차'도 두드러지고 있습니다. 유사한 사건이어도 크게 화제가 된 사건의 선고형량과 그렇지 않은 사건의 형량이 차이가 나는 경우가 목격되는 것입니다.

다만 이에 대해 판사 출신인 한 변호사는 "겉보기에는 비슷한 사건이어도 구체적인 사정과 그 사회의 감수성에 따라 양형은 매우 달라질 수 있다. 어찌 보면 '복불복 판결'은 자연스럽고 당연한 것"이라고 말합니다. 단, '복불복 판결'이 적극적 정의실현의 차원으로 인정되고 우리 사회의 신뢰를 받으려면 충분한 양형심리와 납득 가능한 양형이유가 먼저 선행되어야 할 것입니다.

성실한 교사의 직무수행은 감형사유인데, 성실한 노동자는?

변호사 변수 외에도 우리 사회가 내재한 고정관념이나 편견, 차별적인 인식이 판사들의 양형이유에 그대로 나타나기도 했습니다. '피고인은 공직자로 성실히 근무해 왔다' 같은 양형이유를 일용직 노동자에게는 써주지 않는 경우가 대표적입니다.

피고인의 평소 성행이나 가정환경 등은 재범 가능성과 연관성이 큰 요소여서 고려할 만한 부분이긴 하지만, 이러한 언급은 유독 사회적으로 '인정받는' 직업군을 가진 피고인에 대해서만 차별적으로 등장하는 경향이 나타났습니다. 피고인의 '사회적 기여'나

'사회적 유대관계'가 작량감경의 사유로 언급된 25건의 경우 해당 피고인들의 직업은 △전 청와대 고위 관료 △전 상장사 대표 △전 직 군 간부 △대학생 △경찰관 △법원-국세청 등 공무원 △IT 엔지니어 △전-현직 교사 등이었습니다. 무직이거나 일용직인 경우는 없었습니다.

피고인 주변의 '선처탄원'을 유리한 양형이유로 반영하는 것 역시 직장이나 가족 없이 사회적으로 고립된 상황에 있는 피고인을 차별할 수 있습니다. 한 형사부 부장검사는 "무직이거나 일용직으로 생계를 꾸리는 노동자, 자영업자 등은 국가에 기여하지 않거나 성실히 생활해오지 않는다는 것이냐"며 "의도적인 차별이 아니라고 하더라도 그러한 감형사유를 판결문에 쓰는 것은 매우 부적절하다"고 우려했습니다.

작량감경을 권하는 양형위원회, "법정형 하한이 과중하다"

"국회에서 법정형은 그 범죄의 가장 전형적인, 나쁜 모습을 상정하고 만들어집니다. 그런데 법정에서 실제 사건을 보면 많은 경우 그 정도는 아니고 또 양태도 너무 다양한 거죠…."

최근 10년간 1심 중범죄(형사합의부) 사건의 절반 이상이 작량감경되어 왔다는 CBS법조팀 취재 결과에 대해 A 부장판사가 내놓은 답입니다. 그는 형사법정에서만 총 10년가량 근무했습니다. A 부장판사는 "똑같은 강제추행인 경우에도 여성의 성기를 만진 경우와

팔이나 등을 만진 경우가 다르고, 옷 위로 만졌는지 옷 속으로 만졌는지에 따라 죄질이 달라진다"며 "법정형 하한선은 그중 가장 나쁜 형태를 두고 최소한 이만큼은 처벌하라고 규정한 것"이라고 말했습니다. 즉, 대부분 법정형의 하한이 너무 과중하다는 의미를 담고 있습니다.

법원도 이런 실태를 모르지 않습니다. 그래서 양형위원회라는 조직으로 하여금 판사들이 양형을 결정할 때 참고할 수 있는 양형기준을 제정하고 있습니다. 실무자들의 고민은 대법원 양형기준에도 고스란히 담겼습니다. 양형기준은 범죄유형별로 지켜야 할 형량 범위와 형의 가중-감경인자를 구체적으로 제시합니다. '감경, 기본, 가중' 3개의 구간으로 나눠 놓았는데, 이 '기본구간'의 하한은 대체로 법정형 하한보다 낮게 설정되어 있습니다. 법정형과 양형기준에서 보는 해당 범죄 죄질의 '전형적인 모습'과 상당한 차이가 있는 것이죠. 문제는 이 같은 양형기준이 작량감경을 매우 '자연스럽고 통상적인 것'으로 만들고 있다는 점입니다.

예를 들어 특정범죄가중처벌법상 뇌물죄는 '공무원이 받은 뇌물 액수가 1억 원 이상인 경우에 무기 또는 10년 이상의 징역에 처한다'고 규정하고 있습니다. 그런데 뇌물죄 양형기준(기본구간)에서는 뇌물 액수가 1억 원 이상 5억 원 미만인 경우 7~10년 내에서 형량을 정하라고 합니다. 법에서는 공무원이 1억 원을 받았을 경우 최소 10년을 선고하라고 하는데, 양형기준은 7년을 선고해도 된다고 말하는 현실입니다.

양형기준대로 선고하려는 판사는 법에 정해진 하한인 '10년'을 일단 무너뜨려야 합니다. 따라서 법정형 절반을 깎는 작량감경을 적용해 하한을 5년으로 낮춘 후에야 기본구간인 7~10년 사이의 형을 선택할 수 있는 것입니다.

뇌물죄처럼 양형기준이 설정된 44개 범죄군 중 대부분의 기본구간 하한이 법정형 하한보다 낮습니다. 물론 양형기준은 권고 사항일 뿐 강제력은 없습니다. 그러나 우리나라 판사들의 양형기준 준수율은 2019년 기준 90.7%에 달합니다. 사실상 권고 사항이 아니라 하나의 법기준처럼 운용되고 있다 해도 과언이 아닙니다.

2007년 양형위원회 출범식에서 이용훈 대법원장은 "선고 형량에 상당한 차이가 있다는 지적과 전관예우 의심을 사는 현상이 국민 신뢰를 저하시킨 원인임을 부인할 수 없고, 양형의 적정화를 도모하는 일을 이제 더 이상 피하기만 할 수는 없게 됐다"며 "사법 신뢰를 회복시킬 수 있는 양형기준을 마련해 달라"고 당부했습니다.[10]

14년이 지난 지금, 양형기준이 과거 이 대법원장의 당부에 얼마나 부응하는 답을 내놓았는지는 여전히 미지수입니다. 법조계는 물론 법관 사회 일각에서도 양형기준이 피고인을 비롯한 국민을 위한 것이라기보다는 판사의 편리한 판결을 위한 것 아니냐는 문제의식이 커지고 있습니다.

작량감경이 어떤 구체적인 사정이 있을 때 쓰이는 것인지 드러

---

10 '고무줄 양형 손본다…大法 양형委 출범(종합)'(연합뉴스, 2007.05.02.)

나는 기준이 전혀 없고, 추후 판결문을 통해서도 확인하기 어렵다는 점에서 '미지의 권력'이 되고 있다는 것이 문제입니다. 이에 대해 양형위원회 고위 관계자는 "작량감경은 재량이 핵심이다. 어떤 기준을 붙이면 결국 작량감경 폐지를 말하는 것이 된다"며 "특별감경인자가 있을 때만 작량감경할 수 있도록 권고범위를 정하게 되면, 법도 아닌 양형기준이 마치 법에 준하는 효과를 가지게 되는 문제가 있다"고 말합니다.

이 같은 양형위의 태도는 양형기준이 권고에 불과하다는 현실과 모순되는 것으로 보입니다. 양형기준이 제시하는 최저형량이 법정형과 일치한다고 해서 판사들이 현행법상 엄연히 존재하는 작량감경을 하지 못한다는 의미가 아니기 때문입니다. 다만 판사들이 양형기준을 벗어나 선고하는 데 있어서 더욱 신중한 판단을 하도록 유도하는 심리적 방어벽 역할을 할 뿐입니다.

또 'N번방 사건' 등으로 사회적 관심이 높아진 아동−청소년 성착취 범죄 등 일부 범죄군의 경우 양형기준 기본구간 하한이 법정형과 같도록 설정되어 있습니다. 자본시장법상 증권범죄나 불법 촬영물을 이용한 협박−강요 범죄 등도 마찬가지입니다. 작량감경의 핵심은 재량권이라면서도 여론의 질타가 이어지고 있는 일부 범죄에 대해서는 선별적으로 재량권을 제한하고 있습니다. 양형위의 입장도 일관되지는 않은 셈입니다.

주요 범죄 양형기준 하한과 법정형 하한 비교

양형기준 권고형 하한과 법정형 하한 같은 경우

양형기준 권고형 하한이 법정형 하한보다 2년 6월 이상 낮은 경우

법률	죄목	유형	양형기준 기본구간 하한	법정형 하한
형법	살인	–	4년	5년
특정범죄 가중처벌법	뇌물수수	3천만 원~5천만 원	3년	5년
		5천만 원~1억 원	5년	7년
		1억 원~5억 원	7년	10년
형법	강간	일반	2년 6월	3년
성폭력처벌법		친족관계/주거침입/특수강간	5년	7년
		강도강간	8년	10년
형법	강도	일반	2년 6월	3년
		특수	3년	5년
특정경제범죄 가중처벌법	횡령–배임	5억 원~50억 원	2년 6월	3년
		50억 원~300억 원	4년	5년
마약류관리법	마약	수출입제조	4년	5년
특정범죄 가중처벌법	위험운전	치상	10월	1년
		치사	2년	3년
특정경제범죄 가중처벌법	사기	5억 원~50억 원	3년	3년
		50억 원 이상	5년	5년
자본시장법	증권범죄	5억 원~50억 원	3년	3년
		50억 원 이상	5년	5년

		사는 행위	10월	1년
아동청소년 성보호법	아동 성매매	성판매 권유	3년 6개월	5년
		성판매 권유 대가수수	4년 6개월	7년
아동청소년 성보호법	아동청소년 성착취물	제작	5년	5년
		영리 등 목적 판매	4년	5년
		배포	2년 6월	3년
성폭력처벌법	카메라 등 이용 촬영	영리 목적 촬영	2년 6월	3년
		협박	1년	1년
		강요	3년	3년

작량감경 개정 시도, "누구도 변화를 원치 않는다"

작량감경 문제를 해결할 기회가 없었던 것은 아닙니다. 2011년 법무부는 전반적인 형법개정을 추진하면서 작량감경에 일정한 기준 마련을 시도했습니다. 그 기준은 △참작할만한 범행의 동기 △피해자의 처벌불원 △피해 회복 △피고인의 자백이었습니다.

당시 국회 법제사법위원회도 "죄형법정주의 원칙에 따라 법률이 미리 정해놓은 형벌의 범위가 법관의 양형 재량에 의해 좌우되어 법률효과를 불명확하게 하고 있다는 비판이 제기되어 왔다"며 "작량감경의 사유를 법률로 구체화하고자 하는 개정안의 취지는 타당하다"라고 평가했습니다.

그러나 개정 작업은 결국 실패로 돌아갔습니다. 당시 대법원은 "작량감경을 개정안과 같이 고치기 전에 우선 법정형의 하한을 2배 가까이 낮춰야 하고 구체적 감경사유를 더 늘려야 하며 감경의 폭도 넓혀야 한다"며 사실상 반대 의견을 냈습니다. 작량감경에 제한을 가해 기존처럼 자유롭게 법정형 하한을 낮출 수 없게 되면, 현행 법체계에서 당장 많은 피고인이 구체적 사건에 맞지 않는 지나친 엄벌의 피해를 볼 수 있다는 것이었습니다.

법무부는 형법 전반에 걸쳐 어려운 용어를 순화하는 차원에서 '작량감경'을 '정상참작감경'으로 바꾸었을 뿐 그 내용은 그대로 유지하고 있습니다. 사법부 역시 가장 근본적인 문제라고 지적해 온 법정형의 하한을 비롯해 형사법 체계 전반을 수정하기 위해 어떤 노력을 해왔는지 특별히 찾기 어렵습니다. 개정 작업에 참여했던 한 법조인은 "사실 법조인 누구도 작량감경이 개정되기를 원치 않을 것"이라고 단언합니다. 그는 "판사는 자신의 재량이 줄어드는 것을 원치 않고 변호사도 변론이나 재판부와의 친분을 통해 피고인의 형을 낮출 도구를 원한다. 검사는 구형까지가 자기 책임일 뿐 선고 형량에는 관심이 없다"라고 지적했습니다.

작량감경 놓고 벌어지는 입법-사법 네 탓 공방

2007년부터 2019년까지 13년간 서울중앙지법 형사부에서 유죄 판결한 사건은 8만 6183건, 이중 작량감경이 적용된 사건은 1만 3234건(15.4%)입니다. 그런데 합의부 사건, 즉 법정형 하한이 징역 혹은 금고 1년 이상으로 설정된 중범죄 사건으로 대상을 좁혀보면 비중이 기하급수적으로 올라갑니다. 같은 기간 중앙지법 합의부 사건 중 1만 1207건을 유죄 판결했는데 절반 이상(5958건, 53.2%)에 작량감경이 적용되었습니다. 연도별로 보아도 조금씩 차이가 있을 뿐 매해 합의부 사건 중 작량감경 적용 판결 비중은 50% 안팎 수준을 유지하고 있습니다. 통계는 우리 사법부에서 작량감경은 '예외적'이 아닌 '보편적' 현상임을 보여줍니다.

2019년 서울중앙지법 1심 형사판결 중 작량감경이 적용된 판결 925건(피고인 1020명)에 기재된 범행은 모두 1651건입니다. 이중 단독 사건에서는 '음주운전 등 교통범죄'(951건 중 626건, 69.6%)가, 합의부 사건에서는 '성범죄'(736건 중 238건, 32.3%)가 각각 1위를 차지

했습니다.[11] 모두 최근 몇 년 동안 여론의 공분을 산 사건들과 밀접한 관련이 있는 범죄 유형이었습니다.

더 큰 범주로 묶어보면 작량감경이 적용된 범행이 주로 '특별법'을 위반한 사안이라는 점도 주목할 만합니다. 분석 대상 범행 1651건 중 1163건(70.4%)이 특별법상 죄를 위반한 범행으로, 일반법(형법)상 죄를 위반한 범행(488건)의 두 배 이상입니다. 특별법은 특정 사람-사물-행위-지역 등에 국한해 적용되는 법률로 일반법(형법)과 구별됩니다. 특정 영역의 사회문제에 입법이 필요하다는 여론의 압력이 높고, 일반법보다 비교적 신속하게 법을 만들거나 고칠 수 있어 국회의 입법 활동도 주로 이 특별법을 중심으로 이뤄지고 있습니다. 결국 입법부(국회)에서 사회적 요구에 따라 특별법 제-개정을 통해 처벌 수위를 높여도 정작 법을 적용하는 사법부(법원)가 '작량감경'으로 이를 다시 낮추는 모양새가 최소 10년 이상 지속되고 있는 것입니다. 아무리 법이 바뀌어도 이러한 범죄들에 대해 '솜방망이 처벌'만 반복된다고 사람들이 느끼는 것도 이와 무관하지 않아 보입니다.

법원 내부에서는 "작량감경을 쓸 수밖에 없게 만드는 원인은 국회에 있다"고 비판합니다. 국회가 여론에 따라 기존 법체계와 맞지 않는 수준으로 형을 대폭 올리는 특별법을 쏟아내니 법원으로서는 고육지책으로 작량감경을 사용할 수밖에 없다는 논리입니다.

---

11 피고인 1명이 여러 범행을 저지른 경우도 있는데, 범죄 유형을 살피기 위해 범행을 기준으로 분석했습니다.

특정범죄 가중처벌등에관한 법률위반(절도)	70대 여성 F는 사물을 변별할 능력이 미약한 상태에서 백화점 매장에서 감시가 소홀한 틈을 타 시가 12만 8천 원 상당의 검정색 셔츠 2개를 가지고 가 절취하였다. F는 앞서 여러 차례 유사한 범행으로 처벌받은 전력이 있다.
선고 형량	징역 1년

양형 이유	• 범행을 자백하고 반성하는 태도를
	  보이는 점
	• 사물을 변별하거나 의사를 결정할
	  능력이 미약한 상태에서 범행한 점
	• 범행의 피해 금액이 크지 않고 피해
	  금액을 변제한 점

위의 피고인 F같은 경우가 판사들이 작량감경이 필요하다고 하는 대표적인 사례입니다. F에게 적용된 죄는 '특정범죄가중처벌등에관한법률상 절도죄'입니다. 법에서 규정된 형을 따를 경우 아무리 낮아도 3년 이상의 형이 선고되어야 합니다. 법률상 감경 요인인 심신미약까지 고려해도 최소 1년 6개월 이상입니다. 하지만 △사물 판별 능력이 떨어지고 △78세의 고령인데다 △25만 원 상당의 옷을 훔쳤다가 이마저도 돌려준 점을 고려하면 1년 6개월의 형은 너무 가혹하여 작량감경이 필요하다는 것이 판사들의 주장입니다. 같은 범행에 대해 일반 형법의 절도죄(6년 이하의 징역 또는 1천만 원 이하

의 벌금형)가 적용됐다면 벌금형도 가능할 수 있는 사안인데 형평에 맞지 않다는 지적입니다.

한 고등법원 부장판사는 "법정형 하한을 한참 올려놓고도 국회는 '작량감경이라는 견제수단이 있으니 괜찮지 않냐'고 하는 식"이라며 "법원이 법률상 감경에다 작량감경까지 사용할 것을 전제로 법을 만들고 있는 셈"이라고 지적했습니다. 또 "작량감경 조항이 없는 상태에서 지금과 같은 형만 높이는 입법을 했다면 상당수의 법이 위헌에 해당할 소지가 있다"고 꼬집었습니다.

하지만 국회에서는 같은 현상에 대한 책임이 사법부에 있다고 봅니다. 판사들이 현재 형성하고 있는 형량에 대한 기준이 국민의 법감정과 괴리되어 있어서 이를 고려해 법을 새롭게 만들면 판사가 도리어 다시 형을 낮추고, 법에서는 처벌 수위를 또 올리는 악순환이 반복된다는 것입니다. 판사 출신인 한 의원은 "문제의 본질은 이렇다. 판사들이 결국 형평성, 즉 유사한 사건에서 다른 판사들이 어떻게 선고를 해왔는지를 기준으로 삼는데, 그것은 판사들이 형성한 것이지 국민이 형성한 것이 아니다"라고 지적했습니다. 그러면서 "국민들이 '아동학대 사건, 성폭력 사건의 형량 수준이 너무 낮다, 전반적으로 높여야 한다'고 생각한다면 주권자로서 이를 제도화시키는 방법은 국민의 대표인 국회가 법을 제정하는 것이니 형량을 국회에서 정하는 것"이라며 "형을 더 높이고 싶은 의사를 법에 반영할 주권자로서의 권한이 있는데 (작량감경으로 입법 취지를 무력화하는 것은) 이를 부정하는 것"이라고 강조했습니다.

더 나아가 국회가 형의 하한선을 고려하지 않고 법을 만든다는 것은 판사의 편견에 불과하다는 지적도 나옵니다. 또 다른 판사 출신 의원은 "국회에서 입법을 할 때 다른 범죄와 균형을 맞춰서 한다"며 "특별법 역시 하한을 정할 때 마구잡이로 정하는 것이 아니라 비슷한 종류의 범죄들을 고려하고 이를 다시 입법조사처에서 조사한다. 국회의원이 발의했다고 그대로 통과하는 것이 아니다"라고 설명했습니다. 국회는 끊임없이 형을 올리고 법원이 이를 낮추는 악순환을 끊는 출발점은 사법부가 국민의 대표인 입법부의 판단을 존중하는 것에서부터 시작해야 한다는 충고도 나옵니다.

특별법으로 형을 높이는 입법부, 작량감경으로 다시 낮추는 사법부 간 '닭이 먼저냐 달걀이 먼저냐' 식의 공방이 이어지는 가운데 이러한 문제에 대해 머리를 맞댈 기구가 필요하다는 목소리가 나옵니다. 현재 대법원 산하에 있는 양형위원회를 국회와의 중간 영역으로 옮겨 상호 견제할 수 있도록 해야 한다는 의견도 제기되고 있습니다.

그래도 해법은 사법부에 있다

'작량감경을 할 수밖에 없는', '양형이유를 길게 쓸 수 없는' 판사 개개인의 여러 불가피한 사정이 정당하다 볼 수는 없어도 처지가 이해가는 면이 없지 않습니다. 우리나라 판사 1인이 처리해야 하는 엄청난 사건 양을 감안하면 더욱 그렇습니다. 애당초 이 상황은 판사 개인이 해결할 수 없는 문제이기도 합니다. 그렇다면 우리는 사법부가 이런 불합리한 상황을 개선하기 위해 어떤 노력을 해왔는지 물을 수밖에 없습니다.

안타깝게도 사법부의 답변은 여전히 입법부의 잘못을 지적하는 수준을 벗어나지 못하고 있습니다. 2011년 작량감경에 구체적인 사유를 붙여 재량행사에 제한을 두려는 정부 개정안이 발의되자 대법원은 "먼저 법정형의 하한을 2배 가까이 낮추어야 하고 구체적 감경사유를 더 늘려야 하며 감경의 폭도 넓혀야 한다"고 의견을 냈습니다. 작량감경에 제한을 걸기 전에 현재 법체계부터 바꾸는 것이 우선이라는 겁니다. 대법원의 의견 개진은 의미심장합니다. 대법원도 현재 양형체계에 심각한 문제점이 있다는 것을 인지하고 있다는 방증이기 때문입니다.

그러나 이후 법원이 문제의 법체계를 개선하기 위해 어떤 목소리를 내왔는지는 쉽게 확인하기 어렵습니다. 양승태 대법원장 시절 대법원은 상고법원 도입이라는 목표에 말 그대로 '올인'하다가 사상 초유의 '사법농단' 스캔들로 휘청거렸습니다. 역대 대법원장과 법원행정처가 상고법원에 쏟은 열정의 절반만이라도 형법 정상화 작업에 투자했다면 어땠을까요? 판사 정원이라도 확대했다면 형법 개정까지는 아니더라도 개개 사건에 더 충실한 양형심리를 할 수 있는 자원이 갖춰지지 않았을까요?

우리나라는 입법−사법−행정이 권력을 분점하면서 서로 견제하도록 설계되어 있습니다. 국가 권력의 한축을 담당하는 사법부가 심각한 사법시스템의 오류를 인지하고도 적극적인 행보를 보이지 않는 모습은 이해가 가지 않습니다. 사법부에는 법원행정처가 있고, 이러한 문제를 검토하고 개선하는 것은 사법행정의 역할이기도 합니다. 또한 국가의 3대 권력인 사법부가 입법부를 견제하는 방식이 재판에서 자신들의 재량권을 더 크게 행사하는 게 전부라고 한다면, 양자 간 힘자랑 속에서 국민의 지위는 더 불안정해질 수밖에 없을 것입니다.

한 전직 판사는 "사법부는 이미 (국민에게) 제압당했다"고 표현했습니다. 2019년 경제협력개발기구(OECD)가 회원국 37곳의 사법시스템 신뢰도를 조사한 결과 한국이 37등, 꼴찌였습니다.[12] 내내 하위권이긴 했지만 꼴찌는 처음이었죠. 당시 대법원은 그 결과를 직면하기보다는 '사법시스템'에는 사법부만이 아닌 검찰과 교정당국 등도 포함된 것이라며 엉뚱한 변명을 하는 데 그쳤습니다.

이런 가운데 현 정부 유력 인사들의 변론을 주로 맡아온 한 대형 로펌의 전관 변호사가 "형량 1년 차이는 재판부 재량이다. 내가 담당 판사와 가족 같은 사이다"라는 말로 의뢰인에게 영업을 한 정황이 언론에 보도되기도 했습니다.[13] 2017년에는 피고인이 선고에 불만을 품고 법정에서 난동을 부리자 판사가 그 자리에서 징역 1년에서 징역 3년으로 형량을 바꿔버린 사건도 있었죠.[14] 형량 1~2년 정

---

12 OECD 이메일에 뒤집힌 대법원... 사법 시스템 평가 '꼴찌' 파장(법률방송뉴스, 2019.11.05.)

13 [단독] "판사와 가족 같은 사이"…LKB 변호사 '전관 과시 영업'(TV조선, 2021.06.18.)

도는 구체적인 이유 없이 깎을 수도, 늘릴 수도 있는 것이 판사의 권력인데 국민은 그저 하염없이 신뢰를 보내야 하는 걸까요?

위의 전직 판사는 "사람들이 하급심 선고를 믿지 못하니 굳이 소송비용을 써가며 대법원에 상고를 하는데, 사법부는 하급심의 신뢰를 확보하는 문제보다는 상고제도 개선에만 열을 낸다"며 "완전히 잘못된 처방을 하고 있다"고 지적했습니다.

"1심 양형이유 불충분", 양형위 출범 후 14년 만의 첫 지적

반갑게도 법원 내에서도 기존의 양형관행에 제동을 거는 시도가 등장했습니다. 2007년 대법원 양형위원회 출범 후 14년 만에 처음으로, 불충분한 양형이유를 지적하는 항소심 법원의 판단이 나온 것입니다. 법원조직법 제81조의7은 양형기준 자체는 법적 구속력을 갖지 않는 권고사항으로 규정하면서도, 양형기준을 벗어난 판결을 할 때는 판결문에 양형이유를 기재하도록 의무를 부여하고 있습니다. 그러나 지금까지는 단 한 번도, 그 양형이유가 불충분하거나 부적절하다고 해서 원심 판결이 파기되거나 지적당한 적이 없었습니다.

2021년 6월, 서울중앙지법 형사항소9부는 1심에서 양형기준 권고범위를 이탈하면서도 이유를 부실하게 기재한 판결에 대해 "법

---

14 "징역 1년"에 난동 부리자 3년 선고한 판사…대법 "위법"(노컷뉴스, 2022.05. 13.)

원조직법 제81조의7을 위반했다"며 처음으로 위법성을 인정했습니다. 동종 실형 전과가 있는 마약사범인 피고인에게 양형기준이 최소 1년 이상의 징역형을 권고했는데 징역 10월이 선고된 사건입니다. (다만, 부실한 양형이유가 판결 자체에 영향을 미친 정도는 아니라고 보고 직권으로 파기하지는 않았습니다.) 항소심 재판부는 1심 재판부가 양형기준을 이탈한 사유로 기재한 "피고인이 범행을 자백하며 반성하고 있다" 한 줄이 "법에서 요구하는 이유의 기재라고 할 수 있을 정도로 기재의 충실성과 구체성을 갖춘 것으로 보기 어렵다"고 지적했습니다.

모든 약에는 부작용이 있습니다. 그러나 부작용이 있다고 약을 없앤다면 병의 치료 자체가 불가능합니다. 현실 세계에서 냉정한 법이 채우지 못하는 빈 곳을 대신할 판사의 재량권은 어떤 형식으로든 존재해야 합니다.

우리나라 법원에는 아직도 무엇이 정의인지 성찰하고 이를 실현하기 위해 고뇌하는 판사들이 훨씬 많습니다. 이들이 국민 앞에 당당히 등을 펴고 서려 해도 기울대로 기울어진 작량감경 제도, 현재의 양형관행 아래에서는 쉽지 않아 보입니다. 판사와 사법부의 긍지를 되살리기 위해서라도 70년 가까이 방치되어 온 작량감경 제도의 정비가 시급합니다.

법정B컷,
뉴스가 놓친 법정의 하이라이트

2022년 11월 10일 1판 1쇄

지은이 | 김중호 · 정다운 · 김재완
펴낸이 | 김철종

펴낸곳 | (주)한언
출판등록 | 1983년 9월 30일 제1-128호
주소 | 서울시 종로구 삼일대로 453(경운동) 2층
전화번호 | 02)701-6911   팩스번호 | 02)701-4449
전자우편 | haneon@haneon.com

ISBN 978-89-5596-998-6 (03300)

만든 사람들
기획 · 총괄 | 손성문
편집 | 배혜진
디자인 | 박주란

한언의 사명선언문

Since 3rd day of January, 1998

Our Mission   – 우리는 새로운 지식을 창출, 전파하여 전 인류가 이를 공유케 함으로써 인류 문화의 발전과 행복에 이바지한다.

            – 우리는 끊임없이 학습하는 조직으로서 자신과 조직의 발전을 위해 쉼 없이 노력하며, 궁극적으로는 세계적 콘텐츠 그룹을 지향한다.

            – 우리는 정신적·물질적으로 최고 수준의 복지를 실현하기 위해 노력하며, 명실공히 초일류 사원들의 집합체로서 부끄럼 없이 행동한다.

Our Vision   한언은 콘텐츠 기업의 선도적 성공 모델이 된다.

> 저희 한언인들은 위와 같은 사명을 항상 가슴속에 간직하고
> 좋은 책을 만들기 위해 최선을 다하고 있습니다.
> 독자 여러분의 아낌없는 충고와 격려를 부탁드립니다.
> · 한언 가족 ·

HanEon's Mission statement

Our Mission   – We create and broadcast new knowledge for the advancement and happiness of the whole human race.

            – We do our best to improve ourselves and the organization, with the ultimate goal of striving to be the best content group in the world.

            – We try to realize the highest quality of welfare system in both mental and physical ways and we behave in a manner that reflects our mission as proud members of HanEon Community.

Our Vision   HanEon will be the leading Success Model of the content group.

법과 양심 김우창 지음

어떻게 법과 양심은 현실 속에서 움직이는 도덕과 윤리,

인간의 위엄과 행복의 원리가 될 수 있는가?

현대 한국인문정신의 절정, 김우창

그가 보여주는 인간의 선함과 그 가능성에 대한 깊은 신뢰,

현실에서의 양심의 갈등과 도덕의 위험에 대한 섬세한 고찰!

"지금 우리에게는, 도덕적 명분과 신념을 앞세우는 단정과 명령에

서 벗어나 법과 사실을 존중하는-그러면서 인간의 깊은 양심을 생

각하는-언어가 필요하다"